本书出版受教育部人文社会科学研究青年基金项目"汉语指称化过程中的形义衰减研究"(21YJC740069)资助

汉语指称化过程中的形义衰减研究

杨飞 著

Research on the Attenuation of Form and Meaning in the Process of Designation in Chinese

中国社会科学出版社

图书在版编目(CIP)数据

汉语指称化过程中的形义衰减研究/杨飞著. —北京：中国社会科学出版社，2023.3
ISBN 978-7-5227-1234-5

Ⅰ.①汉… Ⅱ.①杨… Ⅲ.①现代汉语—动词—指称语义—研究 Ⅳ.①H146.2

中国国家版本馆 CIP 数据核字（2023）第 022265 号

出 版 人	赵剑英	
责任编辑	王小溪	
责任校对	赵雪姣	
责任印制	戴 宽	

出　版	中国社会科学出版社	
社　址	北京鼓楼西大街甲 158 号	
邮　编	100720	
网　址	http://www.csspw.cn	
发 行 部	010-84083685	
门 市 部	010-84029450	
经　销	新华书店及其他书店	
印　刷	北京君升印刷有限公司	
装　订	廊坊市广阳区广增装订厂	
版　次	2023 年 3 月第 1 版	
印　次	2023 年 3 月第 1 次印刷	
开　本	710×1000　1/16	
印　张	20	
插　页	2	
字　数	341 千字	
定　价	108.00 元	

凡购买中国社会科学出版社图书，如有质量问题请与本社营销中心联系调换
电话：010-84083683
版权所有　侵权必究

序

  杨飞是我在南京大学指导的首届博士研究生。他硕士阶段师从《尚书》研究大家钱宗武教授，学的是上古汉语语法方向，博士阶段转学现代汉语语法学方向。他在职攻读博士学位期间，担负着南京审计大学繁重的行政和教学工作，但他勤奋刻苦，在修完我开设的博士研究生专业课程"语义语法理论和研究方法"后，又随下届博士生再听了一轮，我所提"系统运筹语法"思想对他产生了极大影响，他回去后又广为研读，反复参悟，专业水平有了显著提高。

  他在博士论文选题时，我建议就我曾经尝试研究却因故中止的一个选题"定中结构关系生成的语义条件"继续深入做下去，并且建议在系统运筹语法的思路下，抓住"衰减"这一核心范畴具体展开。他完全认同，并立即全力以赴投入广泛而细致的资料搜集分析工作中，最后得以在充分的事实基础上，把关注的焦点从语义方面，扩宽到形式和意义两方面，取得了极佳的收获。

  其博士论文聚焦于陈述式向指称式转化（指称化）过程中的衰减现象，探讨了其中一系列规律，是我当时主持的国家社科基金项目"现代汉语句子复杂化问题的研究"的衍生成果之一。信息损耗是当前语言学界的研究热点之一。该研究以信息论、系统运筹语法为基础，以动态系统的眼光，揭示出定中结构形成、运动和变化的规律。形义衰减是指称化过程中的一种倾向性规律。衰减是一个连续的过程，不仅发生在指称化的初始环节，即陈述式到指称式的过程；也发生在指称化的继发环节，即一个指称式到另一指称式的过程。指称化过程中的形义衰减是为满足信息背景化的需要而采取的自适应行为。衰减过程中一些外表看来错综复杂、纷繁歧异的语言现象，实际上都遵循着一定的严格规律。指称化表达受功能驱动，具体语言的基础条件决定其可以接受何种调整策略，表达目标的实现决定了结构采用哪些策略。衰减形成的指称式表达的连续统，满足了语言多样化和复杂化的需要。指称式衰减在多个层面上体现出的不均衡性和不对称性，也体现了制约形义衰减因素的多重性。这些因素之间相互缠绕，共同决定了衰减的方向和采取的策略，衰减最终体现为协同作用下的最优化结果。

  杨飞在毕业后继续对语言衰减现象进行研究，写成《汉语指称化过程中的形义衰减研究》这部学术专著。该书基于大规模语料库数据，对指称化过程中丰富的形义衰减现象进行了充分的发掘，揭示了其内部所蕴含的规律，不但展现了语言内部的自组织系统，也对制约衰减的因素作了充分的探讨，为跨语言研究提供了参考和借鉴，这对于语言理论研究无疑具有积极作用。该书还可以服务于汉语教学和二语习得教学，为普通语言学教材编写、汉语教材编写、辞书编撰特别是名词词典编撰提供参考。

  功崇惟志，业广惟勤。希望杨飞在语言学的道路上以志为方向、以勤为动力，既仰望星空，坚守学习语言学的初心，又脚踏实地，耐得住寂寞，一步一个脚印朝前走。我相信，假以时日，他终能收获人生出彩的机会。

  是为序。

马清华
2021 年 12 月于南京大学文学院

目 录

绪论 …………………………………………………………………（1）
  第一节　研究缘起与研究意义 …………………………………（1）
  第二节　研究现状综述 …………………………………………（6）
  第三节　研究理论基础、对象及手段 …………………………（15）
  第四节　研究内容、重点难点及创新之处 ……………………（30）
  第五节　语料来源及符号说明 …………………………………（33）

第一章　指称化过程中谓词及体标记的形式衰减 ……………（35）
  第一节　谓词删略 ………………………………………………（35）
  第二节　体标记删略 ……………………………………………（62）

第二章　指称化过程中论元及相关标记的形式衰减 …………（95）
  第一节　论元删略 ………………………………………………（95）
  第二节　指代标记删略 …………………………………………（99）
  第三节　指量标记删略 …………………………………………（104）
  第四节　格标记删略 ……………………………………………（111）

第三章　指称化过程中情态成分的形式衰减 …………………（140）
  第一节　态标记删略 ……………………………………………（141）
  第二节　能愿标记删略 …………………………………………（158）
  第三节　情态量标记删略 ………………………………………（164）
  第四节　语气标记删略 …………………………………………（169）
  第五节　比况标记删略 …………………………………………（173）

第四章　指称化过程中其他形式衰减 ……………………（182）
第一节　删略 …………………………………………（182）
第二节　缩略 …………………………………………（199）
第三节　兼职 …………………………………………（203）
第四节　语序常规化、单一化 ………………………（207）

第五章　指称化过程中的意义衰减 ……………………（212）
第一节　功能的衰变 …………………………………（213）
第二节　表达的回归 …………………………………（220）
第三节　关系的转变 …………………………………（222）
第四节　范围的缩小 …………………………………（225）
第五节　区分的模糊 …………………………………（227）

第六章　指称化形义衰减的原理与特征 ………………（230）
第一节　功能驱动及系统运筹 ………………………（230）
第二节　衰减的不均衡性 ……………………………（243）
第三节　干涉要素的多重性 …………………………（250）

第七章　共变视角下的指称化衰减 ……………………（261）
第一节　指称化衰减共变的类型 ……………………（261）
第二节　指称化衰减共变的层次性 …………………（265）
第三节　指称化衰减共变的复杂性 …………………（275）

第八章　余论 ……………………………………………（281）
第一节　指称化继发环节的衰减 ……………………（281）
第二节　理论探索 ……………………………………（287）
第三节　研究展望 ……………………………………（292）

参考文献 ……………………………………………………（294）
后记 …………………………………………………………（311）

绪　　论

第一节　研究缘起与研究意义

一　研究缘起

语言的信息结构（Information Structure，IS）是当前语言学界的研究热点之一。布拉格学派首先提出语言信息结构的概念，系统功能语言学在此基础上强化了"已知信息"与"未知信息"的研究，Lambrecht（1994：5）系统阐述了信息结构理论，指出"信息结构是句子的一种句法成分，在该成分中命题作为事件的概念表征与一定的词汇语法结构相匹配，并与使用和解释这些结构的交谈者的心理状态保持一致"。Zimmmermann & Féry（2010）将理论、类型和实证方法结合起来对信息结构进行研究，指出信息结构是一种认知域，用以协调语言能力模块与其他认知能力之间的关系。国内学者，如方经民（1994）、鞠玉梅（2003）、李劲荣（2014）从信息传递角度分析句子的基本信息单位，并进而对语篇的信息结构进行描写，探索交际功能与语言形式之间的互动关系。国内外学者在语言信息结构领域取得了一系列可喜的成果，但对于新旧信息生成之间的转换和其中成分的增益损耗并未给予足够的重视。也就是说，语言信息的生成传递过程及其损耗规律还有很大的研究空间。

陈述（assertion）和指称（designation）是语言传递信息的两种基本类型。20世纪80年代，朱德熙（1982：101—102）将"指称"和"陈述"概念引入语言研究，此后成为众多学者关注的焦点和语法研究的一对重要范畴。陈述叙述的是事件，一般由谓词性成分充当；指称叙述的是物，一般由体词性成分充当。陈述与指称之间的转化具有人类语言的普遍特征。指称形态可以转化为陈述形态，称为"陈述化"；陈述形态也可以转化为指称形态，称为"指称化"。指称的陈述化和陈述的指称化都可以是共时平面上的变换关系，但唯有陈述的指称化，才具有历时层面上的发生学关系，朱德熙先生曾指出"有指称，不一定有陈述；有陈述，必有指称"，即先有陈述式（如主谓、动宾等），后才有其直接或间接的衍生品——指称式（如定中）。正如马清华（2014a）指出，"定中结构形成过程的最初环节是陈述式的指称化，即叙事向述物转变，因为所述之物隶属于所叙之事，意味着语义中心从整体转向了局部，本质上是一种语义衰减活动"。

　　陈述是以已知信息为出发点，通过引进未知信息来阐述说明已知信息，指称化之后，被引进的未知信息又可以作为新的已知信息，再引进其他未知信息。语言的交际就是以已知信息为出发点，不断地引进未知信息的信息交流过程。语言因交际的目的而存在，陈述与指称之间的关系类似于计算机所用的二进制代码"0"和"1"，通过两者的组合来记录信息，完成交际目的。

　　"陈述化"与"指称化"的确立可以更好地解释汉语中的某些语法现象，语言系统通过它们来建构语句、表情达意，在一定程度上加深了我们对语言交际功能的认知。西方语言学中的"关系化"（relativilization）是"指称化"的一种类型，指表达一个命题的句子可以生成一个由"降级的述谓结构"作修饰语（即关系从句）的定中结构，如"卖火柴的小女孩"，作中心语的名词被称为"核心名词"（nuclear noun），作修饰语的述谓结构被称为"关系从句"（relative clause）。由于"指称化"这个术语适用面更广，更便于解释定中结构的本质，兹从之。

　　"陈述化"一般指名词性成分由指称向陈述转变，句法意义和词汇特征相应发生变化，由范畴向非范畴发生转移。名词陈述化在汉语中研究已久，古汉语学者称之为"名词活用"，研究的成果较多。"指称化"因习以为常而被人们忽视，但在其中却蕴藏着更为普遍、更为重要的原理，值得我们去进一步探讨。"指称化"因其普遍性、平凡性而比"陈述化"具有更大研究价值（陆丙甫，2009）。

　　语言是思维的反映系统和表达系统，语法范畴来源于一定的思维活动。语义结构中的强制性论元有主体（含施事、当事、系事）、客体（含受事、结果、内容等）和与体（动作行为的间接对象)①，任选性论元统称附加体，包括：源点、目标、工具、服务对象等（马清华，1993）。两种论元身份皆有的叫兼职体。陈述的指称化有五种途径：其一，提取主体（用［Z］表示），形成以主体为中心语的定中结构［如例（1）］；其二，提取客体（用［K］表示），形成以客体为中心语的定中结构［如例（2）］；其三，提取附加体（用［F］表示），形成以附加体为中心语的定中结构［如例（3）］；其四，提取兼职体（用［J］表示），形成以兼职体为中心语的定中结构［如例（4）］；其五，提取谓词（用［W］表示），形成以谓词为中心语的定中结构［如例（5）］。②

（1）贼偷钱包⇒［Z］偷钱包的贼
（2）贼偷钱包⇒［K］贼偷的钱包
（3）【处所】我在黑板上写字⇒［F］我写字的黑板｜【工具】厨师用刀切菜⇒［F］厨师切菜的刀｜【时间】苹果在那个季节成熟⇒［F］苹果成熟的季节
（4）某人喝醉酒⇒［J］喝醉酒的人③
（5）【谓词】他迟到了⇒［W］他的迟到｜【状语】自己不幸被人贩子拐卖⇒［W］自己被人贩子拐卖的不幸④

指称化往往经过结构降等、标记删略、语义弱化、优化重组等过程，通过句法手段实现信息的背景化，以寻求在满足限制条件下达到语言表达效果的最优解。与此同时，结构也获得了一些其他语义特征，我们称之为"语义增益"。从宏观上看，语言发展是趋于复杂化，但在变化过程中也存在简单化，复杂化和简单化是辩证统一的，复杂化中存在简单化，简单化中也有复杂化，你中有我，我中有你，因此才构成了语言这个复杂的自组织系统。

指称化过程中由叙事向述物转变，语义中心由整体向局部转移，由焦

---

① "与体"是指动作行为的间接对象。如"我给他钱"，这里的"他"不能被提取，能够被提取的与体只能是指示代词，不能是一般人称代词或人名。如"我给钱的那个人是个老乞丐。"
② 提取"体"的字母代码为汉语拼音缩写。
③ 这里为提取兼职体，"某人喝酒"＋"某人醉了"。
④ 未见提取补语的指称式，可能是补语与动词结合紧密的原因。

点信息向背景信息转变，带来句法结构成系统的变化，主要体现为以下几点。

第一，表达客观。语言是信息传递的载体，在传递客观信息的同时，也在传递着说话人的主观信息。陈述式属于句平面，可以表达说话人看待客观世界的主观角度，以及呈现的主观情感、态度等，具有主观性。沈家煊（2001）指出，"'主观性'（subjectivity）是指语言的这样一种特性，即在话语中多多少少总是含有说话人'自我'的表现成分。也就是说，说话人在说出一段话的同时也表明自己对这段话的立场、态度和感情，从而在话语中留下自我的印记"。主观信息主要通过词汇中隐含的主观因素和一些显性的主观标记来表现。虚词等成分是主观信息的标记，是附加在客观信息上的主观记号。Benvensite（1971：225）指出："语言带有的主观性印记是如此之深刻，以至于人们可以发问，语言如果不是这样构造的话究竟还能不能名副其实地叫做语言。"这些主观成分通过相应的结构形式来表现，如语音调节、词汇使用、句法移动、历史形成的结构等来实现。而指称结构则是一种相对客观的描述，它们不参与事件进程的刻画，往往作为参与者之一而出现，自然也就不需要表示事件进程的时体、语气、情态等特征，上述表示句子主观性的成分或范畴在指称化后往往会被滤除和删略，在新结构中难以得到实现。从另一角度看，指称化也是滤除句子主观信息的句法实现方式之一，定中结构的中心语成分显示整个结构功能为名词性，情态成分大部分被删略，仅有部分情态成分如否定词（例：他的不礼貌）可以保留下来，这是由句子的主观性和指称结构的客观性所决定的。而这种客观化又满足了科技语体准确表达和新闻语体客观报道的交际需要，可以尽量避免歧义和争议的出现。指称化也使我们能够以修饰语的方式加入描述性成分，通过嵌入的方式使单项定语更趋于复杂化，导致汉语中多项定语和复杂定语的出现，而这些复杂的成分有时很难通过描写性副词加在谓词上。这也是科技语体和新闻语体中大量使用指称式的原因所在，特殊的交际需要决定了语言外在形式的选择。

第二，结构简明。指称化的过程是句法层次化和线性化的过程，为了能够更好地在语言的线性序列中排布好结构的各个成分，受经济性原则制约，我们需做缜密思考、形义调适和优化重组。指称化是由小句向"裸名词"（或光杆名词）转变的起点，带来了句平面到短语平面的降级，这个过程并不是一个孤立的动作，而是一个连续发展的连续统，所形成的不同结构之间具有等级差异。指称化增强了语言系统内部的递归性，使语言在整体结构和框架不变的情况下，满足了社会中不断出现的新概念、新事物的表达需求，从而减少了语符的使用数量，避免为满足交际需要而创造更多新词，保持语言作为"复杂巨系统"的有效运转。

第三，信息隐藏。Hopper（1979），Hopper & Thompson（1980）研究认为，叙事篇章传达的信息有前景信息和背景信息两种属性，两者的差异不仅表现在篇章上，也表现在一系列的句法—语义特征上。他们还发现高及物性特征与前景信息高度关联，低及物性特征跟后景信息密切关联。从信息的传递来说，后景一般是显著度较低的已知信息，而前景一般是显著度较高的未知信息。指称化使原有陈述式生成一个"降级的述谓结构"，从而也就降低了整个结构的凸显度。由前景变为后景，进而为其他前景提供铺垫和前提条件。指称式既是信息背景化的结果，也是信息背景化的表征，信息背景化给指称式带来了一系列句法后果，具体表现为时体、语气、情态等成分被删略或出现受到限制。

方梅（2008）在研究由背景化触发的两种句法结构时，依据"依附"与"内嵌"两个参项，将关系小句大致分为等立、主次和从属三个句法等级。等立小句之间既不依附，也不内嵌；主次小句之间语义上有主有次，但不互做句子成分；从属小句以内嵌形式充当句子成分，完全依赖于另一个小句。不同的小句在语篇中具有不同的作用，等立小句可以直接推动事件的进展，构成事件的主线，表达的是前景信息；主次小句和从属小句主要是围绕着事件进行铺排、衬托，表达的是后景信息。小句在语篇中的作用不同，其句法语义特征也不同。指称式作为主句的成分之一，表达的是后景信息，为前景信息做铺垫，其存在完全依赖于其所在的主句，没有独立性，不能单独进入语篇。

第四，语义抽象。有得必有失，有失必有得。一方面，指称化过程中，一些与过程、属性和情态相关的信息被删略，但另一方面，结构自身获得了一些语义特征，使结构更加抽象。指称化过程中的抽象化满足了精确表达思想的目的，符合汉语正式语体的需要，因此，越是正式语体，指称越多；越是口语语体，陈述越多。在随意的口语交际中，对话双方可依赖动作、表情等非语言方式表情达意，对指称的表达需要不高。而在书面语体中，表达者可经过内省方式，从容不迫地对语言进行修饰润色，而接受者也有足够的时间慢慢体会文章的所有信息，两种不同的交际需要导致语言采用不同的表达策略。

第五，语篇衔接。定中结构形义衰减和话语衔接互为因果。连续的话题是语篇衔接的基础，频繁变动的话题则会降低语篇的连贯度。指称化将直接命题变为隐含命题，承载新信息的指称结构就以隐含的方式来表达命题，通过这种句法手段，我们不仅可以描写简单词项所无法描写的复杂结构，而且可以使核心名词不对主话题产生影响，保证话题的连续性。

语言结构中的多个层面的信息都具有指称的功能，陈述式中的"强制性论元"成分和"任选性论元"成分都可以被提取，以起到指称的功能，这大大拓宽了语言表达的范围。但指称化衰减背后的条件、基础、动因、策略和制约机制如何，学术界尚未对此措意，这为我们的研究留下了足够的空间。

二 研究意义

语言是信息的载体，信息的保存依赖于词汇和句法之间的关系，信息的传递依赖于新旧信息的组合。语言平面的信息传递影响着人们对结构的选择，而信息结构的变化往往带来信息的损耗。信息的损耗广泛存在于世间万物中，人类记忆的遗忘就是一种信息损耗。指称化过程中的形义衰减是语言信息损耗的重要体现，形义衰减的细化、量化分析可为国内外学者的研究提供借鉴和参考，对丰富信息结构理论具有重要价值。

指称化研究是句子复杂化研究的重要课题之一，指称化所反映的简单化与多样化和复杂化缠绕在一起，反映了句法规则之间的内在有机关系，体现了语言作为复杂巨系统在发展过程中的自适应、自繁殖和自整合过程。形义衰减是指称化过程中的一种倾向性规律，本书以动态系统的眼光，力图揭示出定中结构形成、运动和变化的规律。

第二节 研究现状综述

经过近四十年来汉语学者的不懈努力，学术界基本厘清了指称与陈述的概念，确定了两者在语法学意义上的关系，对它们之间的转化关系进行了初步探索，将指称化概念和"名物化""名词化"进行了有效区分。一部分学者借鉴西方理论，从关系化和关系从句入手进行相关研究，拓展了研究的深度，取得了一些成果，为汉语指称化研究提供了可资借鉴。汉语已有的指称及指称化研究的视野、角度和深度还有待进一步提高，主要集中在以下几个方面。

一 指称、陈述及其转化

指称的概念最早属于哲学、逻辑学、符号学范畴，和意义以及思想紧密相连，弗雷格（Frege）、罗素（Russell）、林斯基（Linsk）等均对此进行过论述。主要探讨语言和世界之间联系的本质，认为凡是实词均有所指。此后该概念被引入语法研究，主要表示名词性词语，用于表现词语和概念之间的关系。

东汉许慎《说文解字》曰："指，手指也，从手旨声。"手指为"指"之本义，后因手指在指点、指示事物动作的同时也是人们指谓事物的过程，在汉语双音节化过程中，形成了"指谓""指称"等复音名词。古代哲学家也用它来表达特定概念，表示事物的共性、概念或指称。《公孙龙子·指物论》曰："物莫非指，而指非指。"《庄子·齐物论》亦曰："以指喻指之非指，不若以非指喻指之非指也。"均为指称义的用法。

早在先秦时期，中国的诸子百家就对"名实"问题展开了长期的讨论，孔子主张"正名"，强调名实相符、言行一致。墨子提出"以名举实"，强调不是名决定实，而是实决定名，名的作用在于指谓、描绘内容。《荀子·正名》提出"名足以指实""制名以指实"，名是用来指谓实的、约定俗成的概念，一旦形成就不能轻易改变。《尹文子·大道上》提出"大道无形，称器有名"，名是称谓具体事物的功能之一。这些名实的论述将语言与事物联系在一起，使语言成为人们认知事物的重要媒介，发展了语言与事物的认知和逻辑关系，形成了中国古代哲学的名辩思潮，在这一过程中逐渐明确了"语言符号具有指称事物的思想"（周建设，2002）。后世学者在此基础上不仅论述了符号具有指称的功能，还论述"物、名、指"三者的联系，以及所指和能指的关系。中国先秦哲人关于指称的论述不仅加深了我们对语言本质的认知，对当代指称理论的发展也具有重要的借鉴价值。

陈述与指称成为语言中最基本的对立概念。朱德熙（1983）指出指称形式与陈述形式之间的对应关系，就指称化提出一套句法成分提取理论。陆俭明（1993：94—96）在朱先生的基础上，对"指称"与"陈述"做了完整的理论概括并给予高度评价,指出指称与陈述是具有普遍意义的概念。他说:"语言表达基本上有两种形态:指称形态(designation)和陈述形态(assertion)。指称就是所指,陈述就是所谓。指称形态反映在语法上是体词性成分,反映在意义上是个名称。陈述形态反映在语法上,是谓词性成分;反映在意义上是个命题,或者说断言。"指称与陈述两者在语义平面上构成对立,他还明确指出陈述与指称之间的互相转化,研究了相应的指称化标记,并且把变换作为陈述指称转化的手段。

张斌(2003:90)也指出:"人类认知客观事物,从感觉开始,逐步形成概念,然后加以命名,这就是指称(refer to)。被命名的事物也叫指称(reference)。这里的指称指的是用词语表示的概念的对象,当人们运用这些词语进行交际时,就赋予指称以特定的内容(content)。有了内容的指称是所指(referent),但通常也叫它指称。"简单说,指称就是所指,陈述就是所谓。任何指称都以陈述为语义基础。从语法层面上看,谓词性成分往往表达典型的陈述,名词性成分往往表达典型的指称,两者可以在一定的条件下发生转化。

此外,朱景松(1997a:204)还提出"指称属于由语境确定的语义范畴,与离开特殊语境而存在的NP不能简单等同"。他所指的"指称"是具体现实中的指谓,我们所谓的"指称"是句法中的述物。王红旗(2001)在博士学位论文《指称论》中以功能语法理论为背景,探讨了汉语名词性成分的指称问题,主要对指称进行了分类,对指称化过程中的形义变化基本没有涉及。2002年在长沙召开的"第十二次现代汉语语法学术讨论会",将指称范畴与情态范畴列入会议议题,说明指称范畴的研究逐步进入学者的视野。

世界上一切事物都处于运动之中,运动是自然界的固有属性之一。陈述与指称之间虽然具有相对的独立性,但两者并不是固定不变的,它们之间可以相互转化。德国心理学家冯特也从心理联想角度阐述了转化的心理诱因,有较强的解释力,说明两者的转化是人类语言的普遍现象。这种转化既可以发生在词法层面,也可以发生在句法层面。陈述结构由叙事变为述物,构成陈述结构的指称化。朱德熙(1983)、陆俭明(1993)、朱景松(1997a)、姜红(2008)提出了陈述转化为指称的具体方法,包括词法层面的转化和句法层面的转化。具体分述如下。

词法层面的转化包括两种形式:一是添加词缀,指在陈述形态后面加上名词词缀成分,如增加后缀"子、儿、头",及文言词语中的"所、者"等。此外,还可以增加一些准名词的后缀,如:"员、家、师、生"等。标记模式总是伴随着"轻声现象"(石毓智,2001:107),成为指称化标记后,原有词汇意义和声调失去了存在的基础,所以走向了轻声化。二是无标记转化,指不需要添加任何外在形式的标记,词法中的双音词属无标记转化(姚振武,1996)。双音词在不同的语境中具有不同用法,包括主谓式的无标记转化,如"地震、耳鸣、肉麻";动宾式的无标记转化,如"监工、帮凶、导游";并列式的无标记转化,如"教授、编辑、指挥";偏正式的无标记转化,如"主编、总管、特护"。这种非形式化的造词方式在汉语中的能产性有限,张伯江、方梅(1996:213)也认为:"现代汉语共时系统里词法平面上谓词的体词化已经几乎没有非形式化的能产途径了。"

句法层面的转化包括以下五种形式。一是复指,如"虚心使人进步这个道理是每一个人都知道的"。其中"虚心使人进步"是一个陈述结构,后面用代词"这个"来复指,就变为指称形式了。二是加名词化标记,如"八日双方签署了临时宪法,对伊拉克和中东地区来说是一个突破"。"突破"前有数量词"一个"修饰,可以认为这是一个指称形式。三是加结构标记,如"卖菜—卖菜的(人),开车—开车的(人)",添加助词"的"可以自由地转化为指称形式。四是提取谓词,形成"NP 的 VP"结构。如"小雪的反抗,他的迟到"。五是做句子的主语和宾语。如"下棋是一种大众喜闻乐见的活动;我老婆非常喜欢逛超市"。其中,"下棋"做主语,已经事物化了,我们认为这是一个指称形式;"逛超市"是动词短语的指称化。

此外,姚振武(2000)指出在一定条件下,指称和陈述具有兼容性,他认为"所谓指称与陈述的兼容性,可以用这样一个事实来说明,即语法上指称式和陈述式这两种不同的形式,在语义相通的条件下,在语用上常常可以不分彼此地通用"。他进一步指出:"事实上,指称与陈述是两位一体的东西,犹如一张纸的两面,任何指称都要靠陈述来说明,与此相应,任何陈述都与一定的指称相联系。这就是两者转化的基础。"实际上,指称式是陈述式衰减的产物,姚文已经认识到指称式与陈述式之间的异同,但还没有从衰减的角度认识到两者的主次关系,这也是我们研究的主要方向。

二 指称化与名词化、名物化

传统观点认为"名词化"是指在主语和宾语位置上的动词形容词成分

已经通过某种句法手段取得了名词的地位，句法功能发生变化。"名物化"是指整个动词词组通过某种句法手段成为名词性短语，但该动词的地位并没有发生改变。也就是说它只获得了名词性短语的外壳，其内部仍然保持动词短语的特性。我们可以认为，处于主宾语位置上的谓词性成分不一定名词化，但却一定是指称化了。正如宋绍年（1998：333）所指出的那样，"名词化现象必然伴随着指称化现象；指称化不等于名词化，但指称化可以作为衡量名词化的一种尺度"。名词化是句法概念范畴，而指称化则是语义概念范畴。

胡裕树、范晓（1994）指出："动词形容词一般表示动核，表示'述谓'，但在一定条件下（受某些谓语动词或形容词控制而作主宾语时）也可表示动元，即表示'指称'或'名物'。"并把这种现象称为"动元化""指称化"，通俗点说，就是"名物化"。名物化与名词化之间既有联系也有区别，句法平面的名词化必然表现在语义平面的名物化，但语义平面上的名物化却不一定全都名词化。前者如"有吃的，有穿的"中"吃的，穿的"；后者如"这本书的出版，他的笑"，其中"出版、笑"只是语义平面的名物化，句法平面依然是动词，没有名词化。

动词形容词"名物化"从分布的角度看就是动词形容词包含了两类相互对立的语法功能（郭锐，1997），比如"看下棋"中的"下棋"就不能被"不"所修饰，在此体现体词性功能而排斥谓词性功能。但是，动词形容词包含多类功能的事实在词类划分中没有体现出来，词类划分所描写的只是动词形容词的谓词性功能（陈述），这样就需要术语来描写其体词性（指称）。也就是说指称和陈述是对句法结构的功能进行分类的手段。郭氏试图在指称陈述的基础上建立一个关于表述的描写系统，指称化涉及表述功能的转化。

石定栩（2011：45）认为："动词性成分可以通过名词化或是名物化而改变句法地位以及句法作用。名词化是说短语的核心原来是动词，但在进入句法时变成了名词，该短语也就必然按照名词性短语的结构组成。名物化是说短语的核心在词库里是动词，进入句法后形成的也是动词短语。"这在一定程度上厘清了名词化和名物化的界限。

刘国辉（2021：1）认为名词化既是词汇、句法现象，也是语篇现象，他基于概念整合和语法整合视角研究"名词化"现象，较全面地探讨了名词化的性质、表征、运作机制、功效、限制条件、应用和相关理据，出版了专著《名词化动态整合研究》,为学者们深入认知名词化现象提供了一种新的视角,将名词化研究推到了一个新的高度。

三 指称化与关系化、关系从句

关系化是指称化的表现形式之一。关系化是一个小句变为名词性成分的过程,被关系化的名词性成分称为核心名词,一个关系小句必定包含一个中心名词和一个限制性小句,限制性小句在功能上起形容词的作用,修饰和限制中心名词。关系从句是基础句中动词论元关系化之后形成的,关系从句是关系化的结果。已有的关系化研究成果是语言类型学家通过生成思想对关系从句做出的分析和解释。研究重点主要包括以下四个方面。

一是关系从句。关系从句是现代语法理论中颇受重视的一种句法结构。近年来,汉语学界也开始重视这一问题的研究。刘丹青(2005)从语言类型学的角度初步讨论了汉语关系从句的标记类型;方梅(2008)从篇章语法的角度研究了主语零形反指和描写性关系从句;陈满华(2010)讨论了由背景化触发的非反指零形主语小句。此外,学者还对汉语关系从句有无限制性和非限制性进行探讨,对此学术界尚有不同的看法。屈承熹(2005:333)认为"汉语中的关系子句本身并没有'限制性'和'非限制性'之分"。唐正大(2006)认为汉语关系从句有限制性和非限制性定语之别,但没有形式标志,要靠意义来判断。刘丹青(2008)认为"汉语关系从句也主要是限制性的","但专有名词前面的关系从句通常要理解为非限制性从句"。我们认为汉语关系从句可以分为限制性关系从句和非限制性关系从句。学者对关系从句的研究焦点在定语位置上,对中心语位置措意较少,中心语位置上的形义衰减也是我们研究的关注点之一。

二是关系化策略。不同的语言具有建构关系从句的不同方法,同一种语言内部也往往具有一种以上建构关系从句的方法,这些建构关系从句的方法称为关系化策略。Comrie(2009:147—153)通过语言的类型分析,归纳出四种关系化的策略:非缩略(non-reduction),代词保留(pronoun-retention),关系代词(relative-pronoun)和空缺(gap)。不同的关系化策略在用于关系化不同句法位置上的名词短语时,可能会受到不同的制约。王远国(2011)指出汉语主要采用"空缺策略和代词保留策略"而很少或不采用"非缩略策略和关系代词策略"。这也说明由于语言的基础条件不同,在指称化过程中会选择不同的指称化策略,但是在此过程中的形义衰减倾向是共性的。

三是名词短语可及性等级（Noun Phrase Accessililty Hierarchy，简称NPAH）。关系小句中各论元的关系化不是完全自由的，而要受到一定条件的限制，论元与动词关系的相对密切度不同，关系化的能力也各不相同。Keenan & Comrie（1977：63—69）通过对五十余种语言的调查研究发现，不同语言对可关系化名词成分的限制不同。相关名词成分的可关系化等级序列描写为：SU（主语）＞DO（直接宾语）＞IO（间接宾语）＞OBL（旁格宾语）＞GEN（属格）＞OCOPM（比较宾语）。① 位置越靠前，可及性越高，关系化难度也越低。从中可以看出，主语关系化较容易，而比较宾语关系化较困难，人们认识掌握关系子句总是遵循一个递进阶。王亚琼、冯丽萍（2012）对汉语语义角色关系化难度等级进行排列，发现 NPAH 理论并不完全适用于汉语，存在交叉和涵盖不了的情况，这可能是汉语语法"意合"性的体现。

四是关系化与名物化。两者的中心语方向不同，关系化的中心语是右向（right-headed），谓词出现在"的"的前面，如"<u>出版的这本书</u>"；名物化结构的中心语则是左向（left-headed），谓词要出现在"的"的后面，如"这本书<u>的出版</u>"，两者的语法视角和提取过程不同。"关系化"是把主语、宾语或者状语提到句子之外，作为关系语句所修饰的成分；"名物化"则是把主语、宾语或者状语提到句子之外，留下谓语动词作为被名物化的成分（何元建，2011：143—144）。

四　指称化相关专题研究

学界对指称化进行具体研究的专著仅见 2 部，分别为黄毅燕《汉日指称化对比研究》（2014）和吴怀成《现代汉语动词的指称化研究》（2014），其余多为零散的单篇论文，较少触及那些深层次和规律性的问题。指称化研究集中于词汇化层面，对于由句层面到语层面的转变基本未有涉及，转变过程中所体现出的语言规律和价值尚未为学术界所认识。

词汇层面的指称化，如徐天云（2010）对专名指称化进行分析和考察，他指出由于专名在形式上具有较高的区别性，没有指称成分，使用者会有意模糊专名在词形上表现出的理据性，从而增强了区别性，通过一定

---

① "＞"表示优先于。

手段破坏原来的结构,使其指称化。如"北京大学",我们不能简称"北京"或"大学",只能通过抽取专名中不相邻的两个字"北"和"大"形成"北京大学"的指称性专名。这里的指称化主要指用缩略词对事物进行称代。

陈昌来(2010、2011)探讨了"由来、从来"的词汇化历程及其指称化机制,认为指称化标记的功能体现在两个方面:句法上的名词化和语义上的指称化。指称化形成的短语在句法上是名词性短语,在语义上则转指动词的某一个配价成分或介引宾语。在诸如"从来"和"后来"等双音词的词汇化过程中,指称化是实现从短语到词转变的重要手段。但是陈文对于从句到语的转变过程所涉及的信息变化、形义衰减还未曾措意,这里的指称化研究更多属于词汇化的范畴。

吴怀成(2011a、2011b)从认知语言学的角度,指出指称化是动词向名词功能漂移的基础和起点,指称化是动态发展过程,动词的指称性具有等级差异。他将指称义分为概念指称义、具体事件指称义、类事件指称义和物化事件指称义,分别对应于动词向名词功能漂移的不同阶段,从而将指称化与指称义有效地区分开来。此外,他还论述了单音节动词的类事件的指称化,指出双音节动词因具有指事性而容易指称化,而单音节动词因其动词性较强和自身的多义性,无法激活事件框架,而受到更多的限制。他的研究集中于述谓性中心语的功能偏移,没有涉及转变过程中的形义衰减。

黄毅燕(2012)在朱德熙先生"自指与转指"概念的基础上,对汉语和日语中谓词指称化的情况进行对比研究,从词汇层面和句法层面分别进行探讨,对汉日语句法层面指称化歧义现象进行描述,并对歧义消除的路径和方法进行了有益的探索,此外,还对"词—短语—小句"指称化表现链进行逻辑分类。虽然她注意到指称化不同层级之间的关系,但还局限于静态层面,对陈述到指称的动态转变过程未有涉及,且对其中的形义变化未曾措意。

储泽祥、王艳(2016)对汉语中 OV 语序的指称化效用进行研究,指出 OV 语序的指称性在汉语中表现出不同的层级。V 的动词范畴在指称化的 OV 结构中受到磨损,在构成小句时必须修复磨损,增强陈述性。方绪军、赵会(2019)探讨了"NP 的不 $X_\text{单}$"中"不 $X_\text{单}$"的指称化现象,指出其构成有成词和短语之分,"不 $X_\text{单}$"的指称化有历时和共时之分,两者的词汇化程度不同,对前提陈述的要求也不同。上述研究均显示了学者对指称化所反映的具体语言事实研究的不断深入，加深了对指称化运作机制和语言本质的认识。

指称化不仅出现在共时层面，在历时层面也会出现。学者们还对古汉语中的指称化现象进行初步探索。"所"字结构是古汉语指称研究的一个热点。朱德熙（1983）就指出"所"字结构可以做指称化标记，具有句法成分的"提取"和指称化功能。姚振武（1998）、董秀芳（1998）将"所"看作指称化的标记，殷国光（2006）还对《庄子》中的"所"字结构的指称化进行考察。孙洪伟（2011）对上古汉语指称化现象进行研究，主要包括"所"字结构、"者"字结构、无标记指称化结构，并讨论了主之谓结构与主谓结构的区别，将无标记指称化结构分为指事化、指物化和转指三类。

宋绍年（1998：332）对古汉语谓词性成分的指称化与名词化进行了研究，他认为谓词性成分的指称化（含名物化）关系到汉语的本质特征，"在古汉语中谓词性成分指称化的途径也比现代汉语丰富，形式标记也比现代汉语多，古汉语谓词性成分指称化理应受到古汉语语法学界的重视"。李昭东（2010）在宋绍年的理论指导下对《史记》中的指称化现象进行专题研究。此外，耿葳（2011）也运用宋绍年的理论，对《左传》等六部书中心理动词后接VP的无标记指称化进行对比研究。通过"指称化系数"反映心理动词带名词性宾语/带谓词性宾语的能力，并依据系数的高低对所考察的心理动词进行了分类。赵世举（2000）以《孟子》文本为封闭语料，对影响定中结构指称的因素进行分析，指出构成成分的词语类型、限定成分的多寡和语境的制约均对定中结构的指称产生影响，此外还通过实例探讨了《孟子》中指称和陈述的相互转化问题。

近四十年的研究开拓了指称化研究的空间，深化了我们对指称化的认知，取得了相当丰厚的学术成果，也为后来学者进一步研究打下了坚实的基础。因主客观等多方面的因素，现有关于指称化的研究还存在一些空白和不足之处，表现如下。

第一，学术界对陈述与指称的转化问题较为关注，主要是陈述式向指称式的转化，但我们发现并不是所有的陈述式均能转化为指称式，还需要进一步探索限制条件。与此同时，学者对指称式到陈述式的还原分析，即陈述化的研究尚未措意，从正、反两个方向来看指称化的过程和结果才更具有价值。

第二，学术界指称化研究的主要视角还是静态的，动态转换过程中涉及的形义衰减还很少，转变过程中所体现出的语言规律和价值尚未为学术界所认识。虽然马清华、杨飞（2018）等研究已经从语言的共变原理角度，考察了陈述式向指称式转化过程中发生在句法、语义和语用三个方面的衰减现象，在一定程度上揭示了汉语指称化的本质、运作机制和制约动因。但目前的研究还存在一些不足，具体表现在以下三个方面：一是对指称化过程中语义衰减的具体表现描述不够清楚；二是对句法层和逻辑层语法衰减的差异未能进行较好的揭示；三是对陈述形式向指称形式转化过程中参与共建的各种句法形式和语义角色的衰减度关注不足。因此，对汉语指称化的特点和规律的揭示仍然具有很大的研究空间。

第三，学者们以往集中于对现代汉语中指称化的研究，缺乏对古汉语、方言以及外语材料指称化的系统分析，可以通过语言普遍性对比研究提升对指称化现象分析和内在机制的证明力度。此外，学者们研究指称化的语料主要来自自己积累和大型语料库语料，多采用随机抽取方式，如再能建立一些定量语料库，按语体进行定量考察，则可进一步观察到语体变量对指称化过程中机制的制约作用，进而更好地解释陈述和指称之间的关系，揭示汉语句法结构的生成规律。

第三节 研究理论基础、对象及手段

一 研究理论基础

本书在结构主义语言学、认知语言学、变换分析理论、系统运筹语法的指导下，探讨指称化进程中的变化，主要研究定中结构在指称化初始阶段的形义调整，对信息结构改变的适应过程。研究发现，指称化过程中新信息到旧信息的转变，带动了整个指称结构在形式上与原陈述式相比成系统的变化，显示出形式上成系统的衰减，形式衰减的背后是与此相适应的意义衰减。对指称化继发环节的形义衰减本书也有所涉及。

"物有常规，事有定则"，语言系统作为复杂的自组织系统，有其运行的规则和机制。马清华（2005）以并列结构为研究对象，探讨该结构的形式组织和意义组织方面的内在作用因素，考察决定性常量和干涉性变量之间的相互作用关系，揭示了语言内部的自律、竞争、协调机制和原理，归纳了并列结构"自繁殖、自维持、自稳定、自整合、有序化、动态性和开放性"的原理，已初现系统运筹语法的萌芽。此后，又在论述语言的共时动态机制时，提出初级补偿机制和高级补偿机制，指出"具体语句的基础条件决定了它可接受哪些手段的调节，表达目标又决定了将从中择取哪些种调节手段加以实施。基础、调节、目标三者构成初级补偿关系的以下公式：基础（B）×调节（R）⇒目标（A）"（马清华，2008）。不久，在论述汉语离合词形成的原因时，提出由合到离是离合词的主体，它的形成是"需要、条件和策略联合作用的结果，也是动力和阻力对决的结果"（马清华，2009）。至此，系统运筹语法的基本内容和理论框架在语言的实际研究中不断发展，在理论的提升中不断丰富，已初现端倪。"系统运筹语法"这一立足于本土研究的理论模型，以系统观点分析语言问题，建构了语言系统运筹的基本公式：需要（N）×基础（B）×策略（T）⇒目标（A），研究语言在给定的基础条件下，为满足一定的语言效果而积极寻找达到预定目标的策略或解决方案。系统运筹语法是在当代系统科学研究的基础上，对功能语言学、认知语言学等理论进行的有效整合与创新，是汉语语法"吸收、借鉴、创新"的一次有益尝试。

维特根斯坦说过，"神秘的并非世界为何如此，而是世界竟然如是"。语言在复杂因素互动所形成的合力推动下而变化，多种因素交缠在一起，其中的一些因素是逻辑、本质、必然的，还有些因素是非逻辑、非本质、偶然的。因此，只有抽丝破茧、寻踪觅源，找出其中的主要因素和非主要因素，排斥和忽略那些干扰性因素，我们才能对事物的动因做简单化处理，在突出必然的同时断绝与其他原因的联系，让必然性以事物本质的方式出现，经过系统的严密审查和反思，最终获得系统性、确定性、明晰性的结论，否则我们对于指称化过程中变化的认知还是部分的、片面的和碎片化的。

二 研究对象界定

指称化由句层面向短语层面发展，区分语言中哪些语法成分和语法范畴属于句层面，哪些属于短语层面就显得至关重要。只有厘清这些，我们才能更好地界定形义衰减过程中损耗的成分。

句子是语言研究的基本单位，传统观点认为汉语句子是独立的词组，句子构造与词组构造相同，之间是实现关系，把词组关系描写清楚，句子的情况也就清楚了。在"词组本位"的理论框架下，学者对句子应该包含的成分，或者说句子除了词组，还包括哪些成分并未措意，对词组之外的成分即汉语在"主谓词组"或谓词论元齐全的基本结构之外，还需要哪些基础条件才能构成形式和意义完整的句子，认识不够深刻。

由于汉语没有严格意义的形态标记和形态变化，对句子的定义也与西方存在差异。一般认为"句子是前后都有停顿并且带着一定句调表示相对完整的意义的语言形式"（朱德熙，1982：21）。这里的"完整意义"指具有主谓结构或者潜在的"主谓结构"，能够完整地表达思想概念。但是在交际过程中，人们还可调用百科知识，借助特定语境，来理解省略了主语或谓语的句子。王艾录（1990）认为"句子由语法、语义和语用三方面的标准共同规定。语法标准要求句子结构合理；语义标志要求句子意思完整，成分之间的意义关系符合逻辑事理；语用标准要求句子能够在具体的语言环境中独立完成交际使命"。既要符合句法—语义标准，又要符合语用标准，才能称得上是自足的句子。王珏（2011）将句子放在篇章中进行研究，指出句子是言语行为的最小单位，是活生生存在于语境中的言语句，它由语义规则、句法规则、语用规则、语篇规则共同组合而成。他将句子从外向内分为：篇章层、语用层、句法层，句子成分所处位置与其负载信息的重要性成正比。这些研究为我们更加全面、系统、立体地看待陈述式打下了基础。

陈述式作为一个完整的小句，是一个由多层范畴组合而成的"结构—功能"复合体。除一般所了解的核心论元外，还有一些表联系的非核心论元，它们共同表示陈述式所要传达的信息，学者们将这些非核心论元成分称为"完句成分"。胡明扬、劲松（1989）正式将此概念应用到实际分析中，指出"非独立句段在语义上是完整的，但在结构上是不完整的，所以不能独立成句。对比相应的独立句段和非独立句段可以发现非独立句段缺了一点东西，这就是所谓完句成分"。并提出了一些完句的成分和完句的手段。贺阳（1994）指出，完句成分是一个不依赖语境或上下文支撑的句子通常必须具有的结构成分，它具有使语言表达式独立成句的完句功能，是句法结构上的成句条件。汉语中除语调之外，某些助词、副词、时间词语以及否定词、助动词、数量短语和某些状语、补语都可以起完句作用。此外，孔令达（1994）、黄南松（1994）、金廷恩（1999）从不同角度讨论了句子的自足与非自足问题，论述了短语自主成句应该具备的若干语法条件。

　　简言之，一个结构完整的语言片段也未必构成陈述式，如"小王聪明""农民种植庄稼"。它们缺乏交际的自立性，必须增加一些成分，使它们能够"完句"，如"小王很聪明"，"小王聪明极了"，"小王聪明，小李也不笨啊"。这样的成分可以称为"完句成分"，为了完句还可以采用一定的语法手段，学者称为"完句手段"，如动态助词、语气词、程度副词等，它们都能使短语获得表述性，两者都属于陈述式所具有的形式和功能。

　　综合前贤在完句成分研究上的成果，从传统词类角度看，以下成分能在实际语言交际中成为完句成分。此外，还包括一些实词在句子中充当的句法成分，举例如下。

　　1. 动态助词，"了、着、过"以及一些复合趋向动词的加入能使无界的事件变成有界事件，符合完句的要求。

（1）*小张学会撒谎　　　小张学会了撒谎
（2）*墙上挂锦旗　　　　墙上挂着锦旗
（3）*他离两次婚　　　　他离过两次婚
（4）*葡萄被采摘了　　　葡萄被采摘下来了

　　2. 助动词，是高层谓语，表示对事情发生的可能性判断，或表示意愿和对情理、事理、主客观条件、价值的主观判断。加入后使句子具有了某种情态。

（5）*他自理日常生活　　他能自理日常生活
（6）*小伙子开车　　　　小伙子会开车
（7）*演员沉得住气　　　演员要沉得住气
（8）*创业者投资　　　　创业者愿意投资

　　3. 副词，用来修饰动词或形容词，时间副词、程度副词、情态副词等都具有完句的功能。

（9）*妈妈睡觉　　　　　妈妈正在睡觉
（10）*我幸运了　　　　我太幸运了

(11)＊小李聪明了　　　　　小李够聪明了

4. 否定词，通过对事实的成立、存在或真实性的否定，以达到对句子现实性的否定，否定也是一种重要的完句手段。

(12)？你骄傲自满　　　　　你别骄傲自满
(13)？你废话　　　　　　　你甭废话
(14)＊这件事他不成　　　　这件事非他不成

5. 语气词，属于句层面的成分，不能出现在语层面。语气词具有很强的附着性，一般出现在句尾，也可以出现在句中，表示某种语气以增强表达效果。陆俭明（1982）指出"从一部分副词必须带语气词这一点看，语气词的作用不只表示语气，似乎还有'成句'的作用"。

(15)＊我会尽力帮助你　　　我会尽力帮助你的
(16)＊亲戚贺喜　　　　　　亲戚贺喜来了
(17)＊你听懂了　　　　　　你听懂了吗
(18)＊你尽管相信他　　　　你尽管相信他好了

6. 代词，包括人称代词、指示代词、疑问代词，都具有完句的功能，从而使表达更加准确。

(19)？王五认为还要努力　　王五认为自己还要努力
(20)＊他从父母继承了遗产　他从父母那里继承了遗产
(21)＊你准备去　　　　　　你准备去哪儿

7. 数量词，包括数词、量词和数量词的组合。采用"个"表示泛指的计量，引进结果成分，以使结构取得句法自足性，提高合法度。

(22)？我租了地下室　　　　我租了个地下室
(23)？他像落汤鸡似的　　　他像个落汤鸡似的

8. 结构助词，语气助词"的"和结构助词"的"都可以出现在句末，但两者存在区别，语气助词"的"连同出现的"是"可以去掉；如果是结构助词"的"，则连同句中出现的"是"不能去掉。

  (24)*马桶是新买   马桶是新买的
  (25)*我是外来   我是外来的

9. 介词，主要用来表示词与词、词与句之间的关系，不能单独作句子成分，但却是完句的成分。

  (26)*厨师刀切菜   厨师用刀切菜
  (27)*士兵国家效力 士兵为国家效力
  (28)*留学生来日本 留学生来自日本

10. 连词，可以表达词与词之间的逻辑关系，包括并列、转折、因果、承接等关系，将不同的部分致联起来。

  (29)*这种铜镜大薄 这种铜镜既大且薄
  (30)*他清闲重担   他不要清闲而要重担
  (31)*我问才清楚   我一问才清楚

11. 补语，包括结果补语、动量补语、时量补语、程度补语、趋向补语等，以使动作具有某种结果性，从而具有完句的功能。

  (32)*房子盖了   房子盖好了
  (33)*妻子眼睛哭了   妻子眼睛哭红了
  (34)*她掐了我   她掐了我一下
  (35)*人们劳累了   人们劳累了一天
  (36)*蔬菜新鲜   蔬菜新鲜极了

12. 状语，一些情状成分与体标记配合使用，表示修饰和限定作用，它们能使谓词与外部世界发生联系从而获得完句的功能。如果不出现，则让人感觉信息不全面，句意不完整。如果没有情状成分，则需增加一些小句，以使得句意完成。

(37)*乌拉氏睡了一夜　　乌拉氏安安稳稳地睡了一夜（例：乌拉氏睡了一夜，脸色逐渐红润起来。）

(38)*弟弟追上了我　　弟弟气喘吁吁地追上了我（例：弟弟追上了我，把钱都塞进了我的口袋。）

13. 定语，包括数量词做定语，名词谓语句中定中短语充当谓语，抽象名词做宾语等方面，定语都具有完句的功能。定语有时能满足结构的需要甚至有成句的作用，定心名词短语在充当谓语时定语的有无对成句有影响（刘顺，2003：221）。

(39)*盛碗里鱼　　　　盛碗里两条鱼
(40)*小李头发　　　　小李长头发

功能语言学从不同的层次对句子进行划分，格语法认为句子是命题与情态的结合（Fillmore，2002：31）。情态是附加于句子命题上的主观信息，包括时、体、语气等概念。如果从完句的标记角度出发，以上各类可以重新划分，1—5属于情态范畴，包括体标记、能愿标记、语气标记；6—7属于指称范畴，包括称代标记、指量标记；8—10属于关系范畴，包括句法结构标记、逻辑结构标记；11—13是从句子内容角度分析的完句成分。词类的划分与句子结构的划分之间存在交叉。句子能够成立，除了外在形式的完善，还应采用一定的完句手段。沈家煊（2001）指出，表情方式除语气词、词缀、代词、副词、时体标记、情态动词外，词序和重复等手段也能用来表达情感。举例如下。

1. 重叠，是一种重要的语法手段，这里包括动词的重叠和形容词的重叠。"重叠动词表示动作的时量短或动量小"（朱德熙，1982：26），往往被认为是"轻微体"。

(41)*你说那个事　　　你说说那个事
(42)*我先洗脸　　　　我先洗洗脸

(43)*他天天打扮得漂亮的　　他天天打扮得漂漂亮亮的
(44)*他的眼睛红的　　他的眼睛红红的

2. 动词拷贝，结构中的两个动词重复是同一动作的两次表述，实际上只有一个动作。陈述式中为了凸显语义，需要一定句法冗余。

(45)*他写文章得很快　　他写文章写得很快
(46)*张三看医生过几次　　张三看医生看过几次

3. 句法构式，包括主动处置句或被动处置句。通过形式标记"把""被"将客体移动到动词前，表示主体对客体的支配和影响。

(47)*我药丸包上糖衣　　我把药丸包上糖衣
(48)*水库废弃了　　水库被废弃了

4. 变序，语序是汉语重要的句法手段，通过语序调整以达到信息的变化，句法的优化重组。

(49)*她彩电摔破了　　他摔破了彩电
(50)*伤员毛毯盖着　　伤员盖着毛毯

5. 框式结构，框式结构的结构义是结构整体拥有的，不等于各部分语义的简单叠加，而是语义增值的结果。使用框式结构可以使非自足句转化为自足句。

(51)*他苏州来　　他是苏州来的

完句的标记和手段并不只有一种，有些情况下要采用多个标记或完句手段才能成句。以上的语法成分和范畴是指称化过程中应关注的焦点。

指称化过程中新信息到旧信息的转变，带动了整个指称结构在形式上与原陈述式相比成系统的变化，显示出形式上成系统的衰减，形式衰减的背后是与此相适应的意义衰减。形义衰减体现在指称化后的初始环节和继发环节中，在语言的适应链过程中有不同的表现。初始阶段属于指称式的运作环节，是我们研究的重点所在，主要探讨在语境孤立条件下指称结构变化过程中的形义衰减，为适应信息背景化而做出的策略选择。我们所研究的初始阶段还只是一种共时层面的转换，历时条件下的形义衰减不是我们研究的重点。继发环节属于指称式的发展环节，主要探讨指称式在语境中的进一步衰减，由于制约因素多元，变量过于活泛，能够导致语境条件下衰减的变量就更多，这部分的衰减也不是我们研究的重点，仅作为初始环节指称化形义衰减的参照对比。

陈述式指称化之后不仅可形成定中结构，还可形成同位结构［如例（52）—例（54）］，轻动词"是、属于、成为"等在指称化后被强制删略，名词短语前一部分是对后一部分的进一步说明和解释，而非定中结构间的修饰限定关系。因此，这一部分同位结构并不在我们的研究范围之内。

（52）北京是中国的首都⇒［Z］中国的首都北京（但：*中国的首都的北京）

（53）金丝猴属于国家保护动物⇒［Z］国家保护动物金丝猴（但：*国家保护动物的金丝猴）

（54）王蒙成为了著名作家⇒［Z］著名作家王蒙（但：*著名作家的王蒙）

此外，本书使用较多的概念是"标记"，学界一般认为，标记就是表明某种特征的记号或标志，语言研究中"标记"主要指语法标记（grammatical marker），其作用是用来标示某种语法范畴或关系，从功能角度对语法性成分进行定名，比如体标记、态标记等。语法化使汉语呈现持续形式化的倾向，弱化了汉语意合机制，是使之逐渐走向标记化的主要途径。对汉语来说，最典型的语法标记是动态助词和介词。

《文学书官话》（Mandarin Grammar，1869）是美国南浸信会传教士高第丕与中国学者张儒珍采用当时西洋汉语文法研究通行的教科书体例编写的一部汉语教科书，比最具影响力的白话文语法代表作《新著国语文法》（1924）早50余年，书中多次提到"记号"一词，如《文学书官话》第十章"论靠托言"中，"过时的记号是'了''咯'，当时没有记号，后时的记号是'要'。这些记号，有个时候用，有个时候不用"。这里的时态记号就是我们现在所指的已然体标记。此后，使用"标记"这个术语较多的汉语语法学者是赵元任先生，他在《汉语口语语法》中指出，"'把'是对象宾语'桌子'的标记。'气的糊涂了'，'的'是谓语补语的标记。'快走吧！'，'吧'是劝告式命令的标记"（赵元任，1968/1979：136）。可见，汉语语法标记可以是词缀也可以是虚词等。

李永（2014：247—248）指出，汉语动词在长期的语法化过程中，衍生出大量的虚词，从而形成现代汉语谨严有序、内涵丰富的标记系统。各类标记作为主要的语法手段和形式化的特征符号，使汉语隶属于特定范畴的语法意义和结构意义变得有形有据，优化了汉语的句法语义配置和语序结构布局，实现了它们之间完美的配合。他还列举了书中涉及的汉语语法标记系统，如：实现标记（了）、持续标记（着）、继续标记（下去）、趋向标记（来、去、起来、下去）、经历标记（过）、开始标记（起来/上），可能标记（能、得）、处所标记（在、从、到）、时间标记（在、从、到）、被动标记（被、给、让）、使动/致使标记（使、让）、工具标记（用、拿）、处置/致使标记（将、把）、原因标记（因为、因）、比较标记（比、比起）、否定标记（没、没有）、尝试标记（看）、焦点标记（是、连、就）、话题标记（就）等。现代汉语因语法化而建立了内涵丰富的语法标记系统，但与形态高度发达的语言相比，汉语标记的语法化程度还不彻底，随着人类语言分析化趋势的发展，汉语将来会出现更多的语法标记。

为了叙述方便，本书所论及的标记采用宽式定义，包括体标记、态标记、能愿标记、情态量标记、比况标记、语气标记、指代标记、指量标记、格标记等，涉及传统语法中的动态助词、介词、代词、副词、数量词、结构助词、语气词等。这些语法标记不仅是重要的语法手段，也是调节语序使之灵活多变以强化语序表达功能的有力工具。

三　具体操作手段与研究方法

朱德熙（1983）提出"句法成分的提取"概念，他认为可以把名词化形式"VP + 名词化标记"看作从"比 VP 略长的谓词性结构 VP"里提取出来的，"VP + 名词化标记"至少比 VP 多一个名词性成分，比如，"教书的"是从"X 教书"中提取主语 X 而来。提取成为谓词性结构名词化的一种语法手段。袁毓林（1994）也指出，"从指称和陈述的观点看，不论汉语或英语，所谓提取，实质上就是一种陈述形态转化为一种指称形态"。

句法成分的提取实际上就是将陈述形态转化为指称形态。刘丹青（2005）在 Keenan & Comrie（1977）关系从句理论和朱德熙（1983）"提取"概念的基础上，明确提出了"提取"论元的工作框架，他说对于一个主动宾齐全的小句（如"学生买书"）来说，将其主语或宾语提取出来作核心名词，在关系从句中留下一个与核心名词同指的语迹，这是最典型、最少争议的关系化结构，如"[ti]买书的学生i"和"学生买[ti]的书i"①。"提取"的意思是从某物中取出某东西，提取的过程必然伴随着"移位"。位置的移动和句法的降格使原来小句所具有的一些形义特征在提取的过程中被删略和滤除，这些成分将是我们重点考察的对象。

除"提取"操作外，我们还进行了与此对应的"还原"操作，即在文本中检索指称结构，将检索到的指称式还原为对应的陈述式，从反面来观察在此过程中形义衰减的具体内容和策略。通过正反两方面的论证，以使我们的结论更具可信度和说服力。

通过上述操作，我们得到了由陈述式到指称式的转变过程，在这其中，指称化过程中的标记存在方式包括两大类四小类。如表 0-1 所示。

表 0-1　　　　　　　　　指称式标记存在方式

衰减类	强制删略	标记需强制删略，指称式才能成立
	任选删略	标记的出现与否不影响语义的表达，标记保留式与删略式之间语义差别不大
非衰减类	辨义保留	标记删略与否有时可导致语义的明显差异，因此形成保留式与删略式的差别
	致联保留	指称式可因标记删略后的可接受度低而得到强制保留，换言之，强制保留是为使两个部分得以组联

标记存在方式可以分为衰减类和非衰减类，衰减类指在此过程中形义发生了明显的衰减变化，根据标记保留与否又分为强制删略和任选删略；非衰减类的标记一般需要保留，可以认为是一种"零删略"，其成因有语义上的竞争需要和句法上的致联需要两种。

叙事语篇的铺陈过程就是前景与后景信息交替的过程，指称化后，事件由前景信息变为后景信息，信息由未知到已知，反映了信息量的调整，

---

① 分别使用下标，以便与移动后留下的语迹ti区别，可以看得更为清楚：学生i 买书j ⇒（1）[ti]买书j的学生i（i与i同指）；（2）学生i买[tj]的书j（j与j同指）。

所形成的指称式只是新事件的参与者之一，因此无论是衰减类或非衰减类指称式，都体现了信息权重的降低，即在转变过程中意义都发生了衰减。我们以体标记为例，呈现四种标记衰减存在方式之间的差异。不同的提取项与衰减方式之间存在错综复杂的关系，提取对象对衰减有制约作用。（参见第六章第三节"干涉要素的多重性"）

第1组：衰减类

【强制删略】（55）小王买了书⇒［K］小王买的书（但：？小王买了的书）；（56）敌人狡猾着呢⇒［Z］狡猾的敌人（但：？狡猾着的敌人）；（57）经历过挨饿⇒［W］挨饿的经历

【任选删略】（58）大熊猫吃饱了⇒［Z］吃饱了的大熊猫／吃饱的大熊猫；（59）南京人心中悬着一块石头⇒［K］南京人心中悬着的一块石头／南京人心中悬的（那）块石头；（60）城市出现过酸雨⇒［F］出现过酸雨的城市／出现酸雨的城市

第2组：非衰减类

【辨义保留】（61）瓶子盛了水⇒［F］盛了水的瓶子≠盛水的瓶子；（62）男孩穿着T恤衫⇒［K］（那个）男孩穿着的T恤衫≠男孩穿的T恤衫；（63）某学生没有去过故宫⇒［Z］没有去过故宫的学生≠没有去故宫的学生

【致联保留】（64）蝴蝶折了翅膀⇒［Z］折了翅膀的蝴蝶／折翅的蝴蝶（但：*折翅膀的蝴蝶）；（65）墙壁上贴着原木⇒［F］贴着原木的墙壁上（但：？贴原木的墙壁上）；（66）古塔被修过⇒［K］修过的古塔（但：*修的古塔）

例（55）事件参与者"小王"与"书"是动作"买"的配价成分，三者共同构成一个事件，均为事件的必选论元，缺一不可。指称化之后，指称式成为新的事件中的组成成分之一，可出现在主语或宾语位置。"小王"与"买"退到幕后变为后景成分，只凸显了"书"，指称式中心语的修饰成分可以删略而新事件依然成立，如"书对学习有帮助｜我扔了书"。因此可以看出，指称化的过程体现了整个结构的形义衰减，形式上，由一个事件的三个参与者变为新事件的一个参与者；意义上，主体与动作退到幕后，时体特征消失，由前景信息变为后景信息，信息的强度变弱。其中，体标记也在信息转变过程中被强制删略，成为形义衰减的外在表征之一。例（56）表示一个状态事件"敌人狡猾"，提取主体，指称式表明主体具有的某一类特征，谓词由前景信息变为后景信息，指称式在新事件中无论做主语或宾语，只能成为事件的一部分，而不能单独代表一个事件，因此，指称化的过程是意义衰减的过程。从形式上看，因为后景信息只提供前景信息需要的背景信息，不参与事件进程的刻画，因此表示事件进程的时体和语气特征也被滤除。例（57）提取谓词后，附着在其上的体标记自然要强制删略。"某人经历挨饿"是一个完整事件，指称化提取谓词，整个结构由一个事件变为一个名词性结构，提取的目的是组成新的句子，指称式只能在新事件中充当参与者，在句中充当宾语，在此过程中体标记也强制删略，可以看出，形式与意义上均发生了衰减。

例（58）事件结构描述为"大熊猫"是施事者，"吃"为动作，"饱"为结果，动词和补语之间关系密切，"吃"在语义上可理解为"饱"的原因。提取主体后整个结构凸显中心语，动结式变为背景信息。例（59）为动态事件，提取客体，指称式表现核心名词在某一时刻的动态特征，反映进程中事件主线之外的附属事件，指称式不参与新事件的时间进程，只能作为事件的参与者之一。例（60）经历体标记可任选删略，保留式和删略式在例句中均能成立，没有语义的差别，所形成的指称式均表示核心名词的某一特征，用于交代主句的背景信息。

例（61）已然体标记保留式和删略式有不同的深层结构来源。保留式为提取主体形成的指称式，表示动态事件，反映核心名词在某一时刻的动态特征；删略式为提取附加体形成的指称式，表示静态事件，反映核心名词稳定的、永久性的特征。无论是动态事件还是静态事件，它们都不参与新事件的时间进程，都是新事件的参与者之一。例（62）指称化后，标记保留式中"男孩"为特指，而删略式中的"男孩"为泛指或特指，删略后的定语是限定性，表"什么"，起分类作用，因此两者意义有别。例（63）保留式针对过去而言，而删略式针对现在而言。

例（64）"蝴蝶折翅膀"构成了一个事件，指称化后指称式成为新事件的组成部分，无论是做主语还是宾语，均由原来事件中的三个论元变为新事件中的一个论元，表示"蝴蝶飞不上天"这样一个状态，指称化体现了由事件到论元的变化，由句层面到词组层面的降级。例（65）提取附加体，定语不改变核心名词成分的外延，对核心名词性成分进行说明或描写。指称式的存在依赖于所在主句，不能单独构成事件。例（66）指称化过程中，语法和语义因素对指称式的成立与否具有重要作用，但与此同时，韵律也起着作用。

本书在系统运筹语法指导下，在汉语指称化已有相关研究成果基础上，从分析语言指称和陈述的相互转化入手，通过类比分析、历时对比、形式实证、语感验证等方法探讨指称化过程中形义衰减的条件、机制、过程、标记、动因，衰减造成的简单化、复杂化与多样化之间的相互关系，通过正、反两面的考察，解释语言演化的规律。指称化之后结构的形义衰减是条件和需要之间双向选择的结果。我们在研究中将努力做到以下几点。

第一，定性与定量相结合。定量考察是一种扎实、客观、可靠的科学方法。我们将选择定量的、有典型代表价值的语料，结合前贤的研究成果，采用统计方法，以细致入微、全面真实的统计数据，力争客观、全面地反映汉语指称化过程中形义衰减的真实面貌。我们相信，质与量是事物内部辩证统一、密不可分的两个方面，任何事物的质都表现为一定的量，量变到一定程度就会引起质变。因此，透过量来把握质，无疑是一条重要的科学途径。因为，语法规律在最后都将体现为一系列统计数据，只有在定量研究基础上的定性研究才更有说服力。

第二，历时和共时相结合。像任何有机体一样，语言既表现为一种具体的存在，又表现为一种历时的事实。对此，我们可以从共时和历时两个方面进行解释，在注重共时分析的基础上，也注重历时语料的引用，通过彼此的贯通、印证而得到解释，努力建立起一种"泛时"的观念。在重视语言事实的挖掘和描写的基础上，探寻指称化形义衰减的演变轨迹，揭示指称化的古今异同，既回答某些结构为什么会出现，也探求某些结构不出现的原因。

第三，动态与静态相结合。指称化的研究须在静态描写的基础上进行动态的分析，指称化是一个过程而不是结果。静态指句法、语义平面，动态指语用平面。"词，短语，包括主谓短语，都是语言的静态单位、备用单位，而句子则是语言的动态单位、使用单位。"（吕叔湘，1979：28—29）仅仅进行静态的研究是远远不够的，必须将指称化置于语境中进行分析，将静态研究和动态研究相结合。

第四，描写与解释相结合。从本体论看，基于真实语言事实的搜集和整理，是进行语言研究的基础。我们立足于老老实实做语料，"有一分材料说一分话"。吕叔湘（1981：10）说过，"语言事实是散钱，理论是钱串子"，一篇好的文章，是用钱串子把散钱串好，是在语言事实和语言调查基础上的提升，一味地搬弄术语，玩弄理论只会误人误己。"如果二者不可得而兼之，散钱虽然不便携带，但捡起一个钱来还有一个钱的用处，其他人看到了也会重新串，光有绳子没有钱则是毫无用处。"所以，我们脚踏实地收集语料，不让语言事实来迁就自己的观点，更不扭曲语言事实来蒙蔽他人。

即使拥有翔实的语料，如果没有科学的研究原则和方法，研究也会受到限制。在广泛采纳传统语法研究经验的基础上，以系统运筹语法作为研究的主要方法，重视语言系统中自变量和因变量的考察。将层次分析法和成分分析法结合起来，探讨指称化过程中形义衰减的机制、动因，同时运用认知语法、功能语法的最新研究成果，探讨指称化所带来的结构变化表层下的语义动因，重视对语言动态变化的研究，力争做到观察充分、描写充分、解释充分。

第五，形式与意义相结合。形式与意义是语言的两个方面，"语言研究的最终目的就是弄清楚语法形式和语法意义之间的对应关系。所以从原则上说，进行语法研究应当把形式和意义结合起来。……真正的结合是要使形式和意义相互渗透。讲形式的时候能得到语义方面的验证，讲意义的时候能够得到形式方面的验证"（朱德熙，2000：80）。在更加注重形式与意义相结合的形势下，讲意义必须有形式上的验证，否则意义分析的结果可靠性值得质疑；讲形式也必须得到意义上的验证，否则形式分析就失去存在的价值，将两者有机结合起来，探求指称化过程中形式与意义的衰减过程及双向选择关系。

第六，理论与实践相结合。对语言现象进行描写、归纳、总结，进而提出合理的解释，是汉语语法理论研究的重要过程。但是，理论来源于实践，也必须应用于实践。通过对指称化衰减的历时和共时对比，与民族语言或其他语言的类型学比较，我们可以发现一些母语中习焉不察的规律，进而提出更加细致、条理化，更具可操作性的教学规律，本书也可以反哺服务于汉语教学和二语习得教学，为普通语言学教材编写、汉语教材编写、辞书编撰特别是名词词典编撰提供参考。

第四节 研究内容、重点难点及创新之处

一 研究内容

语言单位所负载的信息量与其所占据的句法位置成正比，在语言结构中，"越是处于核心位置的成分就越不容易在信息传播过程中造成核心信息损耗，而分布于核心两侧或外层的成分则容易产生信息损耗"（王珏，2011）。形式与意义之间除了外在的空间象似性外，还蕴含更抽象的意义象似性。指称式的形成正反映了语言的象似性，在指称化过程中，随着语言信息由未知到已知，指称式包含的所有方向都表现为衰减，这既包括外在形式上的衰减，也包括意义上的衰减。

1. 指称化过程中的形式衰减

语义是语言变化的决定性因素，因为有语义表达的需要，才会有形式上的删略和滤除。形式衰减包括删略、缩略、兼职以及语序的常规化、单一化等。形义特征被完全删略的最终表现是限定性成分的消失，从而出现零标记的有定裸名词。句子在语义平面由两部分组成：一是命题部分，又分论元和谓词两部分；二是情态部分。在指称化过程中谓词及其相关标记、论元及其相关标记、情态成分等均发生了删略。指称化后，因信息背景化的需要，指称式定语和中心语还会发生缩略；一些论元发生了归同集聚，一些强势语序向常规语序回归。这些外在形式的变化都是衰减的重要表征。指称化之后，由于新旧信息的转换、成分被删略或滤除，标记之间产生叠合和冲突，冲突背后的各种变量的运筹关系是探讨的主要内容。从宏观看，删略是语言经济动因造成的；从微观看，则是嵌入较深导致的压缩删略，一些表层结构标志被删略。同样是合格的指称式，有些指称形式中的删略是强制的，有些删略则是可选择的。形式衰减造成语言的简单化，凝固了语言的表达，是语言为更好完成交际需要所采用的手段。与此同时，指称化也为语言复杂化留下了充分空间，从而引发了新一轮的结构复杂化。

2. 指称化过程中的意义衰减

指称化是汉语处理信息权重的一种重要句法形式。人类信息传递的规

律是由已知信息引出未知信息，句子结构与信息传递之间有密切的联系，句子一般以已知信息开头，以未知信息结尾。指称化带来信息地位的变化，未知信息通过指称化从前景信息变为背景信息，从未知信息变为已知信息，再引进其他未知信息。信息的变化必然要求指称式在意义上随之变化。意义衰减是信息变化的重要体现，包括：指称功能的衰变、指称范围的改变、指称概念的转变以及谓词附加成分的意义衰减等方面。指称化可形象地比同"圆凿方枘"，方枘套不进圆孔中，必须将方枘加工成圆枘，因此原来"方"的特点必将失去。这种"方"的特征既包含形的衰减，也包含义的衰减。

3. 指称化形义衰减的原理

信息可以分为已知信息和未知信息。已知信息是说话人认为听话人已经知道的信息，未知信息是说话人认为听话人不知道的信息。指称式将一些未知信息转化为已知的、固定的、为大家所共同接受的背景信息，而将谓语空间留给了未知的前景信息，留下了继续表述的空间。指称式所表达的信息虽然是第一次引进话语中，从其来源看应该属于新信息。但说话人可通过指称化的语法手段降低其信息值，这就是信息处理。指称式表示后景信息，不参与主事件的构建，句法上采用了内嵌的形式，其作用是为事件的展开设定场景，尽管其信息为新信息，听话人也不会将其解读为句子交际的重点，随着事件不断展开，指称式所表示的信息逐渐成为理解后续信息的基础，信息值越来越低。陈述式从前景信息变为背景信息，信息的强度和权重得到弱化与衰减。

4. 指称化继发环节的衰减

指称式是陈述式衰减的产物，但衰减本身未必都是指称化的结果。衰减不仅会发生在指称式的初始环节中，还会发生在指称化的继发环节。继发环节是初始环节进一步衰减的结果，它们处于指称化适应链过程中的不同适应环节。如果说初始环节属于句法运作层面的话，那么继发环节则属于运用层面。主要表现为指称标记进一步衰减为结构助词，指代标记在语境中的含混表达。衰减最终表现为无定裸名词的出现。这是信息衰减到最后的表现，裸名词也为语篇的衔接和连贯创造了条件。

二 重点与难点

（1）指称化过程中的语义衰减的具体表现。随着主观性程度降低，指称化时须滤除反映说话人情感类主观内容或认知类主观内容的句层面交际信息，导致后者的主观性程度降低。

（2）语法衰减在句法层和逻辑层衰减的差异性。句法层的衰减见于意义和形式两方面，如：标记删略、成分删略、句法分布能力下降、语序常规化和单一化；逻辑层的衰减表现为：逻辑标记删略和逻辑意义的退化。逻辑标记删略导致凸显意味消除，带动逻辑意义退化或逻辑关系的典型化。

（3）在百万字分语体语料分析和归纳基础上，总结指称化过程中语用衰减在法律语体、科技语体、政论语体、新闻语体、文艺语体、口语语体上的表现形式。以具体的语言事实探求有定化在主语位置和宾语位置上的凸显度，语体的指称式平均长度及在主语位置上定语层级数的序列排列。

（4）揭示汉语指称化过程中衰减的动因、机制、规律，对造成衰减的众多微妙而广布的系统关联特征进行挖掘。

（5）通过对指称化过程中形义衰减等共变现象的剖析，从理论上揭示语言共变的本质、运作规律及基本原理，共变特征间的因果联系及缠绕渗透关系。

三　创新之处

（1）多种理论与方法的综合运用。在系统运筹语法和语言共变原理的理论框架内，综合运用结构主义语言学、认知语言学、构式语法、非范畴化理论及方法分类对汉语指称化过程中的形义衰减进行细致研究。

（2）研究方法的创新。现代语言学要求在描写基础上做出最大限度的合理的理论解释。本书先基于观察到的衰减事实，进行准确描写和分析，在此基础上再运用相关理论进行合理解释，尽可能地将描写和解释相结合、事实与理论相结合。此外，基于汉语共时语料库系统考察指称化衰减的条件、机制、标记、动因，在一定范围内，对所考察对象做穷尽性的定量考察，并进而做定性概括。

（3）"提取"操作与"还原"操作相结合。朱德熙先生提出了指称化过程中的"提取"操作，为保证结论的科学性，我们还进行了与此对应的"还原"操作，从反面来观察在此过程中形义衰减的具体表现和策略手段。

第五节 语料来源及符号说明

一 语料来源

语料是进行语言研究的材料和依据。语料的选择决定了研究的质量和最终的研究成果。"研究必须充分地占有材料,分析它的各种发展形式,探寻这些形式的内在联系。只有这项工作完成以后,现实的运动才能适当地叙述出来。"(马克思,1972:217)因此,进行指称化形义衰变的研究,语料的选择与确定是基础性工作,充分地占有材料和深入地分析语料必将提高研究的科学性。

本书语料主要来自北京大学中国语言学研究中心现代汉语语料库(CCL)、学者研究中相关的典型用例和一些内省的例句。此外,我们还建立了共时小型语料库,按语体分为政论语体、文艺语体、科技语体、法律语体、新闻语体、口语语体六类。选择代表性较强的,具有典型价值的语料,每类选择3万字,共18万字(见表2),进行封闭的定量研究。语体语法学认为,"任何一种语体因素的介入,都会带来语言特征的相应变化,当我们对语体特征有清醒的认知的时候,我们对语言事实的观察就会获得更清楚的线索"(张伯江,2007)。从功能语言学的角度看,不同语体在语言上所展现的差异性有其交际的需要动因,语体特征归根结底是由不同交际功能需求驱动的。结合语体研究语法,可以发现重要的语法事实,总结出切合实际的语法规则,获得对语言事实的科学解释。为使行文更加简明,文中例句不再注明出处。

表0-2　　　　　　　　　语体及与之对应的篇目或刊物

序号	语体	具体篇目或刊物名
1	政论语体	《矛盾论》《实践论》
2	文艺语体	《十月》《小说界》《小说选刊》
3	科技语体	《森林与人类》《科学画报》《环球人文地理》
4	法律语体	《中华人民共和国宪法》《中华人民共和国劳动合同法》《中华人民共和国著作权法实施条例(2013年修订)》
5	新闻语体	《人民日报》《中国青年报》《扬子晚报》
6	口语语体	《学聋哑》《电梯内外》《我家后院发现了老虎》《蛇年说蛇》《语言的艺术》《招聘》《梦幻家园》《捡来的手机》

二　符号说明

表 0 – 3　　　　　　　　　符号说明

序号	符号	文字说明
1	［Z］	提取主体
2	［K］	提取客体
3	［F］	提取附加体
4	［J］	提取兼职体
5	［W］	提取谓词
6	q①	强制删略
7	r	任选删略
8	b	辨义保留
9	z	致联保留
10	*②	表示不能提取或表示该结构在句法或语义上不能成立
11	?	表示该结构在句法或语义上合格度较低，需要借助语境等条件才能成立
12	…→	表示在指称化过程中，该指称式的形态不是我们考察的重点，为突出研究对象，故而略过

---

①　下角字母，下面三个字母同此。
②　上角字母，下同此。

第一章　指称化过程中谓词及体标记的形式衰减

　　谓词部分是汉语句子结构的中心，它支配和约束句子的其他成分，决定句子的时体特征和主观性等。吕叔湘（1942/1990）在《中国文法要略》提出了"动词中心论"，句子的中心是一个动词，它是最重要的部分。法国语言学家特思尼耶尔（Tesniere）借化学"价"的概念提出了语言学中的配价理论，他认为动词是句子的中心，它支配其他成分，而自身却不受其他成分制约。认知语言学认为，句子是由事件图式和背景成分构成的，谓词部分是事件图式的基础，它跟现实不发生特定的联系，事件图式处于核心位置，其他成分依次向外，越是外层，结合能力越弱，越容易被删略和隐现，越是内层，结合能力越强，越容易被保留。时间性是事件的重要标志，谓词与体标记紧密相连共同将句子"关联"起来，共同表达事件在时间维度上的变化。

　　指称化之后，指称式信息已知化，谓词和体标记作为"完句成分"不是语句表义的重点，成为背景信息退居幕后，这是指称式为适应信息权重变化而做出的调整。指称式中，指称结构之间的语义关系可以在某种程度上代偿谓词和体标记的功能，从语言经济原则出发，陈述式要尽可能简略，以便留出足够空间来表达新信息。

第一节　谓词删略

　　谓词根据不同要求分为不同的类别，它们之间存在较大的差异。根据动词的情状不同可以分为静态动词、持续动词和终结动词。根据语义特征可以分为动作动词、心理动词、存现动词、关系动词、能愿动词、趋向动词、使令动词、形式动词等。其中动作动词和心理动词的动词性较实在，是动词的典型代表，而其他类型因为语义较虚，又被学者称为"轻动词"。词义的虚实直接制约指称化之后谓词的隐现。宋作艳（2014）认为："语义越实在的谓词越容易显现，与构式义不完全匹配的谓词越容易显现。"她将谓词的隐含与动词的类别联系起来，各动词隐现呈现一个等级序列：动作、过程动词＞关系动词、介词、存在动词＞系动词"是"或存在动词"有"。本节研究的谓词主要是轻动词，介于动词与轻动词两者间的"半轻动词"以及谓词性较弱的形容词。

一　轻动词删略

轻动词的概念最早由西方语言学者提出，他们认为事件述语是表示事件意义的抽象化语法概念，可以由数量有限但高度抽象的概念来表达，往往可以表示为：BE、DO、BECOME、CAUSE（McCawley，1968；Dowty，1979）。轻动词是个复杂的概念，Jespersen（1942）最早提出的轻动词概念，即合成动词中"语义轻微"（insignificant）或语义淡化的动词。Chomsky（1995）在"最简方案"中将轻动词（light verb）作为功能语类之一，用来探索述谓结构内的成分移位以及由此生成的自然语言词序。Huang（1997）和Lin（2001）将表示事件特征、具有纯动词语义的事态谓词定义为轻动词，发展了轻动词理论。他们认为，轻动词的实现方式因语言而异，汉语的轻动词在句法层实现，而英语中的轻动词则在词汇层实现。轻动词在现代汉语的句法结构中具有形成事件和指派题元的作用。研究者对轻动词的定义、语义属性、句法功能、在汉语中的作用还存在分歧，加之轻动词理论自身也在发展，更加难以界定。

轻动词是词汇意义虚，但句法功能强的一批动词，属于功能性语类，其中包括"做、弄、是、为、成为、使"等虚动词，它们既可以呈现显性形态，也可以呈现隐性形态。邓思颖（2010：88）认为轻动词之所以"轻"，是相对于动词而言，轻动词的意义比较"虚"，只表示特定的事件意义。谓语主要表达的内容是事件意义，具有内在的事件结构特点，他将四大类的事件重新分为三类：BE代表状态，是静止的状态；DO代表了活动，是一种动态、无终体的事件；完结和达成都包含了BECOME，代表时间的变化、状态的转变，而转变的结果就是事件具有一个自然终结点，属于有终体的事件。他的分类对认识轻动词的性质具有启示作用。何元建

(2011：219）也认为动词的"轻"与"重"是相对的，他将表达语法范畴的动词，如"时态、体貌、情态、语态、焦点、结果、处置、使役、执行"等动词都称为"轻动词"。这种分类范围似乎失之于宽。轻动词的重要特征就是语义空泛、轻灵和结构上的及物性，具有形成事件和指派题元的功能。我们按语义关系可将轻动词分为：判断动词、存现动词、关系动词、使令动词和趋向动词等。

（一）判断动词删略

判断动词的功能主要是表示前后成分之间具有的同一关系或隶属关系，起判断和联系的作用。判断动词联系系事和客事，肯定它们具有同一关系。这种同一关系包括等同关系和类别关系。

1. "是"删略

"是"主要起肯定和联系作用，表示事物具有的某种特征或某种联系，通过"是"将两者联系在一起。吕叔湘（1979：81）明确指出，"'是'字的基本作用是表示肯定：联系、判断、强调，都无非是肯定，不过轻点儿重点儿罢了"。从认知角度讲，判断动词"是"表示把 X 投射到 Y 中的认知过程，"投射具有两种不同情况：一是表示判断与归类；二是表示说明、描写与评价等"（陈振宇，2010：358—359）。"是"作为判断标记的外显性过于强烈，因此指称化后判断"是"一律强制删略。

"是"可以在陈述式中表肯定的直言判断，主客体间存在等同［如例（1）］、属性［如例（2）］、判断［如例（3）］等关系，提取后判断标记"是"均强制删略。如：

（1）战术是"打了就跑" ⇒ ［Z］"打了就跑"的战术（例：索马里武装分子采用～，加紧对联合国维和部队袭击。）

（2）他那匹马是枣红色的 ⇒ ［Z］他那匹枣红色的马（例：最叫 A 老满意的是这车是枣红色的，擦得锃亮，和～一样光亮。）

（3）杨妈已是花甲之年 ⇒ ［Z］花甲之年的杨妈（例：电脑工程师杜逢时抱着许多草药包子，跟随～从东厢房出来，斜穿院子向西北角的夹道走去。）

"是"在陈述式中还可以凸显焦点，对后面的成分进行强化。指称化之后，强调语义随着"是"的删略而被滤除。比较例（4）a—例（4）b

与例（5）a—例（5）b的指称式，强调义在指称化之后被抹平，语义得到某种程度的回归。

  （4）a. 女生戴的是隐形眼镜⇒［Z］戴隐形眼镜的女生（但：?戴的是隐形眼镜的女生）

    b. 女生戴隐形眼镜⇒［Z］戴隐形眼镜的女生（例：睡觉之前，~，一定要记得摘掉眼镜再入睡，否则对眼睛的损害很大。）

  （5）a. 老婆婆穿的是花背心⇒［Z］穿花背心的老婆婆（但：?穿的是花背心的老婆婆）

    b. 老婆婆穿花背心⇒［Z］穿花背心的老婆婆（例：一条采莲船划过来了，一个~当小妹，还有一个戴草帽的老奶奶当"男艄公"。）

"是"与结构助词或句末语气词组成框式结构"是……的"焦点结构，以凸显语义，提升语气，指称化后该结构被删略。如：

  （6）【实现】家具<u>是</u>用纸做<u>的</u>⇒［Z］用纸做的家具/纸做的家具（例：在台湾见过，~与装饰品，挺美的。）

  （7）【来源】火车<u>是</u>从北京开出<u>的</u>⇒［Z］从北京开出的火车/北京开出的火车（例：~将在明天到达南京。）

  （8）【领属】这本书<u>是</u>他前年写<u>的</u>⇒［K］他前年写的这本书（例：~构思巧妙，别具一格。）

  2. "为"删略

  先秦时期"为"主要用作一般动词，少数情况下用作判断动词。如《论语·为政》："知之为知之，不知为不知，是知也。"在现代汉语书面语中，判断动词"为"的语义强度较"是"弱了很多，"'为'字多少带有普通动词的性质，它的意义有时近于'是'，有时近于'做'，'做'字的动词力量似乎又比'为'字强些"（吕叔湘，1942/1990：96）。因此，在指称化之后，"为"的标记存在方式有多种选择。

  1）衰减类

  其一，强制删略。"为"表判断，提取主体后"为"强制删略，定语直接表示中心语的性质。如：

(9) 学习期限为 3 年⇒［Z］3 年的学习期限（但：*为 3 年的学习期限）（例：远程教育一般是~。）

(10) 墙体厚度为 1 米⇒［Z］1 米的墙体厚度（但：*为 1 米的墙体）（例：普通的水泥墙要实现 60 分贝的隔音量，需要至少~。）

其二，任选删略。在一些固定结构中，轻动词"为"有类似后缀的语法功能，语义进一步虚化，"极为、更为、较为"有词化的倾向，这是熟语化造成压缩，指称化后倾向于保留主要是韵律上的需要。如：

(11) 机会极为有利⇒［Z］极为有利的机会/极有利的机会（例：这对内地的发展，无疑是一个~。）

(12) 任务更为繁重⇒［Z］更为繁重的任务/更繁重的任务（例：中国加入 WTO 后，人民法院的专利审判方面将面临~。）

(13) 目标较为明确⇒［Z］较为明确的目标/较明确的目标（例：课业考评的主要作用是为学生发展提供~和努力的方向。）

轻动词"为"受程度副词修饰，这在一定程度上提升了定语的程度等级，标记"为"有强调的意味，具有足句的效果。指称化之后，副词本身可直接修饰定语，语义不变，"为"的删略可使表达更为简洁，因此可任选删略。但是在下面的情况下不能被删略，"广""甚"不是现代汉语中常用的程度副词，轻动词删略后，两者无法构成修饰关系。这里的"为"是类似后缀的用法，单音节副词或形容词带上"为"共同修饰双音节形容词或动词。

(14) 故事广为流传⇒［K］广为流传的故事（但：*广流传的故事）（例：一位菲律宾华人还讲了一段在当地~。）

(15) 关系甚为亲密⇒［Z］甚为亲密的关系（但：*甚亲密的关系）（例：吴振南跟龙帮大小姐有着~。）

2）非衰减类

陈述式中判断动词后接服务对象，指称化保留式中"为"字后的宾语为受事者，而删略式中宾语变成施动者。即指称化后标记的删略导致了原结构语义的解体，保留式与删略式形成竞争关系。如：

(16) 医院为妇女开办⇒［Z］为妇女开办的医院（例：在苏州～已经建成，但是主管人正生病在上海。）≠妇女开办的医院（例：～可获得政府一定的支助。）

(二) 存现动词删略

存现动词表示事物存在、出现、消失等状态变化。可以分为两类：一类表示存在，如有、在、存在、具有；另一类表示出现和消失。存现动词是一种特殊的关系动词，它不仅解释了事物之间存在或消失的状态，更重要的是揭示了人与事物之间的关系。

1. "有"删略

"有"表示某地存在某人或某物及其数量，"有"往往具有［+存在］和［+领有］两个语义特征，体现静态的恒久属性。"存在"是"领有"的前提条件，两种语义特征之间联系密切。

1) 衰减类

其一，强制删略。存现动词表示领有、具有，提取客体后存现动词删略，形成名词性定中结构［如例(17)—例(18)］，表示特定的某物。

(17) 男人有钱⇒［K］男人的钱（但：*男人有的钱）（例：～花在嘴上：吸烟、喝酒；女人的钱花在穿着上。）

(18) 树上有两只小鸟⇒［K］树上的两只小鸟（但：*树上有的两只小鸟）（例：～被猎人的枪声吓跑了。）

其二，任选删略。轻动词"有"存在类似词头或词缀的用法。早在上古时期"有"就有做词头的用法，《尚书》和《诗经》均有其用例。《尚书·大诰》："敢弗于从率宁人<u>有</u>指疆土。"《诗经·邶风·击鼓》："不我以归，忧心<u>有</u>忡。""有"仅表示音节，删除"有"并不影响词义，对于句义的理解亦无妨碍，清代语言学家已注意到"有+s"这种特殊的形式，清代学者王引之(1985：63)指出："'有'语助也。一字不成词，则加'有'字以配之。"史存直(1986：153)认为："加'有'的那些名称往往可以不加'有'。"但是"有"的存在对调整句子音节，和谐韵律具有重要意义，删除"有"后结构表达则有些显得拗口。如：

（19）问题<u>有待</u>解决⇒［Z］有待解决的问题/待解决的问题（例：主持人提出～，鼓励群体成员尽量多地提出新颖创见，而不允许互相批评。）

（20）男子<u>有着</u>艺术家的气质⇒［Z］有着艺术家气质的男子/艺术家气质的男子（例：这个～，给她带来了耳目一新的感觉。）

例（19）上古汉语中此"有"字仅是词头，与动词"有"是同音词。"有"依附在"待"前表示中心语即将发生的状态，"有待"和"待"都可表示一种即将的状态，因此可任选删略。不同的语境对删略要求不同，这里语境更倾向于使用删略式。例（20）"有"动词后加持续体标记，表示主体所具有的状态，多见于书面语。"'有着'句式是现代汉语中新近出现的书面语句式，'着'的出现与体意义的平衡和语音节律有关，其语法意义凸显静态持续特征。"（刘顺、潘文，2007b）指称化后，体标记随着动词的删略而一并删略。

2）非衰减类

其一，辨义保留。轻动词后接复音词，动宾之间形成的多义性会造成保留式和删略式的语义差异。保留式表明中心语具有定语的特性，但删略式表明一种期待。

（21）接班人有理想⇒［Z］有理想的接班人（例：电力资本家在沙漠深处建了一座男校，用耕读的方式培养～。）≠理想的接班人（例：小老头道：我心目中～，只有一个。）

保留式中的"理想"是名词，而删略式中的"理想"为形容词。此外，指称化后轻动词"有"作为语法标记，与指称化标记"的"一起界定了定语的范围；轻动词删略后，由于句法结构的切分不同，删略式因结构层次不同可造成歧义。为排除歧义标记需要保留，如"母亲有三个孩子⇒［Z］有三个孩子的母亲/［三个孩子］的母亲≠［三个］孩子的母亲"。

其二，致联保留。轻动词与宾语结合紧密，"有"表示领有或具有，后面可接名词、形容词或固定结构，轻动词前还可受程度副词"很"等修饰

[如例(22)]，所形成指称式隐藏了一个量级上的变化，表示非常、相当。"有"还可以与后面成分构成整体，具有类熟语化的性质[如例(23)]。

(22) 男人有钱⇒[Z]有钱的男人（但：*钱的男人）（例：~不能嫁，因为靠不住；没钱的男人不能嫁，因为靠不上。）

(23) 孩子有书可读⇒[Z]有书可读的孩子（但：*书可读的孩子）（例：对无学可上的孩子来说，那些~却格外让人羡慕。）

同形结构，提取对象不同则会造成标记的删略形式不同（参见"'有删略'衰减类中的强制删略"），如"男人有钱"，提取客体则轻动词删略；提取主体则轻动词保留，可见提取项是标记衰减的影响因素之一。

轻动词"有"可以受"很、挺、最"等程度副词修饰，表示评价。指称化之后，"有"与程度副词结合紧密，强制保留。如：

(24) 女大学生很有才华⇒[Z]很有才华的女大学生（但：*很才华的女大学生）（例：白雪洁是一位~，却偏偏爱上了一个普通瓦工。）

(25) 隐士挺有名望⇒[Z]挺有名望的隐士（但：*挺名望的隐士）（例：曹参打听到当地有一个~，叫盖公。曹参把他请了来，向他请教。）

(26) 该人物最有影响⇒[Z]最有影响的人物（但：*最影响的人物）（例：拉朱布生于1953年，是西岸地区~，被认为是阿拉法特的接班人之一。）

2. "发生"删略

意指原来没有的事出现了，引申为"使……产生"义，用来表示事物出现了某种状态，后面可以加体标记，主要用于肯定句。

1）衰减类

宾语由含有变化义的动名词担当。指称化之后，动词的变化义由客体中的动名词来承担，标记可任选删略。指称化后结构内部关系重新整合，语序相应调整，变则的常式化也是语义衰减的表征之一。如：

(27) 运动发生了广泛影响⇒［Z］发生了广泛影响的运动/广泛影响的运动→影响广泛的运动（例：在近百年中国学生赴日学习期间，留日学生掀起过一个又一个~。）

(28) 社会发生了急剧变化⇒［Z］发生了急剧变化的社会/急剧变化的社会→变化急剧的社会（例：处于竞争激烈，~，我们面临太多的机会，也面临太多的诱惑。）

一些指称式因习以为常而发生熟语化，导致其中的轻动词和格标记删略，整个结构向专有名词发展。轻动词"发生"后可接表示时间和地点的宾语。如：

(29) 武装冲突发生在该地区⇒［Z］发生在该地区的武装冲突/该地区的武装冲突（例：在也门总统和部落首领的干预协调下，~已经停止。）

(30) 故事发生在抗战期间⇒［Z］发生在抗战期间的故事/抗战期间的故事（例：这是一个~，女主人公爱上一名逃离集中营的犹太男子。）

2) 非衰减类

其一，辨义保留。轻动词删略后导致保留式和删略式语义不同。保留式义为动作突然发生，强调变化性，不能受时间副词修饰；而删略式强调事物现在所具有的性质，可受时间副词"长期、连续、经常、常年"等修饰。

(31) 企业发生了亏损⇒［Z］发生了亏损的企业（例：对于因经营管理不善而~，职工的升级面应当小一些。）≠亏损的企业（例：对一些〈长期〉~，要大胆实行租赁、拍卖、兼并和破产。）

(32) 国家发生了动乱⇒［Z］发生了动乱的国家（例：中国代表团访问非洲六国，既有~，也有没有发生动乱的国家。）≠动乱的国家（例：在埃及这一〈持续〉~，临时政府相对来说并不强势。）

其二，致联保留。陈述式中，轻动词后接已然体标记，动词是语义强调的中心，表示动作发生后出现的新情况。轻动词前如有副词修饰或轻动词后接名词宾语的情形，那么指称化后轻动词须强制保留。如：

（33）游艇发生了机械故障⇒［Z］发生机械故障的游艇（但：?机械故障的游艇）（例：机务人员及时携带航材到达新疆，～得以尽快修理完毕。）

（34）伊朗发生了强烈地震⇒［Z］发生强烈地震的伊朗（但：?强烈地震的伊朗）（例：中国援助的物资紧急从北京启航，飞向几天前～。）

陈述式中副词与轻动词发生关系，轻动词为结构中唯一动词，删略标记后整个结构不合法，因此轻动词强制保留［如例（35）a—例（36）a］。但如果陈述式中副词与谓词性成分发生关系，那么指称化后轻动词删略，副词直接修饰动词［如例（35）b—例（36）b］。

（35）a. 支出已经发生⇒［K］已经发生的支出（但：*已经的支出）
　　　b. 股权已经发生转让⇒［K］已经发生转让的股权/已经转让的股权

（36）a. 通货膨胀早已发生⇒［K］早已发生的通货膨胀（但：*早已的通货膨胀）
　　　b. 经济关系早已发生转变⇒［K］早已发生转变的经济关系/早已转变的经济关系

（三）关系动词删略

关系动词的意义一般比较抽象，并不表示动作行为的意义，主要表示主语与宾语之间存在的某种关系，两者之间在句法平面发生联系。学者对其划分仍存分歧，或将其归入实义动词类；或将其归入轻动词中的判断动词。我们认为"关系"客观存在，但认知、发现、确认事物间关系的主体是人，因此，关系动词的突出特点含有说话人的评价与判断。关系动词倾向于表示静态，与所表达事物之间的关系是确定的，在时间关系上通常没有明显的起点和终点，因而不能与体标记共现，不能带动量补语、时量补语，不能受程度副词等修饰。

1. "属于"删略

"属于"是典型的关系动词,指归某一方面或为某方所有,用来表示某种恒定的状态、没有变化的阶段,即事件没有内在起始点和终止点,不得与体标记共现,也不构成"动词+时量短语"结构。

1)衰减类

轻动词后接表示类别的名词、所有者名词等,指称化之后,轻动词可以任选删略。事物的归属必然与一定的所有人/所有物范畴联系在一起,构成固定的语义框架。"属于"意味归属某个所有者所有,人们在理解过程中也会把隐含语义补充出来。在类似的语义框架内,轻动词的删略不影响人们对语义的理解,反而使表达更加简洁、经济。

(37)房子属于自己⇒[Z]属于自己的房子/自己的房子(例:一个在外漂泊的人,是多么希望能有一座~呀。)

(38)学生属于我们学校⇒[Z]属于我们学校的学生/我们学校的学生(例:这些新跑车是~的,而且他们八成是华人新移民。)

2)非衰减类

其一,辨义保留。由于结构中词语的多义性,造成了删略后的歧义。"所有"既可以指"领有的事物",也可以表示"整个、全部"。在固定结构中"属于……所有"中动词语义唯一,而删略式中则有歧义。由于结构具有两解,所以需要通过语境来确认其语义,不同的语境对语义具有激活的作用。

(39)土地属于氏族公社所有⇒[K]属于氏族公社所有的土地(例:~,只能由氏族公社成员共同占有、平均分配。)≠氏族公社所有的土地(例:母系氏族后期,~逐渐被私人所占有。)

(40)小卖部属于我们大队⇒[Z]属于我们大队的小卖部(例:~只卖些饼干、罐头等食品,买巧克力要到城里去。)≠我们大队的小卖部(例:~的资产早给几个大队干部给吃喝一空啦。)

例(40)中"属于"有两种解释可能,"我们大队"既可以作为"小卖部"的所有者,也可以作为"小卖部"的所在地。保留式因有外在的形式标记，所有语义唯一，只强调所有权；删略式因为没有了形式标记，所以需要根据具体语境来判断。

其二，致联保留。轻动词"属于"的否定形式是"不属于"，指称化之后，"属于"强制保留，因为否定副词"不"不能直接修饰名词。

(41) 职能不属于政府 ⇒ [Z] 不属于政府的职能（但：*不政府的职能）（例：通过"分、转、并"，果断地把~分离出去。）

(42) 这块无主地不属于任何国家 ⇒ [Z] 不属于任何国家的无主地（但：*不任何国家的无主地）（例：西撒哈拉在被西班牙殖民之前是~。）

动词与轻动词结合紧密，在使用中经过重新分析而发生语法化。"属于"前有单音节动词，"属于"与前者构成整体关系，在长期的使用中，经重新分析而语法化为词，格式为：A（B+C）→（A+B）C，即"归+属于→归属+于"，结构可缩减为"归属、从属"。如：

(43) 收益归属于全民单位 ⇒ [Z] 归属（于）全民单位的收益（但：*归全民单位的收益）（例：不得以各种形式将~转移给集体企业。）

(44) 执行权从属于立法权 ⇒ [Z] 从属（于）立法权的执行权（但：*从立法权的执行权）（例：行政权和审判权同为~。）

2. "变成"删略

事件的主体通过外力的作用，使另一主体发生化学、物理或生理的变化，轻动词"变成"更强调变化的结果。

1) 衰减类

这里主要指任选删略，是由熟语化所导致的由短语向词凝结过程中产生的。事物的性质或状态发生改变，变为一种新的产物。此类轻动词还有"构成、变、成、变为、成为、分成、合为、分为、化为、化成、化做"等。

(45) 因冤死而变成鬼 ⇒ [K] 冤死变成的鬼/冤死的鬼（例：她是一个~，她飘出我的视线后，我要去追她。）

（46）由各阶级组成联盟⇒［K］各阶级组成的联盟/各阶级的联盟（例：苏联已经消灭了阶级，而我们则是~。）

2）非衰减类

其一，辨义保留。轻动词"变成"强调转变前后两者之间的差异，而删略式只表示从属关系，定语表示后者具有的属性。

（47）弟弟变成了懒汉⇒［Z］变成懒汉的弟弟（例：他还有个~，后来改姓奥若戈尔，意即"被火烧伤的人"。）≠懒汉的弟弟（例：这个~是个残疾人，但他却娶到了老婆，而且还自己盖了新房子。）

（48）线衣已变成黑色了⇒［K］已变成黑色的线衣（例：在阿富汗严冬里，他只穿一件~，一条单裤。）≠黑色的线衣（例：我记得参加葬礼时，她穿的是一件~和牛仔裤。）

其二，致联保留。陈述式中主体与客体指称对象不同，"变成"表明两者转换的过程。指称式后轻动词需保留，否则语句逻辑上无法自洽，语义要求标记保留。

（49）城市变成了废墟⇒［K］变成废墟的城市（但：*废墟的城市）（例：当年的小姑娘已经长大，那个~又再次繁荣起来。）

（50）克利福变成大孩子⇒［Z］变成大孩子的克利福（但：*大孩子的克利福）（例：这个~一到外界去时，竟比从前锐利而灵敏得多了。）

（四）趋向动词删略

趋向动词是一些表示"位置变动"的动词，表明人或物体在空间位置上的移动，这种移动有一定的方向或立足点。可分为单音节趋向动词"上、下、进、出、来、去"等，双音节趋向动词"上来、下去、出来、出去"等。趋向动词既可作独立动词使用，也可作动词补语以补充说明动作的趋向义，还能表示结果或状态的变化义以及动作进程的时态义。趋向动词数量有限、意义复杂、形式多样，是一个较特殊的动词类别，体现了汉语语法构造的独特性。

1. "上"删略

"上"本为方位词,因为方位有一个投射参照的方向,由此方向至彼方向,自然扩展出"空间向上"义,引申为趋向动词,用在动词后表示人或事物到达某一处所。除能够表示趋向意义外,"上"的语义不断虚化,还发展出表示动作行为有了某种结果的结果义和使自身处于某种状态的动态义。

1) 衰减类

趋向动词本身的动词性较弱,在陈述式中表示冗余性的完成义。作为已知信息,与已然体标记在定语位置,可任选删略。

(51) 棉裤被打上了补丁 ⇒ [K] 打上补丁的棉裤/打了补丁的棉裤/打补丁的棉裤(例:这老大爷上穿一件破旧的棉衣,下穿~。)

(52) 石头被刻上了字 ⇒ [K] 刻上字的石头/刻了字的石头(例:这块~就应该好好留着,以作纪念。)

标记进一步的衰减与句法语义关系和社会表达需要密切相关,"打了补丁的棉裤"与"打补丁的棉裤"理性义差别不大,但"刻了字的石头"与"刻字的石头"理性义形成明显冲突,前者表达动作行为,后者表示一个专有词,即这种石头专门是用来刻字的。此外,体标记与趋向动词在陈述式中可以叠加使用,但在指称式中信息已知化,两者之间因语义相近而只能取其一,或均删略,我们在北京大学 CCL 语料库中以相关项进行检索,发现"打上了补丁的"指称式为 0 例;"打上补丁的"指称式为 2 例;"打了补丁的"指称式为 8 例;而"打补丁的"指称式为 15 例。也就是说,在该项衰减过程中,指称式更趋向于体标记和趋向动词一起删略。此外,趋向动词保留式与体标记保留式两者之间也存在不均衡性,比例为 1∶4,可见该指称式倾向于使用体标记保留式。

2) 非衰减类

其一,辨义保留。轻动词的保留删略与否形成保留式和删略式,两者的语义关系存在差异。"上"具有完成义,指从一种状态到另一种状态的完成,暗含情况发生改变,如:

(53) a. 卡片写上字了 ⇒ [Z] 写上字的卡片(例:东大教授曾

对千鹤子进行测试，把 20 个～分别放在 20 个铅筒内，第一轮全部猜中。）

    b. 卡片能写字的 ⇒ [Z] 能写字的卡片/写字的卡片（例：那种～在学校超市有卖。）

 （54）a. 池塘养上鱼了 ⇒ [K] 养上鱼的池塘（例：～，清澈、透明、无污染，而没养上的，却感觉死气沉沉的。）

    b. 池塘可以养鱼 ⇒ [K] 可以养鱼的池塘/养鱼的池塘（例：～对水质的要求较高。）

保留式和删略式都可表示动作已完成，但在不同语境中，保留式和删略式会导致不同理解。在例（55）a 中两者可任选删略，但在例（55）b 中则只能出现删略式。

 （55）旅客登上船 ⇒ [Z] a. 登上船的旅客（例：他乘坐的大船已升起风帆，载着～启程远航了。）≈ b. 登船的旅客（例：马上要开船了，请～抓紧时间。）

其二，致联保留。趋向动词"上"表示实义，如由低处到高处［如例（56）］，由一处到另一处［如例（57）］，把一件东西安装在另一件东西上［如例（58）］，指称化后均须强制保留，否则无法理解。

 （56）民警肖新博爬上了岸 ⇒ [Z] 爬上岸的民警肖新博（但：*爬岸的民警肖新博）（例：村支书孙宝吉收留了窦旭山和另一名～，帮他们换下湿衣服。）

 （57）李小龙首次踏上擂台 ⇒ [Z] 首次踏上擂台的李小龙（但：*首次踏擂台的李小龙）（例：～很不习惯笨重的手套和比赛规则，但凭着敏捷的反应与勇敢，闯入决赛。）

 （58）思想被插上翅膀 ⇒ [K] 被插上了翅膀的思想（但：*被插了翅膀的思想）（例：只有让这些孩子能够理解的思想，才是～。）

2. "来/下来"删略

"来/下来"表示听话人到说话人的位移，位置由远趋近。这种附着在动词或形容词后边的趋向标记，具有一定的词尾性质，指称化之后语音上往往轻读。

1）衰减类

趋向动词任选删略，"完成"的语义通过结构逻辑之间的关系来表示。如：

（59）葡萄刚被采摘下来⇒[K]刚被采摘下来的葡萄/刚采摘的葡萄（例：公路两旁，农民摆放着~等候出售。）

（60）唐山人幸存下来了⇒[Z]幸存下来的唐山人/幸存的唐山人（例：~在废墟上建立起一个现代化的新唐山。）

2）非衰减类

其一，辨义保留。保留式"来"表示动作朝向说话人的所在地，删略式重在凸显动作，不强调趋向性。

（61）妇女被拐卖来⇒[K]被拐卖来的妇女（例：仅山东省郓城县，近几年来~达两千人，分别来自全国26个省市。）≠被拐卖的妇女（例：他曾明察暗访，解救出3名~。）

其二，致联保留。趋向动词还具有体标记的功能，表示完成的语义功能，删略后时体标记不明显，结构不成立。如：

（62）钢水迎面飞来⇒[Z]迎面飞来的钢水（但：*迎面飞的钢水）（例：正在炉后作业的4名工人，猝不及防被~击中烧伤，送往医院抢救。）

（63）美国金融危机带来了负面影响⇒[K]美国金融危机带来的负面影响（但：*美国金融危机带的负面影响）（例：~正进一步深化和渗透到世界的各个角落。）

（五）使令动词删略

使动就是句首主语位置上的使动主体支配或影响受动客体，使其发生某种情况或变化。在此过程中，主体自身并不发生动作或变化，而是主体使客体发生动作或变化。吕叔湘（1942/1990：92）在论述"致使句"时也说："这一类句子的标准动词文言里是'使'和'令'，白话里是'叫'（教）等字。这些动词都有使'止词'有所动作或变化的意思。"使令动词表示致使、命令、促成等行为意义，句法标记是"使、令、让"等，学者又称之为"使动动词""使令意义动词""使役轻动词"，使令动词可以构成一个事件（event），至少包括三个角色：使令的主体、客体和情节。结构模式是"主体（A）使客体（B）发生了情节（C）"，即主体对客体施加影响，促使其做出某种行为或呈现某种状态。

1. "使"删略

"使"是较为典型的使令动词，《说文解字》："使，伶也。"桂馥义证："伶也者，通作令。""使"往往包含［致使］［行为］［影响］等语义，承担叙述事件和表述情状的任务。

1）衰减类

其一，强制删略。"使"附着于待提取客体上，表示支使、使唤，这里是双表述结构，提取客体和主体的兼职成分，提取后轻动词强制删略。

（64）使人到那里去打听消息⇒［J］到那里去打听消息的人（但：*到那里使去打听消息人）（例：深交所借助卫星通信手段传送股市行情获得成功后，~就络绎不绝。）

（65）使石头突然开口说话⇒［J］突然开口说话的石头（但：*突然使开口说话的石头）（例：大家一下子被问住了，齐刷刷地看着张艺谋，那种神态真像看着一块~。）

其二，任选删略。指称式的中心语或是动作的施动者［如例（66）］，或是动作的结果［如例（67）］。因使用频繁，使令动词可任选删略，标记后面的使动者是表示泛指的集体名词。

（66）国家使堕胎合法化⇒［Z］使堕胎合法化的国家/堕胎合法化的国家（例：当时的苏联政府成为世界上第一个~。）

（67）万花筒使人眼花缭乱⇒［Z］使人眼花缭乱的万花筒/眼花缭乱的万花筒（例：金融是国际垄断资本玩弄的扑朔迷离、~。）

任选删略也要受到其他制约因素的影响，如例（67）"眼花缭乱的万花筒"在定中短语中深度嵌套，受前面四字格的影响，更倾向于删略。

2）非衰减类

其一，辨义保留。使动标记删略后，会造成保留式和删略式表义不同。保留式的中心语是动作的主体；而删略式的中心语则是动作的受事。如：

（68）那个小院使我终身难忘⇒［Z］那个使我终身难忘的小院≠那个我终身难忘的小院

（69）这个地方使人丧失人性⇒［Z］使人丧失人性的地方（例：日本反动军队是个～。）≠丧失人性的地方（例：全家人寄予厚望的男婴，就这样在这个～，不幸离开了人间。）

例（69）保留式更加强调致使的意味，突出的是标记和后面的宾语，强调致使性"使人"；删略式因为没有其他的标记，语义重心是中心语，强调"地方"，即指前面提及的妇幼保健院。

其二，致联保留。轻动词后接指称成分，使令动词需强制出现，否则语义无法理解。如：

（70）球员使人眼睛一亮⇒［Z］使人眼睛一亮的球员（但：?眼睛一亮的球员）（例：陈可在人才济济的八一队中始终是一个～。）

（71）决定使她寒心⇒［Z］使她寒心的决定（但：*她寒心的决定）（例：她深受政治风暴袭击，身心受到严重损害，组织却做出了一个～。）

"V使"是由"使"和一个动词性语素构成复合动词，如"指使、迫使、驱使、促使、支使、唆使"等。"V使"后面的小主语在句首大主语的支配和隐现下发生变化。"V使"已经发生语法化，逐渐变为一个动词，在这种情况下，"使"必须强制保留。如：

（72）这个人指使你下手⇒［Z］这个指使你下手的人（例：我才知道～，一定是很了不起的人。）

（73）法国学生运动<u>迫使</u>戴高乐下台⇒［Z］迫使戴高乐下台的法国学生运动（例：在那个～中，他是当之无愧的精神领袖，着实地风流了一阵。）

2."令"删略

本义为当面受命或发出强力指示，后引申为役使和支配义。《说文解字》："令，发号也。"即命令某人完成某事。

1）衰减类

指称式在长期使用中已经熟语化了，即使其中的使动动词删略，仍不影响语义的表达。

（74）成就令全世界瞩目⇒［Z］令全世界瞩目的成就/全世界瞩目的成就（例：我国创办的深圳、珠海等经济特区，也创造了～。）

（75）那份工作令所有人羡慕⇒［Z］令所有人羡慕的工作/所有人羡慕的工作（例：我在四十多岁时离开那～，开始新的创业。）

2）非衰减类

使动动词删略后，整个结构无法理解，标记须强制保留。因为使用频繁，有些同形结构如"令+代词/名词+动词"已经熟语化了，在一定的语境下，轻动词和后面的宾语还可以一起删略。

（76）一些镜头令人难忘⇒［Z］一些令人难忘的镜头（但：*一些人难忘的镜头）（例：电视专题片《百年恩来》第一集，就有～。）

（77）那件事令他啼笑皆非⇒［Z］一件令他啼笑皆非的事（但：*一件他啼笑皆非的事）（例：博姆决定留在柏克莱大学，直到1943年完成博士论文时发生了～。）

（六）比况动词删略

比况动词指汉语中表示类比或譬况的词，如"像""好像""仿佛""如同""好比""犹如"等，它们经常和"一样""一般""似的"比况助词连用，组成"像……一样""好像……似的"比况结构。古汉语中的比况动词有"如""若""譬如""譬若"等，与比况助词"然"配合，如

《国语·吴语》:"譬如群兽然,一个负矢,将百群皆奔。"其中"譬如群兽然"即为"像禽兽一样"的意思。指称式中两者之间是形象比喻式的同一关系,具有描写与叙述的意义。比况动词在指称化后均为衰减类,可以强制删略或任选删略。

其一,强制删略。陈述式中主体往往是抽象义名词,提取主体成为指称式的定语[如例(78)];中心语如果是抽象名词,则两者之间可形成类比关系,约定俗成为短语词[如例(79)]。

(78) 枯黄的头发像麦毛一样⇒[Z]麦毛一样的枯黄的头发(但:?像麦毛一样的枯黄的头发)(例:她们摇动着~,扭动着杨柳一样细软的腰肢。)

(79) 事实如同铁一般⇒[Z]铁一般的事实/铁的事实(但:?如同铁一般的事实)(例:宋庆龄用~控诉了日本帝国主义对中国的侵略和屠杀中国人民的血腥罪行。)

其二,任选删略。比况动词和比况标记之间形成构式结构,两者之间形成互补关系,表明喻体和本体具有较多的共同点,指称化之后,轻动词任选删略。在此基础上一些结构产生了隐喻,结构进一步减省。

(80) 我的房间像狗窝一样⇒[Z]我的像狗窝一样的房间/我狗窝(一)样的房间(例:她麻利地收拾~,像一个温顺勤勉的家庭主妇。)

(81) 热情如同火一般⇒[Z]如(同)火一般的热情/火一般的热情(例:我想起了塞纳河边的快乐,我想起了法兰西女郎~!)

(七) 形式动词删略

形式动词又称"虚化动词、措置动词",指没有实在动作行为意义的词。朱德熙(1985)认为:"所谓虚化动词指的是只在书面语里出现的少数几个及物动词如'进行、加以、给予、给以、予以、作'等。"李临定(1990:105)也认为:"形式动词是指本身不具有实在意义而只能以动词名词化形式为宾语的动词。"何元建(2011:219)称之为"执行轻动词",主要是"作、进行、加以、予以、给以、干、开展、展开、实行、举行"。这类动词一般只能带一个动词构成表处置和对待的述宾结构,自身并不表示具体的动作行为意义,在结构中有一定的句法和语用作用,通过动词宾语负载具体的动作行为信息。从语义上看,形式动词须与施事、受事和动作三个强制性变元发生联系。施事一般是人,受事一般是人或事物。

句子中最重要的信息往往出现在句尾。因此,说话人为了突出动词,就有意识地将其放在句末位置,而动词的受事成分就要让位前移,而谓语动词的空位只能由形式动词来填补,因此形式动词具有可以使动词成为焦点信息的语用功能。形式动词表达正式或庄重的语气,有加强语势的作用,因此在政论语体、科技语体中出现的频率较高,现在又有向艺术语体发展的趋势,这说明形式动词自身的丰富造句功能和语用表达功能。形式动词指称化后均任选删略。如:

(82) 日寇对根据地进行了扫荡⇒[W]日寇对根据地进行的扫荡/日寇对根据地的扫荡/日寇的扫荡(例:~,三光政策,给根据地的发展造成极大的困难。)

(83) 富人对穷人实行了压榨⇒[W]富人对穷人实行的压榨/富人对穷人的压榨/富人的压榨(例:当今社会,~,总是那么隐蔽和残酷。)

指称化过程是一个连续统,陈述式的内容在指称化过程中会不断删减,首先删略了谓词和体标记,变为名词性短语;而后由于常识的固化,一些信息在表达中也可删略。轻动词因语义较虚,只对动词负责,不与句中其他成分发生关系,在陈述式中可删略,语义基本不变。一些介词如"对",指称化之后强制删略。如例(82)中,日本扫荡主要针对的是共产党在敌后建立的根据地,对国统区采取的是正面进攻,由于历史常识的引入,指称式的删略式与保留式基本等值。

我们从学界对轻动词所分的五个类别中,各选取有代表性的两个轻动词进行定量统计分析。利用北京大学 CCL 语料库,以"轻动词""的"为关键词(即"轻动词#的"),中间间隔 0—9 个字符,只统计属于指称式的 500 个语例;又以"轻动词"为关键词(即"轻动词#,"),中间间隔 0—4 个字符,只统计属于陈述式的 500 个语例,将其转换为指称式。去除不表示相应指称式或语义无法理解的语例,包括重复统计的,两类相加最终共获得 1000 个语例。

表 1-1　　　　　　　　　轻动词衰减情况统计

类型		判断动词		存现动词		关系动词		趋向动词		使令动词		总计
		是	为	有	发生	属于	变成	上	上去	使	叫	
衰减类	强制删略	100	11	5	—	—	—	—	3	—	119/11.9%
	任选删略	—	13	14	45	53	8	22	17	37	26	235/23.5%
非衰减类	辨义保留	—	4	6	6	15	33	17	2	9	4	96/9.6%
	致联保留	—	72	75	49	32	59	61	81	51	70	550/55%

从表 1-1 的统计数据中，可以获得如下几点发现。

第一，从统计中可以看出 10 个轻动词保留的比例要明显大于衰减的比例，轻动词的整体保留率为 64.6%，衰减率为 35.4%。

第二，虽然学者将上述 10 个轻动词都归为轻动词类，但其中的差别还是很明显的，轻动词的衰减具有不均衡性。判断动词"是"指称化之后全部强制删略，这说明古代汉语中表示代词的"是"已经完全语法化为句层面的判断标记。在指称化后由高层级向低层级语法范畴转变的时候，属于句层面的"是"均须强制删略。而同为判断动词的"为"还保留了其他的用例。

第三，在所收集的语例中，强制删略的语例很少，如果去除判断动词的语例，仅为 1.9%，这也从另一个角度说明，轻动词作为语义较轻，语法功能较强的一组词，有其存在的语法需要和必然价值。

第四，轻动词的删略同样也会造成结构语义的不同，在所统计的 1000 个语例中，辨义保留类占比为 9.6%。轻动词并不是可有可无的，在一定的句法环境下，轻动词能够改变整个结构的语义值。

二　半轻动词删略

"半轻动词"类是向轻动词方向发展，语义较虚但用法特殊的一类动词，介于动词和轻动词之间。与动词相比，它语义较虚，与典型轻动词相比，意义又实在，我们姑且称之为"半轻动词"。作为已知信息，指称化之后功能弱化，谓词并不是语句表义的重点，为顺应信息背景化的要求，半轻动词类往往删略，指称式定语和中心语之间的语义关系可在某种程度上代偿谓词的功能。从经济原则看，指称式也要尽可能简略，以便留出足够的空间来表达新的信息。

朱德熙（1982：16）认为"的"是名词化的标记，它的主要语法功能是使谓词性成分名词化。其语义功能有自指和转指两种，并提到一种特殊的定中结构"梅兰芳的苏三、张三的原告、老王的主席"。这种结构是谓词删略而形成的名词性结构。袁毓林（1995）提出了"谓词隐含"的概念，从句法删除、语义隐含、语用省略三个角度论述了谓词隐含造成的"的"字结构以及产生的句法后果。这些被隐含的谓词不仅表现在深层语义上，也反映在表层的句法上，使隐含谓词的体词性成分具有一定的谓词性功能。以前学者的研究思路和成果均为我们考察指称化之后轻动词删略的情况提供了借鉴和参考。

现在所见的半轻动词（轻动词偏移类）删略式均为任选删略，即删略与否不影响语义的表达。从语义分类的角度可以将其分为：领有掌控类动词、代表演出类动词、制作产出类动词。

（一）领有掌控类动词删略

指称式中定中结构间除具有低层语义格之外，还具有高层的语法格。两者之间往往形成句法表述性质的高层次语义联系，如"领有者—领有物"之间表达的是状态事件，关系持久而稳定，一般不出现在表层结构中，在大脑进行语义理解时，我们需要将这种隐藏的谓词补出来。

1. 所属类

这类动词具有［＋领有］的语义特征，表示领有者对所属者的关系，指拥有某财产或某物，定中之间存在潜主语宾语的关系。这样的动词还有"固有、据有、享有、富有、占有、共有、怀有"等，主体与客体间为拥有关系，其中轻动词在指称化后可通过结构语义关系呈现出来，因而可任选删略。如：

(84) 中国娱乐市场<u>具有</u>潜力⇒［K］中国娱乐市场具有的潜力/中国娱乐市场的潜力（例：罗达成表示相当看好～。）

(85) 乔丹<u>独有</u>23号球衣⇒［K］乔丹独有的23号球衣/乔丹的23号球衣（例：一个老人，穿着～登场，弯腰，拖着脚走，显得非常年迈。）

2. 掌控类

一个事物只有为某人所拥有，某人才具有对事物的掌控权，包括"率领、主持、控制、领导"等。陈述式中，施事和受事之间具有领属的关系，轻动词删略后，依然能感觉到两者间的支配关系，可通过上下文语境予以理解。

(86) 贺龙<u>率领</u>部队⇒［K］贺龙率领的部队/贺龙的部队（例：在长征中，～比红军主力部队所受的损失还要大。）

(87) 赵忠祥<u>主持</u>动物世界⇒［K］赵忠祥主持的动物世界/赵忠祥的动物世界（例：一群乱跑乱窜的汉子有什么好看的？哪有～和鞠萍姐姐的动画剧场好看？）

3. 给予类

"给"用在动词后，表示使对方得到某种东西。只有自己拥有了该物体，才能给其他人，这是轻动词领有掌控类的一种偏移。

(88) 你送<u>给</u>他一双棉鞋⇒［K］你送给他的那双棉鞋/你送他的那双棉鞋（例：～还是挺好的，他还一直舍不得穿呢。）

(89) 我请人还<u>给</u>他一本书⇒［K］我请人还给他的那本书/我请人还他的那本书（例：我收到他寄来的一本书，就是～。）

(二) 代表演出类动词删略

指称式定中之间"领有者—类别"的关系是"领有者—领有物"关系的偏移，反映了定中之间所形成的高层次语义关系，定语具有后面中心语所属类别的突出的"个性"。

1. 代表类

这类动词表示主语与所担任职务之间的关系，陈述式中主体担任某种职务或取得某种身份。指称化后定语为动作施动者，中心语为职务或身份。常见的轻动词有"代表、担任、当、担当、充当、充任、兼任、出任、接任、历任"等。如：

(90) 王治郅<u>代表</u>解放军队⇒［K］王治郅代表的解放军队/王治郅的解放军队（例：我当然代表上海队，我们正在准备和～比赛。）

(91) 在政府中<u>担任</u>职务⇒［K］在政府中担任的职务/在政府中

的职务（例：外交大臣库克在内的 5 名下院议员，因不满布莱尔的对伊政策而辞去～。）

2. 演出类

演出类是代表类在虚拟剧情中的体现，演员在剧情中会临时扮演现实社会中的某类职务，这是角色的临时转移。陈述式中主体是指人的词语，客体表示角色。常见的轻动词有"演、扮演、饰演、假扮、改扮、装扮、扮装、假装、模仿"等。指称化后形成一个降级的述谓结构，定中之间存在支配和被支配的语义关系，轻动词删略后形成"NP1＋的＋NP2"偏正结构，可通过语境和常识来重构语义关系。如：

（92）成龙饰演了警察角色⇒［K］成龙饰演的警察角色/成龙的警察角色（例：在第一部五福星电影中，～戏份不是很重，在戏中甚至连名字也没有。）

（93）梅兰芳扮演了苏三⇒［K］梅兰芳扮演的苏三/梅兰芳的苏三（例：～凄婉的唱腔把台下观众听得如醉如痴。）

（三）制作产出类动词删略

轻动词中，BECOME 表达的是一个动态的过程，主要强调事件的变化，以及时间变化后呈现的某种状态。CAUSE 表达的是致使和使役的概念，由于出现了致使所以肯定会产生一定的结果，之间存在［＋产出］关系，两者之间是逻辑上的因果关系。"这种表示制作义的动词跟结果宾语之间有一种同源关系（cognate relation），"袁毓林（1995）指出，"这种结果宾语对制作动词有一定的语义包含作用，在某些句法格式中可以激活被隐去的制作动词。"也就是说，定语和中心语之间具有广义的联系，指称式定语和中心语之间所形成的降级述谓关系可以代偿谓词删略的语义。

1. 产出类

这类动词均具有［＋产出］的语义特征，此类动词包括"出品、出产、出版、发表、颁布、报道、发布"等，轻动词是宾语的施成角色（agentive role），说明所指事物是如何形成和产生。指称化后，定中之间的逻辑关系以及人们形成的惯性思维，都能在一定程度上代偿轻动词的语义功能，所以轻动词的删略不影响语义的表达。如：

(94) 日本<u>出品</u>了系列漫画⇒［K］日本出品的漫画/日本的漫画（例：～没有像五十年代美国那样因电影电视的时兴而衰退，反而与映像媒体相较量。）

(95) 江西景德镇<u>出产</u>了瓷器⇒［K］江西景德镇出产的瓷器/江西景德镇的瓷器（例：北京的景泰蓝、山东潍坊的风筝和～等展品格外引人注目。）

2. 提取类

这类动词具有［＋获取］的语义特征，有学者称之为"出格"或"造格"，指从某种东西里面提取出来某物，形成了从质料到成品的过程，可以概括为"内容—类别"之间的关系。如：

(96) 由太阳<u>产生</u>能量⇒［K］太阳产生的能量/太阳的能量（例：如果～突然无节制地大爆发，多少星球便会立刻燃烧气化而消亡。）

(97) 从蚕蛹里<u>提取</u>油⇒［K］从蚕蛹里提取的油/蚕蛹的油（例：～，有臭味，一般供工业用。）

3. 出现类

主体通过命令或指令将自己的意图或行动施加给对方。此类动词如"做出、发表、出现、爆发、萌发、散发、涌现、诞生、产生"等。

(98) 共产党<u>做出</u>了指示⇒［K］共产党做出的指示/共产党的指示（例：根据～，那个领袖和他的情妇在第二天就被用一辆车子带出去枪毙了。）

(99) 白宫7日<u>发表</u>了声明⇒［K］白宫7日发表的声明/白宫7日的声明（例：布什这番讲话虽显示了他对布莱尔的支持，却与～自相矛盾。）

谓词是句子的核心，它既可以是实义的动词，也可以是介于轻动词和动词之间的半轻动词，轻动词的删略是谓词成分从有形化为无形的过程，涉及形式和意义两个方面的变化。轻动词的删略既是指称化的方式与策略，也是人们思维的产物。袁毓林（1995）通过引入"谓词隐含"概念来解释偏正结构,他说"'的'字结构中的名词跟中心语名词之间有某种述谓关系,而表示这种及物性关系的谓词却没有出现。但是,通过这两个名词性成分的语义连接,可以明确激活这个谓词,并且,在一定的语境中,这个隐含的谓词是可以复原的"。即人们在理解该类偏正结构时,根据定中结构之间的支配与被支配关系,激活被隐含的谓词,如果被激活的谓词语义不唯一的话,我们还需要依靠语境和常识来做出选择,只有激活并确定谓词的语义,才能保证语言理解和交际的正常进行。

三　形容词删略

形容词如"坚硬、宽阔、灵敏"等在陈述式中是本体和喻体产生联系的象似点,属于必选论元,删略后则表达不准确或表达受限制。指称化后信息已知,形容词可任选删略而不影响结构比况义的表达。这源于两者之间存在信息的不等式,陈述式中形容词处于谓词部分,属于未知信息,需要凸显强调;指称式属于已知信息,形容词和比况构式一起出现则显得冗余,形容词由陈述式中的强制论元变为指称式中的任选论元,正体现了信息的衰减。① 如:

(100) 拳头像铁一样<u>坚硬</u> ⇒ [Z] 像铁一样坚硬的拳头/(像)铁一样的拳头（例:他那钢板似的胸脯贴在掩体上,用两个~支住下巴,紧盯着沟里的敌人。）

(101) 胸怀如同大海一样<u>宽阔</u> ⇒ [Z] 如同大海一样宽阔的胸怀/（如同）大海一样的胸怀（例:曹操恰恰有~,君子我用,小人我也用,用什么?用其所长。）

(102) 鼻子如同狗一样<u>灵敏</u> ⇒ [Z] 如同狗一样灵敏的鼻子/（如同）狗一样的鼻子（例:他们有着~。）

---

① 我们还发现了 1 例形容词半删略的情况。"汗珠晶莹剔透 ⇒ [Z] 晶莹剔透的汗珠→剔透的汗珠"（例:挪水缸是气力活,他套件黑毛衣,白衬衣领子露出来,脑门上沁出剔透的汗珠。）古汉语中,"剔透"可以单独使用,如（元）刘庭信《一枝花·咏别》曲:"胸中锦绣三千段,心剔透,性和暖。"在现代汉语中"剔透"往往充当四字格的组成部分,如"玲珑剔透、晶莹剔透",表现出很强的黏着性。删略后的形容词"剔透"只能做定语,不能再做谓语。说明指称式在形式衰减的同时,表现出功能的衰减。

当然，这里还要考虑一个因素，就是喻底的可识性，喻底可识别性高，自然可以隐去；喻底可识别性低，则很难隐去。

第二节　体标记删略

　　世界上的语言既存在共性，更具有差异性，"体"作为一种语法范畴，不同的语言往往通过不同的语言形式表示其意义内容。对事件的观察方式和思路不同，语言的基础不同，在表达同样范畴时往往采用不同的策略。英语等印欧系语言主要通过分析的方法表达体范畴，通过不同的词语来实现；俄语等斯拉夫语系语言主要采用屈折的方法，通过不同的语素来实现。与印欧语等形态发达的严格体范畴存在一定的差异，汉语体标记的表现形式具有自身的灵活性和意合性。

　　"体"，学者又称"情貌、动相、动态、时态"等，是语言表达中与事件密切相关的语法范畴。虽然体范畴的表达方式和具体类型并不完全相同，但大多以动词为核心表达动作的时间特征。戴耀晶（1997：4）认为，"体是观察时间进程中事件构成的方式"，体现了主体对客观动作时间特征的特定观察方式，表达开始、结束、状态的变化以及持续等有关事件时间方面的信息。"体意义的承载单位是句子，动词只有在句子中才能体现体意义，句子中的每个要素都可以对体意义发生影响。"即体范畴不仅通过体标记来体现，还可通过其他范畴来表现。杨永龙（2001：17）在综合各家观点的基础上认为，"从语言表情达意的功能角度说，体所表现的是事件的状况、进程或所处的阶段。从认知的角度看，体范畴反映了人们对事件本身的不同观察方式"。句子主要用来表述事件，句子中的各个成分对事件的表达均存在一定的影响，汉语缺乏狭义的形态变化，体范畴的实现要依靠广义的形态。广义上的体标记（aspect mark）指所有表体的形式，诸如语法形式、词汇形式、句子结构等。汉语中体标记的分类，各家不同。Li & Thompson（1981）将体标记分为四类：（1）完成体，"了"和完成化表现；（2）持续体，"在""着"；（3）经验体，"过"；（4）暂时体，"动词的重叠"。龚千炎（1991）分为八类：（1）完成、实现：了、已经；（2）经历：过、曾经；（3）近经历：来着；（4）进行、持续：着、在、正在、正；（5）起始：起来；（6）继续：下去；（7）将行：将要（将、要）；

(8) 即行：快要、就要、即将。戴耀晶（1997）分为两大类六小类：（1）完整体：a. 现实体：了；b. 经历体：过；c. 短时体：动词重叠。（2）非完整体：a. 持续体：着；b. 起始体：起来；c. 继续体：下去。我们选择为学者所公认的典型标记：已然体"了"、持续体"着"、经历体"过"进行研究。

汉语的体范畴主要通过三个动态助词来表现，它们表示动作行为发展的不同阶段的状况。王力（1958/1980：309）指出，"动词词尾'了'和'着'的产生，是汉语语法史上划时代的一件大事。它们在未成为词尾以前，经历过一些什么发展过程，是值得我们深切注意的"。体标记的删略还受到历时语法的制约。现代汉语动词后的体标记"了"表示已然体的意义，"着"表示持续体的意义，"过"表示经历体的意义。"了"注重事件的起始、持续、终结过程中的变化，事件中的每一个变化点均不相同，而"着"注重时间过程的动作性，体现了动作过程中的持续段。"了"注重事件过程的完整性，而"着"体现了事件的非完结性，前者具有较强的表述倾向，而后者具有较强的描述倾向。已然体注重表示动作完成并且事态已有变化，这种变化涵盖了事件从起始、持续直至终结的完整过程；持续体表事态的持续或进行，注重其非完结性；经历体表对可重复事件的经历。我们通过已然体、持续体、经历体特征的变动，具体地说，是着重以现代汉语体标记"了、着、过"及相关副词的隐现为例，证明形式衰减在陈述结构指称化过程中的作用。

费尔迪南·德·索绪尔（1980：126）认为，"物质的符号对表达概念来说并不是必不可少的：语言可以满足于有无的对立"。体标记的隐现，似乎无章可循、任意而为，既是语法研究中的一个重点，也是语言教学中的一个难点。以往的学者注重从静态的角度，通过语义分析对其进行解释，但由于对制约隐现的因素考虑不够全面，所以对体标记隐现的内在规律和成因认识还不够深刻。我们以动态眼光，考察体标记在语言转化过程中隐现的条件、动因和采取的策略。

一　已然体标记删略

"了"作为汉语中使用时间最久、使用范围最广的已然体标记，是动词经过长期语法化而逐步演化而来的，主要用在动词和形容词后面，表示动作或变化已经完成。上古汉语中，"了"是表示"完成"义的普通动词。

东汉王褒《僮约》:"晨起早扫,食了洗涤。""了"就有完毕、结束之义。《广雅·释诂》曰:"了,讫也。"清代徐灏《说文解字注笺》亦曰:"凡收束谓之结,故曰了结。"魏晋南北朝以后,汉语动补结构逐渐建立,对汉语的语法结构产生深远影响,句子的组织原则变为:谓语+结果特征。动词"了"的语法化从中晚唐开始,因经常处于补语位置而经历了从句法关系向形态关系转变的过程,所以,已然体标记"了"来自补语,是补语的一种。石毓智、李讷(2001:139)指出:"体标记是指示动作、行为进行的状态或阶段,属于指动补语的一种,所以它们经历了跟指动补语一样的形态化过程。"唐五代时,"了"最终完成形态化过程,而与动词凝结为一个句法单位,表示"变化""起始"和语气等语法意义,完成从词汇意义向语法意义的转移,由动作或状态的实现变为事实,由句法关系向形态关系转变,成为汉语体标记的一种。

"了"表明事态出现了新变化,这种变化并不是动词或者形容词所指示的状态发生了变化,而是变到了动词或者形容词所指示的状态。这种新情况的出现就是对方不知道的事实,一种未知的新的信息。"了"表明一种"变化",出现了一个与此前不同的情况,这种变化就是前后两种不同状态的对比。从另一角度看,"了"在于凸显时间两端的界限,包括起始界限和终结界限,因此也就成为"界限"的标记。

汉语中已然体标记"了"的使用并不具有语法的规定性,对于"了"隐现的考察一直是学术界研究的焦点之一,陈忠(2002)、刘勋宁(2002)、吴福祥(2005)、王巍(2012)等学者均对此进行了系统研究。李兴亚(1989)发现汉语完成体标记"了$_1$"在五种条件下可以自由隐现:(1)动词前面有"已经"等表示过去时间的词语;(2)动词后面有数量短语;(3)有表示连续动作的后续小句;(4)动词后面有结果意义的补语;(5)句末有"了$_2$"。"了$_1$"在以上五种情况下之所以能省略,是因为汉语中体标记的功能可以通过其他表达方式来完成,除了体标记,汉语中的时间副词、时间名词、数量短语和结果补语等均可以表达时体概念。广义上看,体标记是动词补语的一种存在形式。沈家煊(1995)从认知语言学角度对此作了分析,指出广义的时体范畴与"了"的功能相同,都能使"无界"的情状"有界"化。完成体的本质功能是将"一个情状有界化,将无自然终止点的动作变为有自然终止点或者将动作的自然终止点变为实际的终止点"。有界成分往往具有下列语义特征:[+变化][+已然][+量化][+终结][+离散]「+起始]。也就是说,除了用体标记"了"来表示"有界"情状外,其他五种句法词汇手段,包括数量成分、动补结构、时间副词均具有"有界"的特征。石毓智(2000:149—161)也通过汉语古今对比研究发现,现代汉语谓词结构普遍有界化,表现手段包括:(1)结果补语;(2)体标记;(3)介词短语;(4)重叠式;(5)时间词;(6)数量词;(7)动量词。其中前五种语法手段与中心动词发生关系,后两种语法手段与动词后的名词发生关系,受数量词和动量词修饰的名词肯定具有很强的"有界"特征。句子中其他句法词汇手段可以来弥补和代偿体标记"了"所要表达的语义。因此,体标记"了"具有界限的特征,在制约句子内部成分整体界限特征的同时,自身也受到句子内部成分整体界限特征的制约。"了"的隐现是语言内部不同因素之间通盘协调的结果,所有有界和无界的因素都制约着"了"的隐现,"了"与其他成分在互动和制约中最终实现为具体语境中的具体变体(陈忠,2006:533)。

体标记均来源于动词,由指动补语发展而来,属于补语的一种。无论其来源还是在句法中的位置均与动词的关系非常密切,这也从另一个方面说明动词的性质是影响体标记隐现的最大动因。西方学者将动词按情状类型分为四种:活动(activity)、完结(accomplishment)、达成(achievement)和状态(satate)。(Vendler, 1967; Dowty, 1979; Smith, 1983)邓守信(1986)在此基础上,根据汉语动词的时间结构,认为汉语动词的情状也可分为"活动""完结""达成""状态"四类。马庆株(1981)根据动词带时量宾语的特点,用[+/-完成][+/-持续][+/-状态]将动词分为六类。这些动词的特征可以抽象为[+有界],[+完成]是有界的,而[+持续][+状态]则是无界成分。

赵元任(1968/1979:296)和朱德熙(1982:209)都将动词后的"了$_1$"当作动词后缀,句尾"了$_2$"归入语气词。但是两者都能跟有界和无界成分形成选择和对应关系,两者之间的共性特征大于异性特征,它们实质上是同一标记在不同句法位置上的变体,基于此,我们在一般情况下不做特别标注。在指称化过程中,已然体标记"了"隐现的制约机制是我们研究的重点。

(一)衰减类

1. 强制删略

体标记指称化后强制删略,否则句法不成立。已然体强制删略存在于主体、客体和兼职体中，一切谓词提取式都强制删略体标记。

1）成果动词+成果格

成果动词是可带成果格的谓词，"成果动词+成果格"所构成的结构往往表示主事控制某种动作并用于某种材料使之成为某种成果，如"织（毛衣）｜编（筐子）｜盖（房子）｜打（眼儿）｜捅（窟窿）"。比较：

(1)【宾语】以上都是〈他说的话〉（但：*以上都是他说了的话）｜这是〈他写的文章〉（但：*这是他写了的文章）｜这是〈他下的赌注〉（但：*这是〈他下了的赌注〉）

(2)【主语】〈他说的话〉很长（但：*他说了的话很长）｜〈他写的文章〉不错（但：*他写了的文章不错）；〈说了的话〉要算数＝〈说的话〉要算数（←话说了就要算数）｜〈下了的赌注〉不能拿回去＝〈下的赌注〉不能拿回去（←赌注下了就不能拿回去）

(3)【介词宾语】不小心把〈写了的文章〉删了＝不小心把〈写的文章〉删了（←写了文章）

"成果动词+成果格"中已然体标记的删留，因其所在指称化结构的句法位置而异。用在宾语位置上时，为防止语义的过度冗余，需要强制删略，用在主语位置上因语义关系和凸显目的不同，有时是强制删略，有时是任选删略，其中任选删略例所含动作动词跟句谓语之间蕴含某种照应、对比的逻辑语义联系。用在状语位置上则是任选删略。

2）重新分析形成"V在"动结式

"V在NP"是带处所补语的动补结构"V+〈在NP〉"，"V在了NP"中的"V在"则经重新分析，成为动结式。它们的主语通常为兼职体，而兼职体提取式均不能保留已然体标记。比较：

(4) 秘密藏在了他的心中⇒［J］藏在他心中的秘密（但：?藏在了他心中的秘密）（例：祥霖铺镇田广洞村支书陈继洪告诉笔者一个～。）

(5) 子弹打在了他的身上⇒［J］打在他身上的子弹（但：?打在了他身上的子弹）（例：宁小炳不顾～，"擒贼先擒王！"）

例(4)提取的是客体和主体的兼职成分，见于双表述"藏秘密+秘密在他心中",这是由两个事件所组成的复杂事件,指称化后成为新事件的参与者之一,可以只出现中心语,如"谁也不知道那个〈秘密〉"。指称式中动词与补语间包含了微妙的时间先后和事理上的结果联系,这种结果义或同时义在某种程度上代偿了已然体标记的语法意义。为防止语义冗余,自然要删略已然体标记。值得注意的是,陈述式里允许以这样的冗余凸显语义[比较例(5)],但在指称式里,对以冗余方式凸显语义的容受度显然降低了,如"秘密藏在了他的心中＝秘密藏在他的心中｜子弹打在了他的身上＝子弹打在他的身上"。

3) 谓词中心结构

谓词中心语被提取后,谓词成为指称式的中心语,表示的是空间性而非时间性,谓词在一定程度上名词化了,动态性减弱而陈述性增强,不需要体现时间过程结构。体标记附着在动词上,指称化后体标记失去了附着的位置,也没有语义上的需求,所以强制删略。

(6) 1492年发现了美洲新大陆⇒［W］1492年美洲新大陆的发现(例:~加速了社会生产力进一步发展。)

(7) 创立了井冈山根据地⇒［W］井冈山根据地的创立(例:总书记曾指出,~是马克思主义中国化的伟大开篇。)

4) 中心语为时间名词

陈述式中需要用体标记来标记时间的概念,以使情状有界化,表时间成分的附加体提取后,定语的有定意义使时间情状有界化的语义需要消失,所以标记须强制删略。可能因为附加体表达次要的信息,这类附加体中心结构在所收集语例中较为少见。①

(8) 刘招华在雪峰寺待了五天⇒［F］刘招华在雪峰寺的五天(例:~,是度生,也是度死。)

(9) 那一天,我们搬进了画家村⇒［F］我们搬进画家村的那一天(例:从~开始,我就不得不忍受每天从早到晚从隔壁院落里传来的又锯又敲的声音。)

---

① 其他类型附加体中心结构也是如此。

5）体标记和趋向动词叠加

陈述式中动词与趋向动词需要用体标记来连接，趋向动词如"起来、上来、下去、出去、出来"等，可在一定程度上表示完成的语义，指称化后，事件由前景信息变为后景信息，所形成的指称式只是新事件的参与者之一，需要降低信息权重，以符合后景表达的需要，其中的体标记需强制删略，否则语义冗余。

（10）旅行袋被拎了<u>起来</u>⇒［K］拎起来的旅行袋（但：*拎了起来的旅行袋）（例：小刘也懵了，~复又放下。）

（11）东西被卖了<u>出去</u>⇒［K］卖出去的东西（但：*卖了出去的东西）（例：贵买贱买总是买，~还能要回来？）

2. 任选删略

沈家煊（1995）指出，"了"的语法功能是使无界概念变为有界概念，数量结构和"了"具有相同的功能，都能使无自然终止点的动作变为有自然终止点，或者动作的自然终止点变为实际的终止点。体标记"了"只表示动作的发生或者状态的出现，而结果补语表示动作产生的某种具体结果。根据汉语的实际情况，我们把表示动作完成变化、过程完毕、状态实现等语法意义均视为已然体意义的范畴，在此情况下体标记可任选删略。无论在主体提取式还是客体提取式里，体标记的删略不影响结构语义的表达，任选性删略广泛见于已然体等多种体类型。

1）完成义成分

唐代以前，汉语主要通过结果补语和完成义动词来表达动态和事态的完成。唐代以后，汉语体标记从动补结构中逐渐独立出来。魏晋南北朝时期，"了"和"已、讫、毕、竟"一起出现在动补结构的补语位置，表示动作的完成。在近代汉语中，又有各种完成义动词出现在补语位置上，动结式完成义动词自身表明动作已经完成，所以已然体标记可任选删略。已然体保留式增加了语音上的停顿，已然体删略式表达则更为紧凑。

其一，完成义动结式。表示动态或事态的完成，动词后接体标记表示动作行为结束。"VP"结构已代偿了已然体意义，因此体标记可任选删略。这类动结式在一定条件下表示界限，如"完、成、熟、透、掉"等，经常与"了"同现。无论在主体提取式还是客体提取式里，体标记的删略不影响结构语义的表达：如：

（12）骨头吃完了⇒［K］吃完了的骨头/吃完的骨头（例：~不要随便乱扔。）

（13）工人完成了任务⇒［Z］完成了任务的工人/完成任务的工人（例：~因为极低的薪资，要求上涨工资。）

魏晋南北朝时期，汉语中就有表示完成的格式"动+宾+完/成"，表示状态的完成。如《世说新语》："袁彦伯作《名士传》成，见谢公。"例（12）"完"是完成动词，表示动作的完成和事件的完结。在动补结构"V完"中作状态补语，在陈述式中该结构语法上强制要求体标记出现，形成"V+补语+了"格式，"了"既是体标记也是句末语气词，句法结构形式才算完整。在日常交际中，我们需要一定的语义冗余。指称化之后，"V完"因信息已知表示动作的完成，实现了从语法结构到词汇结构的变化。体标记任选删略不影响语言的表达，而此时"了"只代表体标记，语气功能被滤除，外在的形式没有发生变化，但内在的功能却减少了。例（13）中"成"表示事件的结束。《说文解字》："成，就也。"《玉篇》："成，毕也。"原指草木茂盛，物之所成。"成"原为V的补语，重新分析后构成完成义动词，表示动作行为进行的状态或阶段。体标记"了"在句法层面强制出现，但指称化后在词法层面却可任选删略，动结式和定语位置的已知性代偿了体标记的功能。此外，指称式还可以加入时间副词"已、已经"，如"已完成任务的工人"中的"已"强化了"完成"动作行为的界限，从而使表达更加准确。

其二，损耗/消失义动词。最初以某种补语形式出现，随着动补结构被看作统一的句法单位，从而语法化为一个动词。现代汉语该类动词后必须增加体标记，否则句法不自足。"丧失、废弃、失掉"本身蕴含已然发生的事实，包含从打破到损坏、从报废到弃用的过程，形体破坏、空间位移也表明物理界限发生显著变化，带有明显"完结"标志特征，指称化后其完成义被激活可使情状有界化，在某种程度上代偿体标记的有界化功能，因此体标记可任选删略。如：

（14）这个家伙丧失了理智⇒［Z］这个丧失了理智的家伙/这个

丧失理智的家伙（例：~，竟真的从厨房里取出菜刀，砍断了自己的左臂。）

（15）城市被废弃了 ⇒ [K] 被废弃了的城市/被废弃的城市（例：在历史上由于种种原因而~很多。）

其三，获得义动词。表示获得义的及物动词，《说文解字》："得，行有所得也。"罗振玉认为甲骨文为"从又持贝，得之意也。""得"可能是汉语中最早的动态助词，但未能保存到现代。动词"到"表示通过动作，人或物体移动到某处所。《说文解字》："到，至也。"同时，动词"到"附着在其他动词后组成动结式表示通过动作达到某种目的或结果。在近代汉语中，"到"也有体标记的用法。获得某个物体就表示动作有了结果，符合汉语"动作＋结果"的信息组织原则。体标记与补语的位置相同，本属一家，只是语法化程度更高，表示语法意义更加抽象而已。如：

（16）女作家取得了巨大成功 ⇒ [Z] 取得了巨大成功的女作家/取得巨大成功的女作家（例：在美国，帕特里克·科韦尔是女性中的佼佼者，是个~。）

（17）孩子得到了礼物 ⇒ [K] 得到了礼物的孩子/得到礼物的孩子（例：当样品成功地烧制出来后，她高兴得像个~。）

2）状态义成分

"了"在语法化过程中经历了状态补语的过程，一些表示状态义的成分也能制约体标记的隐现。如：

（18）红土被掀开了 ⇒ [K] 掀开了的红土/掀开的红土（例：这个中国南方港口处处都是~，每个角落都在大兴土木。）

（19）老司机教会了她开车 ⇒ [Z] 教会了她开车的老司机/教会她开车的老司机（例：她看到了像一尊石像样沉静的张大车，他就是那个~。）

状态义动词表示动作施行后达到的某种状态，例（18）《说文解字》："开，张也。"本义为门由关闭到张开的过程，引申泛指一切封闭空间的开合动作。动结式中表示动作已经由封闭到打开，喻指动作的完成。例（19）中"会"表示领悟体会已经熟习掌握了动作的要领，这个体悟研习的动作过程已经完成，指称化之后体标记可任选删略。

此外，状态义形容词也可以充当补语，表示动作结果所导致的状态、程度和效果等。形容词"好"用在动词后，表示完成或达到完善的地步。形容词"好"充当补语，是对动结式动作完成状态的一种强调［如例（20）］。动结式表示某种结果的实现引起了施事或受事状态发生变化，达到某种程度，也就规定了谓词的边界，使情状有界化［如例（21）—例（22）］。如：

（20）房子盖好了⇒［K］盖好了的房子/盖好的房子（例：一方面这么多居民无房、住房拥挤；另一方面却有一些~空在那里，这显然是个矛盾。）

（21）前妻哭红了眼⇒［Z］哭红了眼的前妻/哭红眼的前妻（例：马林生推开病房门，首先看到的是~，然后才看到了躺在病床上的马锐。）

（22）司机喝多了酒⇒［Z］喝多了酒的司机/喝多酒的司机（例：一种名为"临时副驾"的新行当，专门替~开车。）

保留式和删略式虽均可表达，但还是存在不均衡性。如例（22），通过百度统计，其中"喝多酒的"为78.6万次，而"喝多了酒的"为22.8万次，[①] 前者是后者的约3.45倍，统计数据显示出很强的删略倾向。我们还可以看到两种不同性质的删略，一种是体标记删略，另一种是宾语删略。如果删略体标记，那么宾语往往保留，如"喝多酒的司机"；如果删略宾语，那体标记保留，如"喝多了的司机"；两者也可均删略，如"喝多的司机"，但多出现在口语中。体标记与宾语、补语之间存在一定的互补关系，删略的前提是不影响交际的正常实现。

3）持续义成分

动词自身蕴含强持续性特征，"体"着眼于动作进行的情况，体标记的出现强化了这种特征。动作的发生总是与一定的时间、空间联系在一

---

① 统计时间为2015年9月29日。

起，数量成分隐含从开始到终结的整体观察，是典型的终结界限标记，动词后的时量补语使动词界限更加显著，一些持续义动词也具有强烈的无界倾向，动词后往往接时间补语，表示动作行为持续的时间，如：

（23）海地危机持续了近3年⇒［Z］持续了近3年的海地危机/持续近3年的海地危机（例：由美国控制和指挥的多国部队以武力解决～。）

（24）旧西藏法典通行了几百年⇒［Z］旧西藏通行了几百年的法典/旧西藏通行几百年的法典（例：～把人分成三等九级。）

但同样是持续性动词，如果是单音节持续义动词还须受到韵律制约，体标记须强制出现。如"等了三天的记者（但：*等三天的记者）｜洗了半天的衣服（但：*洗半天的衣服）"。"等、洗"是持续无界成分，"三天、半天"是有界成分，体标记"了"的使用使无界成分有界化，如果是双音节动词，如"等待三天的记者"，则又可以成立。此外，时量补语表示动作或状态持续时间的长短，体现了一种耗时，表示动作从开始到完成所花费的时间量。这个时间量是语言表达的重心，是典型的有界成分，与体标记"了"将无界的事物有界化的功能相同，所以其后的体标记可以任选删略。如：

（25）人们劳累了一天⇒［Z］劳累了一天的人们/劳累一天的人们（例：当～回到家望着零乱的周围环境时，会产生一种怎样的心态呢？）

（26）酒泉发射基地沉寂了多年⇒［Z］沉寂了多年的酒泉发射基地/沉寂多年的酒泉发射基地（例：对～来说，无疑是一个充满了新意与刺激的大好日子。）

时量成分是汉语时间界限的制约因素之一。动作的状态有限持续，通过时量成分来体现，表明对动作整体性的观察。既然句法强制作用已经实现，那么体标记就不具有存在的必然性，删略也就具有了条件和动因。

（二）非衰减类

1. 辨义保留

句子所表达的是一个已经实现的"事件"，而体标记"了"就是这种现实性的显性语法标记。这种"现实"既包括现在的现实,也包括过去的现实和未来的现实。指称式因体标记的删略语义上发生明显差别。

1)状态与性质的差别

两者来源不同,如果为主谓结构,提取处所格指称化为名词性结构,表示的是一种状态的变化;如果是状中结构,提取工具格指称化而为名词性结构,是对现状的陈述。如:

(27) a. 瓶子盛了水 ⇒ [F] 盛了水的瓶子(例:我拔下一个小吊兰,放在~里泡上。)

b. 用瓶子来盛水 ⇒ [F] 用来盛水的瓶子/盛水的瓶子①(例:我从网上买了一个~。)

2)动态与静态的差别

已然体标记保留式说明动作已经从一种状态变为另一种状态;已然体标记删略式则说明动作主体具有某种性质,两者的差别既可出现在肯定结构中,如例(28),也可出现在否定结构中,如例(29)。

(28) 男人有了钱 ⇒ [Z] 有了钱的男人(例:~又被"白魔"缠住,被送进戒毒中心强制戒毒。)≠有钱的男人(例:如果我有了钱我就不需要~了,我会需要有内涵的男人。)

(29) 简易棚没有了屋顶 ⇒ [Z] 没有了屋顶的简易棚(例:他们坐在~里,耳边是隆隆的拆房声。)≠没有屋顶的简易棚(例:这个~成了围攻部队的临时指挥所。)

陈述式中"了"表示动作出现新情况,隐含"原来不怎么样,现在怎么样"的意思。石毓智(1992)也指出能够加"了"的词语都有一个"实现过程","指词语所代表的行为、动作、性质、状态等从时间位于其出发前的某一点到自身出现的发展过程"。如例(28)保留式有"稍微"的意味,虽然有钱但不是很多,此外在情感上也有不屑的意味。值得注意的是,删略式还隐藏了一个语义量,"有钱"往往是"很有钱"的隐指,

---

① 有些指称式外在的差异表现为标记的有无,其实它们有不同的深层结构来源。

而"有了钱"则是语义上强调。马清华（2009）指出，"强调性补偿是语言的常见补偿手段之一。对由合到离而言，通过形式上的离用获取意义上的强调效果，反过来又将意义上的强调效果作为对利用变则的补偿"。

3）已然与未然的差别

已然体标记表示动作已经实现或者完成，指称化后保留式表明动作已经完成，而删略式体范畴表达较为模糊。如：

（30）a. 某人戒了烟 ⇒ ［Z］戒了烟的人（例：谁都明白~最不能看见的就是别人在他眼前抽烟。）

b. 某人戒烟了 ⇒ ［Z］戒烟了的人/戒烟的人（例：吸烟有害健康已成为社会的共识，但为什么~仍有高出常人的肺癌发病风险？）

（31）a. 女人结了婚 ⇒ ［Z］结了婚的女人（例：一个女人，一个~还需要什么呢！）

b. 女人结婚了 ⇒ ［Z］结婚了的女人/结婚的女人（例：没结婚的女人是燕子，自由自在。~是鸽子，到点就回来。）

2. 致联保留

指称式可因体标记删略后的可接受度低而得到强制保留，如体标记删略则动宾之间不满足句法的自足性而无法致联。该类保留式可见主体、客体和附加体提取式，但不见于谓词提取式。

1）谓词结构后

"了"具有动态性，它用在静态动词后可使句子的静态性发生变化，动作会一直保持静态不再变化。一些动词在陈述式中常和体标记共现，包括：病、死、醉、伤、塌、瞎等，这类动词的数量不多，如：

（32）孩子病了 ⇒ ［Z］病了的孩子（但：*病的孩子）（例：老村长就每天挤了奶，灌在瓶子里，一天两遍，挨家挨户给我们几个~送奶。）

（33）屋子塌了 ⇒ ［Z］塌了的屋子（但：*塌的屋子）（例：~，可以重建；倒了的树木，可以再植。）

这一类谓词后的体标记保留还与韵律有一定的关系，如例（32）可以说"生病的孩子",例(33)可以说"坍塌的房子"。

程度副词位于形容词后,表示情态量的增加,其中体标记"了"用在形结式后表明发生变化的起始点,达到一定量后一直保持不变,具有完句的功能。因此在指称化后,其中的体标记不能删略,如:

(34)女儿哭够了⇒[Z]哭够了的女儿(但:*哭够的女儿)(例:~跟着爸爸到宾馆吃了一顿饭,情绪安定后又说不想退学了。)

(35)忠门人穷怕了⇒[Z]穷怕了的忠门人(但:*穷怕的忠门人)(例:~尝到了甜头,同时也看到了这个潜在的诱人的市场。)

2)谓词结构中

体标记处于动词重叠结构中间,形成动词的间隔重叠式"V了V",表示持续量的定量化,往往表示时量短小。这种表意志的语气仅见于祈使句或意欲句的谓语层面,基本不能在指称式中实现,我们仅发现了一例。

(36)彭勇定了定神⇒[Z]定了定神的彭勇(但:*定定神的彭勇)(例:~果断叫停了小扁担的拆除作业。)

连动式是由两个事件组成的复合事件,它们在语义上存在行动和目的的关系。当说话者意在强调一个行为发生后又发生了另一个行为时,前一个行为的动词后要加体标记"了",后一事件须以"了"所表示的事件完成或实现义为前提,即前一事件先于后一事件发生,两者在时间的横轴上依次进行。在这种结构中,体标记不仅具有完成语义,还具有致联作用。

(37)衬衫洗了又洗⇒[K]洗了又洗的衬衫(但:*洗又洗的衬衫)(例:我见她上身穿了件~,下身束了条补了又补的裙子。)

(38)衣服补了又补⇒[K]补了又补的衣服(但:*补又补的衣服)(例:我当时心想,一个几亿人口大国的领袖,竟然要穿~,怎么可能呢?)

动量补语表示动作和行为进行的数量,可使表达的事件具有完整的性质,这与完成体标记相符合。在动量补语与谓语之间用体标记"了",数量词语给动作行为划分出一个过程，而已然体表示该过程的实现已经完成。

（39）韩建武累得瘦了一圈⇒［Z］累得瘦了一圈的韩建武（但：*累得瘦一圈的韩建武）（例：望着~，樊治国百感交集。）

（40）李保管吓了一跳⇒［Z］吓了一跳的李保管（但：*吓一跳的李保管）（例：~顾不上锁门，慌忙跑出来查看。）

我们对已然体标记的衰减进行了定量统计分析。利用北京大学 CCL 语料库，以"了""的"为关键词（即"了#的"），中间间隔 0—4 个字符，保留每次检索的前 1000 个语例，共得 5000 个原始语例，只统计指称式语例；又以"了"","为关键词（即"了#,"），中间间隔 1—5 个字符，保留每次检索到的前 1000 个语例，共得 5000 个原始语例，只统计属于陈述式的语例。去除不表示相应指称式或语义无法理解的语例，包括重复统计的，两类相加最终共获得 1283 个语例。

表 1-2　　　　　　　　已然体标记衰减情况统计

提取方式 \ 类型	衰减类 强制删略	衰减类 任选删略	非衰减类 辨义保留	非衰减类 致联保留	总计
提取主体	1	676	27	89	793（61.81%）
提取客体	278	189	6	17	490（38.19%）
总计	279（21.75%）	865（67.42%）	33（2.57%）	106（8.26%）	1283（100%）

从表 1-2 的统计数据中，有如下几点发现。

第一，总体上看，时体衰减的势力要明显大于非衰减的情况，衰减类与保留类的比例为 1144∶139，占比 89.17%∶10.83%，约为 8.23∶1。这是因为指称化以后，整个指称式已成为已知信息，时体标记倾向于删略，以留出更多的表达空间给新信息或未知信息。

第二，主体和客体的可提取能力存在差异，表现在：主体可提取的总数为 793，客体可提取总数为 490，两者的比例为 1.62∶1。从语义格的角度看，两者可提取的范围和限制条件不同。主体的语义格范围较多，与谓词的组合较为自由，而客体的语义格范围较少，与谓词组合较紧密。值得注意的是，强制删略基本见于提取客体式，提取主体式仅 1 例，体现了两者提取类别的差异性。

第三，时体特征的存在方式可以有机联系起来，形成一条如下所示的删留连续统：任选删略＞强制删略＞致联保留＞辨义保留。体标记的任选删略式中有时删略式显得更为自然，可接受度也相对更高［如例（41）—例（42）］。

（41）孩子被绑架了⇒［K］被绑架了的小孩/被绑架的孩子（例：于立群再三叮嘱他无论如何也要请周总理帮帮忙，营救～。）

（42）幌子被糟踏了⇒［K］被糟踏了的幌子/被糟踏的幌子（例：店主小心地赔着笑脸，心疼地看着～。）

"被绑架的 N"既可以出现在主语位置也可以出现在宾语位置，而"被绑架了的 N"则更倾向于出现在宾语位置。时体保留式更多作为新闻标题使用，如"被绑架了的艺术、被绑架了的人生、被绑架了的房价"，特殊语境提高了其可接受度，衰减度大于任选删略而小于辨义保留，换言之，衰减度得到了某种程度的提升。

二　持续体标记删略

汉语持续体标记"着"，学者又称为"进行体"。"着"来源于上古汉语动词"著"，义为"附着"。东汉到魏晋时期，"着"可做补语，表示动作"附着"的对象，相当于"在"；或表示"到达"的地点，相当于"到"。体标记"着"由持续动词或状态动词后面的"着"发展而来。唐以后，"着"的语义指向由其后的宾语转向前面的动词。语义上，"附着"义不断形态化，表示动作行为的持续，由词汇成分变为标记成分；结构上，"着"与宾语不发生直接关系，而与动词发生直接关系，成为动词的附着成分。元代以后，"着"在存在句中完成了自己的形态化过程。

时体功能的表达可以由多种相关的语义成分和语义关系组合表现。"着"虽然表示行为动作或状态的持续，但是表示"行为动作或者状态的持续"并不仅限于持续体标记，汉语中还可以通过其他词汇或句法手段来表示"动作或状态的持续"，如：时间副词"正、在"或语气词"呢"等。汉语中的体标记虽然属于语法范畴，但语法化程度较低，作为体范畴还处于语法化的过程之中，还不具有强制性（吴福祥，2005）。

事件由句子的各个组成成分共同表达，而不仅仅通过动词来表达。体标记"着"关注于事件持续阶段的内部观察，它不反映事件的起始，不反映事件的终结，也不反映事件的整体。戴耀晶（1997：80）认为"着"具有三项主要的语义内容：非完整性，持续性，动态/静态二重性。它赋予句子以非完整的语义，所表达的时间没有时间界限，句子中因而不允许出现时间补语。沈家煊（1995）、陈忠（2006）从认知角度进行分析，认为"有界—无界"是客观事物在空间、时间和状态等方面离散性和连续性的对立统一在认知上的体现，是人类认知空间和时间概念的基本手段之一。语言作为认知的产物，自然也普遍存在"有界"和"无界"的对立。无界成分往往具有下列语义特征：［-变化］［-结局］［-离散］［+共时］［+进行］［+持续］［+未然］。持续体标记"着"是典型的无界成分。

汉语表达持续体范畴，主要通过动词自身的界限特征以及体标记和副词等协同表达，因此体标记的隐现受到动词及其相邻成分的制约和限制。

（一）衰减类

1. 强制删略

持续体强制删略主要出现在提取客体上，所形成的指称式是限定性的而非描写性的，而持续体标记具有很强的描写性质，两者语义上形成冲突，所以体标记在指称化之后强制删略。

1）持续义动词

具有比较稳定的"时段持续"特征，属于无界成分，与"着"所要求的语义特征相符合，故而两者往往同现。指称化后提取客体，主体对客体具有支配作用，提取客体凸显的是限定功能。删略式主要功能是分类，而不是表现事物所具有的状态，如：

（43）残疾人坐着轮椅⇒［K］残疾人坐的轮椅（但：?残疾人坐着的轮椅）（例：建行的大厅里还有～，小宝宝坐的推车。）

（44）学生戴着近视镜⇒［K］学生戴的近视镜（但：?学生戴着的近视镜）（例：学校拐角的眼镜店可以配～。）

同形结构，提取对象不同则会造成标记的删略形式不同，如例（43），提取客体则体标记强制删略，"残疾人坐的轮椅"；提取主体则体标记任选删略（参见其后"任选删略"），可见提取项是衰减的影响因素之一。在加入具体指代变量后，体标记保留式也能成立，如"〈那个〉残疾人坐着的轮椅是外国进口的""〈那个〉学生戴着的近视镜是专门定做的"。

2）形容词

如"聪明、好、大、漂亮"等表达说话人主观态度，"着"和语气词"呢"结合，表示主体所具有的状态，也表达了说话人对陈述主体微弱的负面情感和态度，主观情感表达在指称化后被滤除。如：

（45）小孩聪明着呢⇒［Z］聪明的小孩（但：*聪明着的小孩）（例：只学习不玩耍，~也变傻。）

（46）敌人狡猾着呢⇒［Z］狡猾的敌人（但：*狡猾着的敌人）（例：~立即把周志科当人质，掉转枪口对准了彭宝林。）

2. 任选删略

结构语义首先受动词语义影响，动词如"持续义动词、存在义动词、状态义动词"可表示"持续性、可反复进行、具有一定的时间跨度"的语义特征，与体标记"着"所表示的状态义相符，指称化后体标记任选删略。

1）持续义动词

这类动词的"时段持续"特征比较稳固，开始和结束时间一般较长，常常与"着"同现。如"穿、挂、戴、跟"类单音节持续义动词［如例（47）—例（48）］，既能表示动作本身所持续的时间，也能表示动作造成的状态所持续的时间。而包含"运动、存在、变化"等义素的双音节动词"流动、飘动"是强持续义动词［如例（49）—例（50）］，动作的实现点和终结点之间具有相当长的时间。动词自身"时段持续"特征比较稳定，不需要体标记也能表现状态的持续，如：

（47）工人戴着安全帽⇒［Z］戴着安全帽的工人/戴安全帽的工人（例：体育场被关闭，开进了挖土机、推土机和一队队~，整个一副大兴土木的架势。）

（48）轿车挂着使馆牌照⇒［J］挂着使馆牌照的轿车/挂使馆牌照的轿车（例：昨日凌晨，一辆~翻在现场。）

（49）黑色液体流动着⇒［Z］流动着的黑色液体/流动的黑色液

体（例：盗版现象就像一种毒性极强的~，在文化市场的整个机体上渗透。）

（50）小黄旗在<u>飘动</u>着 ⇒ ［Z］飘动着的小黄旗/飘动的小黄旗［例：在全国各地景点都能见到~——每面旗上都印有"ML 团"（闽旅的番号）。］

2）状态义动词

一些动词既能表现行为动作的瞬间完成或者实现，还能表示事物造成的一种存在状态而持续。学者们称之为"行为/状态义"动词，这类动词如"悬、挂、摆、贴、绷"等。它们与表示状态的形容词结合后，能够用来表示状态的持续。

（51）大红灯笼高<u>悬</u>着 ⇒ ［K］高悬着的大红灯笼/高悬的大红灯笼（例：商场内上千个~，把中国月的气氛渲染得很浓。）

（52）她那脸紧<u>绷</u>着 ⇒ ［Z］她那紧绷着的脸/她那紧绷的脸（例：~在接过奖杯的一刻终于开心地笑了。）

3）被动句式

被动式中主体遭受了某种处置，如果没有其他表示时体概念的成分出现，那么这种处置的状态会一直延续下去，延续的意义可以在某种程度上补偿体标记的表义功能。如：

（53）病人被病痛折磨着 ⇒ ［K］被病痛折磨着的病人/被病痛折磨的病人（例：看到病房中那些~，他把 3 封电报压在衣兜的底层，又忘我地投入了工作。）

（54）古罗马城被城墙环绕着 ⇒ ［K］被城墙环绕着的古罗马城/被城墙环绕的古罗马城（例：~简直是一座巨大的历史博物馆。）

4）地点状语

一些表示方位的名词"上、中、下、里、外、后"组成的方位词语后面往往要求出现体标记保留式，表现一种存在的状态。如果体标记不出现，结构也能成立，但使用的频率和自由度受到限制。如：

(55) 墙上挂着锦旗⇒［K］墙上挂着的锦旗/墙上挂的锦旗（例：一走进康复中心的大门，最显眼的就是～。）

(56) 嘴里嚼着口香糖⇒［K］嘴里嚼着的口香糖/嘴里嚼的口香糖（例：有些人士会指责别人践踏草地，但自己却把～吐到地上。）

这种"地点名词+动词+体标记"表示独立的静态事件，所形成的名词性较为常见，原因可以从"着"的来源窥见一斑。"着"最早是动词，表示"附着"性空间关系，从东汉到魏晋主要表示动作"附着"的对象。宋代开始形态化，表示"存在"义，由空间的"附着"关系向时间概念的"共存"关系转变。无论是"附着"还是"存在"均需要指明附着的对象或者存在的主体，这种表示方式在汉语中是一种常见的语法形式，也是一种能产的形式。①"着"最终从"共存"关系语法化为表示时间上的持续、进行，"着"的形态化受到原有语法意义的制约。戴耀晶（1997：89—90）也认为，"在与'着'的配合关系上，'位置义'动词（动作结果可留存于某个位置上的动词，如'穿''挂''套'之类）较为复杂。它在语义上是静态与动态的过渡类，或者说是兼有动态和静态两种性质的类"。

（二）非衰减类

1. 辨义保留

体标记的删略而形成的保留式和删略式之间存在语义竞争，可以认为是描写性定语与限定性定语之间的差别。

1）状态与目的的差别

指称化后保留式表示一种状态［如例(57)a］，删略式表示其目的属性［如例(57)b］。修饰语"用来"可出现在体标记删略式前，但不可出现在体标记保留式前，说明了两者存在的区别。如：

(57) a. 饭盒里盛着菜⇒［F］盛着菜的饭盒（例：我把～摆好，盛了饭拿着筷子在饭桌旁坐下。）

b. 用饭盒来盛菜⇒［F］用来盛菜的饭盒/盛菜的饭盒（例："80后"青春主题餐厅里，装饭的宽边盘，～，搪瓷盘子，让

---

① 在宋代文献中已见，如《朱子语类辑略·卷下》："读书如战阵斯杀，擂着鼓，只是向前去，有死如二。"可看为一种持续态或持续态后助动词。（太田辰夫，1958/2003：209）

我们仿佛瞬间回到小时候。)

2) 动态与类别的差别

标记保留式强调描写性，体标记删略式强调限制性，指称式中核心名语为指人名词，持续体标记多为表现人物的状态，这时体标记也具有描写作用；不使用则表明人物的所属类别。如：

(58) 男人抽着烟⇒[Z] 抽着烟的男人（例：一个头戴礼帽，~面朝大海而立。）≠抽烟的男人（例：~都会喜欢火机，尤其是 Zippo。）

(59) 妇女梳着短发⇒[Z] 梳着短发的妇女（例：一个~正挥着手，穿过贮木场向她走来。）≠梳短发的妇女（例：~看起来更加有型。）

2. 致联保留

指称式可因体标记删略后的可接受度低而得到强制保留，换言之，强制保留是为使两个部分得以组联。

1) 单音节持续动词

持续是静态特征之一，持续体使用表明结构是具有持续特征的静态事件。一些单音节强持续性动词如"跪、停、等、坐、躺、哭"后面强制要求体标记出现［如例（60）—例（61）］，表示事物存在的状态，删略后句法不完整，结构不能成立。非持续性动词不能带"着"，如"死、伤、知道、出现、成立、看见、听见、提出、学会、写完"等。谓宾结构做指称式的定语，表示动作所具有的状态，体标记功能主要还是描写性的［如例（62）］。此外，这一类单音节持续动词后的体标记出现与韵律有一定的关系。

(60) 犯人跪着⇒[Z] 跪着的犯人（但：*跪的犯人）（例：枪手站在~身后，使用上了刺刀的步枪，把刺刀尖轻轻地定在犯人背后心脏位置。)

(61) 面包车停着⇒[K] 停着的面包车（但：*停的面包车）（例：快走到家门口时，冯军趁儿女不备，躲到一辆~后面。）

(62) 女儿脸上挂着泪珠⇒[Z] 脸上挂着泪珠的女儿（但：*脸上挂泪珠的女儿）（例：叶青烟有点心疼~，她从没违背过他们的意愿。）

2）述宾结构做状语

从句法层面看，VP1 与 VP2 之间是修饰关系，分解这类连动式，反映了同一时间的不同侧面；从语义层面看，两者之间是"方式—目的"的关系；从认知角度看，两者之间是"后景—前景"的关系，凸显两者之间的无界特征。VP1 是后景，表起因和方式；VP2 是前景，表目的和结果。

（63）农民工<u>扛着</u>被褥<u>进</u>城⇒［Z］扛着被褥进城的农民工（但：[?]扛被褥进城的农民工）（例：申宝才只是近一亿~的缩影。）

（64）雨水<u>顺着</u>山坡<u>进</u>窖⇒［Z］顺着山坡进窖的雨水（但：[?]顺山坡进窖的雨水）（例：~还夹裹着大量的泥沙，往往要放置一两个月澄清了才能使用。）

3）主谓词义组合

主体的生命度不同，与动词之间的搭配存在制约关系，指称化后也会导致结构可接受度差异。体标记是附着在动词上的，动词与体标记产生双向制约关系。如：

（65）蟾蜍活着⇒［Z］活着的蟾蜍（例：巴黎郊外采石场的一位工人敲开一块大石头，竟发现里面有四只~。）≠活的蟾蜍（例：~市场价格多少钱一斤？）

（66）雷锋活着⇒［Z］活着的雷锋（但：[?]活的雷锋）（例：在你们当中，一定要出~，活着的孔凡松，为全县人民争光。）

（67）尸体活着⇒［Z］活着的尸体（但：[*]活的尸体）（例：我的心好像已经死了，我是一具~。）

体标记保留式表明动物的生存状态，强调持续的状态；体标记删略式表明动物的性质，是生存与死亡的对比，如例（65）中"活蟾蜍—死蟾蜍"，动物作为研究的对象，有两种可能的状态，生或者死，而作为人类，则更希望能够生存下去，所以倾向于使用持续体保留式，即使人已经死去，我们依然可以用"活"来修饰，例（66）中"活着的雷锋"指"像雷锋一样无私奉献的人"，可以缩略为"活雷锋"，结构更加简洁、语义更加抽象。例（67）中的定语与中心语存在矛盾关系，"尸体"本身就是死的，不可能是活的，为了获得特殊的表达效果而形成"定中矛盾结构"，如"真实的谎言、落伍的时髦、熟悉的陌生人"等，需要我们调用常识和语境来激活隐含的视点，表明一种特殊的状态。而"活的尸体"已经超出了人们理解的范围，容易造成理解的混乱。

4）比况构式

从认知角度看，每一种句式结构都体现特定的认知模式。比喻句式"像……一样"表示一种状态，体标记"着"也表示动作自身的状态，或者动作造成的状态，两者在语义上相容。

(68) 女孩长着狐狸一样的脸 ⇒ [Z] 长着狐狸脸的女孩（但：*长狐狸脸的女孩）（例：迎面看见一个~从月亮门旁的葡萄架下闪出来，沿着游廊向我走来。）

(69) 日本兵长着娃娃一样的脸 ⇒ [Z] 长着娃娃脸的日本兵（但：*长娃娃脸的日本兵）（例：那个~，脱掉鞋就往枣树上爬。）

我们对持续体的衰减进行了定量统计分析。利用北京大学 CCL 语料库，以"着""的"为关键词（即"着#的"），中间间隔 0—4 个字符，保留每次检索到的前 500 个语例，共得 2500 个原始语料，只统计属于指称式的语例；又以"着"","为关键词（即"着#,"），中间间隔 1—5 个字符，保留每次检索到的前 500 个语例，共得 2500 个原始语料，只统计属于陈述式的语例。去除不表示相应指称式或语义无法理解的语例，包括重复统计的，最终获得 963 个语例。

表 1-3　　　　　　　　已然体标记衰减情况统计

类型 提取方式	衰减类		保留类		总计
	强制删略	任选删略	辨义保留	致联保留	
提取主体	2	265	36	339	642（66.67%）
提取客体	71	144	23	83	321（33.33%）
总计	73（7.58%）	409（42.47%）	59（6.13%）	422（43.82%）	963（100%）

从表 1-3 的统计数据中，有如下几点发现。

第一，持续体标记衰减的情况与非衰减的情况大致相当，衰减类与保留类的比例为 482∶481，两者各占半壁江山。与已然体高达 89.17% 的衰减比例相比，持续体 50.05% 衰减情况相对较低，说明持续体语法化程度比已然体低，这与汉语历时语法显示两者形态化的时间先后一致，唐五代时已然体"了"在很大程度上就已形态化，在宋初已成为一个体标记；而持续体"着"表示动态性的正在进行用法在元代以后才逐渐出现，两者的衰减比例也再一次验证了语法化程度的不同。

第二，主体和客体的可提取能力存在差异，表现在主体都可提取的总数为 642，客体可提取总数为 321，两者的比例为 2∶1。已然体标记两者可提取比例为 1.61∶1。说明在持续体标记的提取中，主体可提取范围和限制更小，而客体提取则受到较大限制。

第三，时体特征的存在方式可以有机联系，形成一条如下所示的连续统：致联保留 > 任选删略 > 强制删略 > 辨义保留。从统计数据看，致联保留的比例高达 43.82%，说明持续体标记除表示动作持续进行的时体功能外，还主要负责致联的功能，将谓宾结构有机地联系起来。任选删略的比例也有 42.47%，说明体标记的语法功能在指称化之后可以通过其他语法成分来表示。而辨义保留的比例最少，说明区别语义并不是持续体标记的主要功能。

三 经历体标记删略

经历体标记"过"，学者们又称为终结体、经验体等，表示曾经发生的动作和存在的状态，但该行为已经终结或者状态已经消失。经历体标记"过"来源于趋向动词"过"，本义是经过，表示在某一空间施事主语由甲处到乙处的趋向行为。南北朝时期，受汉语动补结构发展的影响，动词"过"出现在位移动词后做趋向补语。唐代以后，发展出指动补语的用法，"过"前的动词也由位移动词扩展到非位移动词，表示某种行为、动作的终结或曾经发生过。卢烈红（1998：214）认为，"'过'字本身由强调趋向、强调从起点到终点的位移过程转为强调结果、强调动作终止后的状态时，动态助词'过'就诞生了"。这时的"过"语义已经虚化，直到元明时期，"过"才最终完成形态化过程，成为经历体标记，"过"由实到虚的轨迹可以表示为"经过→度过→完毕→经历"。"过"由跨越空间地带扩展为跨越界限或超越界限，这个过程说明汉语表示体意义的形态是逐渐演变发展而来的，标记演化还在继续当中。

Dahl（1985：139—144）调查了 64 种语言中的体范畴，其中 8 种语言中出现经历体（Experiential），包括：日语、爪哇语、泰语（暹罗语）、汉语（普通话）、翼他语、印尼语、Isekiri 语和索托语。这些语言虽然存在的地域和来源不同，但经历体均采用说明的方式来表达，而不采用形态变化来标记。与其他语言相比，汉语的经历体标记是其中最为发达的。

经历体标记"过"表示一个完整的动作，具有离散的性质，因而动作行为的终结就具有表示"完成"的语法意义。"过"所表示的动作行为与正在发生的事件具有语义的关联，并对前后语句施加影响。"过"具有动态、完整、历时的语义特征，由于"过"表达的是经历的事件，而且该事件在历史上发生并已终结，自然也就经历过变化。"过"所在的分句句法不能自足，它表示的是已知信息，说话人所要表达的新信息往往由其后的分句来承担。因此，"过"所在的分句与其后的分句存在广义的因果关系。"过"的典型功能是用来说明和解释，而体标记"了"则主要是用来叙述。经历体"过"所在的陈述结构在指称化之后，形义特征也发生变化，存在衰减的趋势，但是表现出与已然体和持续体不同的语义特征。

（一）衰减类

1. 强制删略

强制删略只见于提取客体和谓词的情况，不见于提取主体及附加体的情况。陈述式中动词需要通过体标记来标示其动作的过程，究竟是完整的动态现实事件还是非完整的持续事件，还是终结性的动态事件，都需要添加体标记以区分"有界—无界"的边界。

(70) 妇女生过孩子⇒［K］妇女生的孩子（但：?妇女生过的孩子）（例：40 岁左右～是不是没有年轻时生的孩子聪明。）

(71) 经历过挨饿⇒［W］挨饿的经历（例：我虽然没有～，但我在电视上看到过被饿得皮包骨头的非洲难民。）

2. 任选删略

经历体标记的出现不影响语义的表达。动词自身的语义特征、动词前的时量成分、构式所形成的构式义均会对体标记的删略产生影响。

1) 动词自身的特征

动词是句子的中心，动词的性质影响整个句式的语义。一些动词如"遭受义动词、完成义动词、获得义动词"自身已经表明动作的发生，因此在指称化之后，经历体标记可任选删略。

其一，遭受义动词。说明动词已发生在过去。在提取客体时，动词"遭受、接受"[如例（72）—例（73）]以及省略式"受"[如例（74）]都能够任选删略。

(72) 妇女遭受过家庭暴力⇒[Z]遭受过家庭暴力的妇女/遭受家庭暴力的妇女（例：妇联应给予～更多的帮助。）

(73) 父母接受过良好教育⇒[Z]接受过良好教育的父母/接受良好教育的父母（例：～更懂得理性育儿，从而使科学育儿不再是空话。）

(74) 警察受过特殊训练⇒[Z]受过特殊训练的警察/受特殊训练的警察（例：7万多名～将参加希腊奥运会的安保工作。）

虽是任选删略，但删略式和保留式在表义上有时还是有略微差异，相比之下，保留式凸显了体特征。比如，有时用"过"是为刻意表达经历，比较："〈没有上中学的孩子〉不会明白这个道理—〈没有上过中学的孩子〉不会明白这个道理。"前者指可能还在上小学，也可能年龄到了而未上中学；后者指现在已超过上中学的年龄。在不需要刻意表达经历时用"过"，会构成奇怪的表达，比较："〈没有上中学的孩子〉都去南方打工了—[?]〈没有上过中学的孩子〉都去南方打工了。"

其二，完成义动词。如"经历、修复、出现"本身就具有完成经历义，所以在指称式中，体标记可以删略而不影响语义的理解。如：

(75) 某人经历过磨难⇒[Z]经历过磨难的人/经历磨难的人（例：～才能理解人生的真谛。）

(76) 某些城市出现过酸雨⇒[Z]出现过酸雨的城市/出现酸雨的城市（例：全省全年降水样品中，～有11个。）

"过"主要表示"动作的完毕"，我们也可通过词汇意义来表达经历体标记，而非语法方式来表示经历、完成的意义。"经过"在历时演变中已复合为一个词，此后由动词虚化为副词，表示动作变化达到的程度，相当于"已经""曾经"，其简称"经"，"过"的经历体意义内化在词汇中，所以，"过"的删除对语义没有什么区别。如：

(77) 江水<u>经过</u>处理 ⇒ [K] 经过处理的江水/经处理的江水（例：~采用滴灌技术全部用于植树造林领域。）

(78) 疾病<u>通过</u>蚊子传播 ⇒ [K] 通过蚊子传播的疾病（但：*通蚊子传播的疾病）（例：登革热是一种~，多发生在热带地区。）

《小尔雅·广诂》："经，过也。"表示经过，经受。而体标记"过"也是从"经过"义动词虚化而来。"经过"因直接接触引发重新分析语法化为一个词，而"通过、度过、超过"等词的语法化程度没有"经过"高[如例(78)]，删略标记"过"后结构无法成立。

2）时量成分修饰

经历体与时间范畴关系密切，"过"强调时间的历时性，时量成分制约体标记的隐现。

其一，时间副词。表已然的时间副词与体标记嵌套使用，形成固定格式，如"曾经/刚刚/迄今为止/迄今唯一……过"。如：

(79) 傅二娃<u>曾经</u>救<u>过</u>我 ⇒ [Z] 曾经救过我的傅二娃/曾经救我的傅二娃（例：不久，~也被日本飞机炸死了。）

(80) <u>刚刚</u>交<u>过</u>房租 ⇒ [K] 刚刚交过的房租/刚刚交的房租（例：因为失踪了一个多月，~已经过期了。）

曹广顺（1995：42）指出："也就是说，当表'完结'的'过'用在表述过去发生的事件的句子（语境）中时，它就有了'曾经'的意思，而随着这种句子的增多，表示'曾经'逐渐在'过'的功能中固定下来，形成了一类。"可见，共时层面的指称化标记删略也受到历时语法的影响，这种是间接影响，因为共时和历时紧密相关。

其二，表过去概念的名词。如"既往、近期、自幼、以前"表明在过去某时间内发生的动作行为或状态，表明时段的特征。指称化之后，体标记可任选删略。如：

(81) 个体<u>既往</u>有<u>过</u>卖血史 ⇒ [Z] 既往有过卖血史的个体/既往有卖血史的个体（例：驻马店市~大概是 7 万人，但是只有 3 万多人经过检测。）

（82）某人近期犯过心脏病⇒［Z］近期犯过心脏病的人/近期犯心脏病的人（例：医生认为~不宜参加马拉松赛。）

其三，指示代词。可通过空间的远近来表示时间的变化。如："〈在那篇文章中写过的东西〉，在这里我不想重复了。"例句中"那篇文章"用空间距离远来指时间发生在前；用空间距离近"这里"来指时间发生在后。因为有表示时间的词语提示和语境的对比，"在那篇文章中写过的东西＝在那篇文章中写的东西"语义相同，体标记可以任选删略。

其四，时间名词和副词联用。一些表示过去确切的时间词语和时间副词联用增强了语言表达的感染力和准确性，指称化之后，体标记保留式可接受度提高。如：

（83）姚立军早年曾插过队⇒［Z］早年曾插过队的姚立军/早年曾插队的姚立军（例：~是这次考察团里谈项目上最忙的人。）

（84）男子事发前曾到过酒吧⇒［Z］事发前曾到过酒吧的男子/事发前曾到酒吧的男子（例：~昨日终于承认当晚的确到过酒吧。）

其五，表频度短语修饰。事件的时间结构包括事件的进程和时间的频度两个方面。表频度短语成分能说明动作已不止一次地发生，所表达的是一个多次性事件（multiple events），对现在而言这件事肯定发生在过去。

（85）当地农民多次上过镜⇒［Z］多次上过镜的当地农民/多次上镜的当地农民（例：剧组动用的200多名群众演员中，就有相当部分是~。）

（86）老毕不止一次来过潍坊⇒［Z］不止一次来过潍坊的老毕/不止一次来潍坊的老毕（例：~，已经对潍坊这个小小的地级市非常熟悉。）

"过"还有一个附加的意义，指事件可能不止一次地重复发生，赵元任（1968/1979：130）曾经指出，"轻声的'过'是纯粹后缀，意思是'过去至少有过一次'"。"过"自身蕴含多数意义，即至少经历过一次，"多次、不止一次、数十次"都指超出一定的数量和范围，因此对当事人来说，动作已经过去。

3）构式所形成的代偿

被动式表明已经或将来会遭受某种动作，动词为单音节结构，与被动处置标记组成一个音步［如例（87）］；指称式定语与中心语间有时还隐含因果关系，定语发生在前表原因；中心语发生在后表结果［如例（88）］。

(87) 汉墓被盗过⇒［K］被盗过的汉墓/被盗的汉墓（例：考古人员还从这些~中发现了大量保存完好、成组配套的汉代陶器。）

(88) 因为被鲨鱼咬噬过，所以有痕迹⇒［K］被鲨鱼咬噬过的痕迹/被鲨鱼咬噬的痕迹（例：这名男子的腿上和身上有~。）

构式"从（来）没（有）/未+V+过"中经历体标记跟否定词共现时情况较为特殊。构式"从（来）没（有）/未+V+过"用不用"过"意思基本相同，这是习惯组合的省略现象（马清华，2006：48）。

(89) 父母从没参加过家长会⇒［Z］从没参加过家长会的父母/从没参加家长会的父母（例：女儿的班主任老师想找这位~好好谈谈。）

(90) 硬汉子从来没有落过泪⇒［Z］从来没有落过泪的硬汉子/从来没有落泪的硬汉子（例：何华英这位~，眼睛湿润了。）

(91) 球员从未上过场⇒［Z］从未上过场的球员/从未上场的球员（例：这个~，在场上奔跑，拦住对方带球的队员，简直像球星一样。）

但构式"没（有）/未+V+过"尚未达到习惯组合的可省略地步，用不用"过"意思不同，如"没看过这两本书的大学生≠没看这两本书的大学生｜没有上过中学的孩子≠没有上中学的孩子｜未献过血的女人≠未献血的女人"。已然体主要讲近况，经历体侧重于讲较早的经验，该构式的"过"删略后只能视为对已然体的否定，如以"我没看过这两本书"的体标记删略式为例，可以说"〈我没看这两本书〉，因为我看过"，但说"*〈我没看这两本书〉，因为我看了"就显得怪异。

此外，构式"从未有过"因使用频繁，其中的体标记不断磨损而失去了原有的形义，为语言表达经济性而往往减省为"从未有"，如："从未有过的羞辱＝从未有的羞辱｜从未有过的酣畅＝从未有的酣畅｜从未有过的重大发现＝从未有的重大发现"，这是指称化过程中为适应信息背景化而采取的二次适应操作，体标记"过"的语义已经融入构式中。

"人称代词＋（所）V过的最A的"是一个常见的构式，表示对过去经历事件的总括，其中的体标记须强制保留。杨永龙（2001：224）指出，"'过'表周遍性的用法是从趋向补语演化而来，然后再从强调事物的周遍性到不强调事物的周遍性"。这里人称代词仅见于第一和第三人称，不见于第二人称。指称式"所"前还可以受"生平、一生"等时间名词修饰，形成强调语义。

（92）我看过最精彩的演出⇒［K］我所看过的最精彩的演出/我所看的最精彩的演出（例：宋铁龙的表演是~，也是上帝送给我的最意外的礼物。）

（93）他们见过最坚强的病人⇒［K］他们所见过的最坚强的病人/他们所见的最坚强的病人（例：医生告诉我们，孙万林是~。）

（二）非衰减类

1. 辨义保留

体标记删略与否有时可导致语义的明显差异，体标记保留式与删略式来自不同的陈述式。体标记保留式针对过去而言，体标记删略式针对现在而言。

1) 过去与现在的差别

经历体标记表明事件曾经经历的特点，至于事件在当前的影响并未涉及。并且由于"过"具有历时终结的语义特征，它所表达的事件也就含有"目前已非如此"的语义，如：

（94）英国军人在香港服役过⇒［Z］在香港服役过的英国军人（例：一名英国老兵说：要把这里的景象介绍给~。）≠在香港服役的英国军人（例：~所有的开销由香港纳税人承担。）

（95）运动员赢得过金牌⇒［Z］赢得过金牌的运动员（例：作为一个~，他的表现令教练感到失望。）≠赢得金牌的运动员（例：英国奥委会日前宣布，对于今年~，他们不会给予现金奖励。）

2) 过去与类别的差别

这种情况仅见于对人进行限定的定中结构，体标记保留式指动作已经完成；体标记删略式则是对某类人的通称。

(96) 某人患过癌症⇒[Z]患过癌症的人（例：老太太陈永秀今年已56岁，身体硬朗壮实，可谁想到她曾是一个~。）≠患癌症的人（例：近年来为什么~越来越多?）

(97) 妇女怀过孕⇒[Z]怀过孕的妇女（例：研究人员对其中563名~进行了长达15年的跟踪观察。）≠怀孕的妇女（例：其实，~和普通人根本没有什么区别。）

3) 完成与目的的差别

体标记保留式表明动作在过去已经完成，着眼于过去；体标记删略式表明动作的特定目的，指用于特定的对象，着眼的是现在。

(98) 洗过澡留下了水⇒[K]洗过澡的水（例：人们~全部直接排走，而不能像洗车业那样可以循环利用。）≠洗澡的水（例：因天气冷的原因，~要比平时热一点。）

(99) 空口袋装过火药⇒[J]装过火药的空口袋（例：他们聚在一起吸烟，其中一名军人甚至点燃了一个~。）≠装火药的空口袋（例：士兵小心翼翼地将散落的火药倒到~里。）

2. 致联保留

指称式可因体标记删略后的可接受度低而得到强制保留，换言之，致联保留是为使两个部分得以组联，该类保留式不见于谓词提取式。

1) 动宾结构

动宾之间组合的语义指向不明确，有些动词既能表示瞬间完成的动作行为，又能表示持续的动作行为，需要添加体标记或其他能够使动词有界化的成分。如：

(100) 某人吃过苦头⇒[Z]吃过苦头的人（但：?吃苦头的人）（例：冯·波克叹了一口气，好像一个~似的。）

（101）尉文渊当过兵⇒［Z］当过兵的尉文渊（但：?当兵的尉文渊）（例：~与香港鸿成有限公司合资创办了宁波康艺电器有限公司。）

例（100）可在结构中添加表示时间的名词，"除非她想通了，否则，〈到头来吃苦头的人〉一定是她。"；或在结构中添加表示事件的名词，从而使得整个表述完整，"这两天〈在快递上吃苦头的人〉不少。"

2）动补结构

数量成分是终结界限标记，其中的动量成分可以把潜在的虚拟终结变为自然终结，补语可以是专用动量词［如例（102）］，或者是借用人体四肢器官的名词［如例（103）］来表示动量。体标记的保留提高了结构的界限强度，致联动词与补语也增加了结构的时间信息量。

（102）某人死过一回⇒［Z］死过一回的人（但：*死一回的人）（例：~才知道人生真正应该参悟的人和事。）

（103）桃子被咬过一口⇒［K］咬过一口的桃子（但：?咬一口的桃子）（例：他把这个~献给了卫灵公。）

我们对经历体的衰减进行了定量统计分析。利用北京大学CCL语料库，以"过""的"为关键词（即"过#的"），中间间隔0—4个字符，保留每次检索到的前500个语例，共得2500个原始语料，只统计属于指称式的语例；又以"过"","为关键词（即"过#,"），中间间隔1—5个字符，保留每次检索到的前500个语例，共得2500个原始语料，只统计属于陈述式的语例。去除不表示相应指称式或语义无法理解的语例，包括重复统计的，最终获得412个语料，频次见表1-4。

表1-4　　　　　　　经历体标记衰减情况统计

提取方式＼类型	衰减类 强制删略	衰减类 任选删略	非衰减类 辨义保留	非衰减类 致联保留	总计
提取主体	0	90	95	58	243（58.98%）
提取客体	7	87	49	26	169（41.02%）
总计	7（1.7%）	177（42.96%）	144（34.95%）	84（20.39%）	412（100%）

从表1-4的统计数据中，有如下几点重要发现。

第一，经历体标记时体保留的势力大于衰减的情况，衰减类与保留类的比例为 184∶228，占比为 44.66%∶55.34%，两者差比近 10 个百分点。与已然体 89.17%、持续体 50.05% 的衰减比例相比，经历体 44.66% 的衰减率是最低的。说明经历体语法强制保留的势力还很强，经历体标记的语法化水平与前两者相比，还比较低。蒋绍愚、曹广顺（2005）、殷国光等（2011）均已指出体标记"了"在唐五代完成形态化、"着"在元代完成形态化，"过"在元明时期才真正成为体标记，也是三者中最后完成形态化的，这与各自的衰减比例相符。

第二，主体和客体的可提取能力存在差异，表现在主体都可提取的总数为 243，客体可提取总数为 169，两者的比例为 1.44∶1。与已然体和持续体标记可提取情况相比，经历体可提取能力差异最小。

第三，时体特征的几种存在方式可以有机联系起来，形成一条如下所示的连续统，左侧占比最高，右侧占比最低，依次递减：任选删略＞辨义保留＞致联保留＞强制删略。

综上可见，指称化过程中的谓词及体标记的衰减是为满足信息背景化的需要而采取的自适应行为，衰减的程度受语言经济原则和象似性原则的竞争制约。指称化的过程是信息的衰减和重置过程，主体和客体之间表示及物性关系的谓词隐含，依靠指称化标记连接两个名词性的成分，有助于压缩外在词形，将显性信息背景化，凸显新信息，通过隐含的语义关系和上下文语境激活谓词功能。半轻动词任选删略只有提取客体式，说明此时它的动词性已经相对较弱。在一定的条件下，隐含的谓词在句中可以重现而不影响语义的表达。陈述式由前景信息变为后景信息，其中的语义重心由谓词转向核心名词，也为轻动词等谓词的任选删略提供了语义基础和句法条件，轻动词删略是指称式降低信息权重的重要句法形式，符合后景信息表达的需要，所形成的名词性结构成为新事件的参与者之一，反映了陈述式到指称式在整体上的衰减。体标记的隐现或删略受到多种因素的制约和影响，如：动词的意义；动宾结构之间的关系；动词前状语的性质，包括时间副词、程度副词、数量词等；如果指称式是主句的宾语，还要受到主句动词的限制、语境的限制等。可以看出，句子的语义逻辑和信息结构、焦点位置都与体标记的隐现有关，因此，词、短语、句子、语境都是体标记隐现的广义的形态。这些规则之间相互制约，经过语言系统内部的运筹，共同决定指称化之后体标记的隐现。

第二章　指称化过程中论元及相关标记的形式衰减

名词性成分或名词短语，是现实世界中事物范畴在语言中的投射，是人类认知抽象的结果，既包括以名词为核心、句法表现相当于名词的短语，也包括并不以名词为核心、句法表现相当于名词的结构，如汉语的"的"字短语。语义学上的题元理论认为，题元即动作在语义上可能支配或联系的实体，其中作主宾语的题元称为论元。也就是说，论元是句子中带有题元角色的体词性成分，每个动词有自己的论元结构，规定哪些论元是必需的，哪些是任选的。在指称化后，为适应信息背景化的要求，陈述式中的一些论元、指代标记、指量标记、格标记等均可被删略，删略后的指称式结构简明，有效提高了话语交际的效果。

第一节　论元删略

定中结构中心语的论元删略形成"VP 的"结构。也有学者认为"VP 的"是由谓词性词组"VP"加上"的"组成的一个名词性成分，用来指称人或者事物。学术界将这种现象称为"VP"的指称化或转指。周国光（1997）、杨德峰（2008）、洪爽（2009）等学者对"VP 的"如何由动词性结构变为名词性结构、"VP 的"的结构性质、"VP 的"指称化的句法语义条件进行了有益的探索。其他学者如朱德熙（1983）、袁毓林（1995）、沈家煊（1999）、严辰松（2007）、张立飞（2013）还从词汇语义学和认知语言学角度对此现象的成因进行研究，提出了"论元缺失""名词配价""转喻""基于使用的语言观""语用法的语法化"等富有解释的论断，"VP 的"形成受到语言使用中经济原则约束，它是中心语删略的特例，具体指代内容一般要根据上下文语境或者常识才能释读。Halliday & Hasan（1976）就明确指出："当话语中某一成分的解释取决于另一个成分的解释时，便会出现衔接。""VP 的"的出现也就具有了语篇的衔接功能。

认知语言学认为人类具有将"不完全变为完全"的倾向，德裔美籍知觉心理学家鲁道夫·阿恩海姆（1998：81）指出，"这意味着，知觉中的组织活动并不局限于直接呈现于眼前的材料，而是把看不到的那一部分也列入所见物体的真正组成部分"。当不完全的语言形式出现时，使用者会调用完型心理来对其进行解码，将其补充或恢复到完整的状态。在这个过程中，不仅凸显了语义表达的重点，增强了读者的参与意识，也使语言的表达更加简洁流畅。

提取所形成的"VP 的"结构并不仅仅局限于施事和受事等"核心格"成分，还包括"时间、处所"等"外围格"成分，提取不同语义格成分的"VP 的"具有不同的句法语义功能。

一　中心语在上下文语境中出现

语境的因素对"VP 的"的识别具有重要意义。张立飞（2013）通过语料库考察发现，在中心语显性出现的语境中，"中心名词省略的表达意义就在于从上下文语境给定的类别中选取某一特定的子类"，即"X 的"的指称对象构成中心语所指定类别的一个子类，与或明示或隐含的其他子类形成对比。在中心语不出现的语境中，我们也需要整合句中相关的语境信息对概念的约定表达进行识别。

1. 中心语单独出现

中心语显性出现在上下文语境中，作为共知信息与其后的"VP 的"产生某种关联性，使得听话人只需付出很小的努力就能提取相应的指称对象，"VP 的"很容易就能找到所删略的中心语。

（1）可张妈妈常常吃剩饭，馊了的都要犟着吃。

（2）结果常常是黑蚁战胜白蚁，白蚁损兵折将，活着的只好纷纷撤离逃命。

（3）古人认为，人死后都要到阎王处报到受审，生前作了恶的，发下十八重地狱受苦；生前犯了什么罪的，到地狱中受相应的刑罚。

2. 中心语出现在其他定中结构

在一定的语境中,"VP 的"缺省的中心语在句中可以顺利补足,即中心语会出现在上下文中其他定中结构的相应位置,这样更有助于语义的连贯和结构的衔接。先看中心语出现在平行结构定语位置。中心语出现在句中的其他定中结构中,且显性出现在定语位置上,删略有助于语句的衔接。

(4) 那个被霍去病杀了的还是单于爷爷一辈的王。
(5) 张建成曾是孩子们中的"小老大",他是第一个进村的,也是第一个把"妈妈"气哭的。

再来看中心语出现在平行结构中心语位置。上下文中有与"VP 的"结构平行的名词结构,其中的中心语即"VP 的"省略的中心语。

(6) 那些去打了仗的滇兵,后来都成了绿营。立了战功的还有人中了秀才,做了乡官。
(7) 从教一生,什么样的学生都会接触到:聪明过人的、乖巧伶俐的、老实厚道的、愚钝冥顽的,但对苏光来说,手心手背都是肉。
(8) 儿子的事你可以不管,可孙子的你一定得管。

在上下文语境中,已经出现的主体作为共知信息而缺省,指称化后可承前删略中心语。例(6)"去打了仗的滇兵"构成了一个人员的类别,是叙述的话题,而"立了战功的"则是从该类人员中再划分出来的一个小类,即"立了战功的"只是去打仗滇兵的一部分。例(7)中四类学生与之前的平行结构间是总分关系,但四者之间还存在着对比关系,如"聪明过人—老实厚道""乖巧伶俐—愚钝冥顽",如果中心语都出现则会显得非常啰唆。例(8)"儿子的事"与"孙子的事"构成了对比关系。

二 中心语在上下文语境中不出现

一些论元受篇章背景化的作用而被删略压制,因中心语多为抽象程度很高的类别,如"人、事物、情形"等,对于听话人来说,只需要大概的知晓就可以,听话人可以根据自己的语言知识和百科知识来进行补足(enrichment),从而形成准确的理解,这个理解过程可以称为识解(construal)。

第1组：部分删略

(9) 二哥，看！那不是姐夫？<u>推车子的那个</u>！
(10) 班上每天半天劳动，这半天里孙少平就是<u>全班最出"风头"的一个</u>。
(11) 过去挪威人捕捞沙丁鱼，抵港时如果鱼还活着，<u>卖出去的价钱</u>比死鱼高几倍。

第2组：全部删略

(12) 老奶奶依稀觉得<u>这个戴眼镜的</u>有些面熟，却记不起究竟是谁。
(13) 畏（我的畏友王先生），就因为有不少<u>我认为可学的</u>，我学不了。
(14) <u>酒店开业后第一个被开除的</u>不是中方员工，而是外方的一个外籍部门经理。

第1组，中心语缺省的核心名词，根据常识可推断是范畴化层次很高的"人"。但例（11）"卖出去的价钱"指"卖出去的活鱼价钱"，因为上句已经交代了"如果鱼还活着"，缺省的是修饰语"活鱼"。第2组虽没有指出具体所指的中心语，但我们在理解的时候已经自动将中心语补出，这是由于人类常识语义场的存在，它隐藏在语言后台，维持语言内部的运转，操纵其意义、形式和可接受性（马清华，2012：259）。常识不仅支撑句法语义结构，也支撑论元成分删除后定中之间的逻辑语义关系。删略的成分往往是抽象的上位成分，如人［如例（12）］或东西［如例（13）］。这些缺省的中心语成分不仅有助于篇章的衔接，还可以成为句子的焦点［如例（14）］，说话人通过不确指的"语法空位"来引起听话人的注意，听话人也往往会投入更多的精力去探寻所指。

不完全的语言形式造成人们理解的障碍，人们会寻找其他方法来消解。删略的成分在阻断人们理解的同时刺激人们求解的欲望。因此听话人的思维被激活，想象被激发，理解时间的延长使听话人更加关注语言环境周围的细节，所花费的注意力在一定程度上加大了参与者的语义体验深度，从而留下更加深刻和持久的印象。

第二节 指代标记删略

指代标记包括称代标记、指示标记和疑问标记三类。如果说情态标记主要是句法功能词，那指代标记则可看作语用功能词。在很大程度上，指代标记适应了语言经济性的要求，主要用于指示、区别、替代的作用，有效减少了语言中的重复和累赘，增强了语言表达的逻辑性和连贯性，使话语交际更加顺畅。指代标记属于篇章层面，"指称词的具体意义只有在情景语境和语篇语境中才具有生命力"（胡壮麟，1994：59）。

指示和称代是指代标记的主要语法功能，但两者并不在同一个层面。蒋华（2006）认为，"指示功能是句法组合层面上的，指示功能着重于语言单位同语言外现实中事物的关系。称代功能是代词与其他被替代的部分处于不同句或短语时所发生的现象，侧重于某一语言单位同其他语言单位的关系，它称代的对象随语境的不同而发生变化"。无论是指示言外事物，还是称代言内单位，指代标记都促使听话人寻找话语的照应对象，从而将已知信息与未知信息进行整合，方便听话人对话语的理解。

一 称代标记删略

称代标记又称人称代词，是根据人们在言谈中的角色而区分的。[①] 代替人称的词一般分为三种：第一人称代词（说话人）：我、我们、咱、咱们；第二人称代词（听话人）：你、你们、您；第三人称代词（说话人及听话人以外的人）：他、她、它、他们、她们、它们。此外，还有一些非三称代词，如：自己、自个儿、别人、人家、大家、大伙儿等。称代标记具有生命性，这种生命性使其与时间、空间、领属、行为等范畴发生联系，这些范畴通过定语的形式对称代标记做出相应的修饰和限定。

称代标记与语言信息的传递、交际意图的实现和语言的形式功能变化密切相关。标记的存在方式包括强制删略、任选删略两种类型，均属衰减类，未见非衰减类型。

[①] 古代汉语中代词"其"还具有表达情态的作用，马悦然（1982）认为，带"其"字的句子表达说话者对实现句子所提到的活动或者状态的必要性或者可能性的估价。这里的"其"与情态动词类似。

1. 强制删略

称代标记主要作用是指称人或替代上文已提及的词。陈述式中需要一定的冗余来使表达更加准确，但在指称式中，这种冗余的负面效果被放大而成为多余，因此须强制删略，包括同指代词删略和无指代词删略。

先看同指代词删略，陈述式中称代标记为主语，且没有其他成分，宾语修饰语与主语同指，一方面增强修饰的准确性，另一方面起强调作用，指称化后因特殊的句法位置不允许出现代词的同指形式而强制删略。如：

(1) <u>某人</u>对他的朋友很仗义/<u>某人</u>对朋友很仗义 ⇒ [Z] 对 Ø 朋友很仗义的人（但：[?]对他的朋友很仗义的人）（例：许多演员朋友很喜欢张默，因为他是一个~。）

(2) <u>女人</u>背叛了她的丈夫/<u>女人</u>背叛了丈夫 ⇒ [Z] 背叛了 Ø 丈夫的女人（但：[?]背叛了她丈夫的女人）（例：康生将一个~弄到自己身边，又将一个背叛了党的变节者包庇起来。）

例（1）陈述式中宾语的修饰语"他"作为修饰性的冗余成分而出现，但使得表述更加精确，这种冗余在陈述式中可被接受，指称化之后信息已知，为避免重复而强制删略。例（2）陈述式中这个女人与"她"可能同指，也可能不同指。指称化之后由多种可能变为一种选择，是指称式模糊表达的体现之一。王灿龙（2000）从认知角度对定语位置上不能出现称代标记的现象做出了解释，他认为汉语句子中同指的人称代词和名词在线性结构中严格按照单向性顺序排列，名词在前代词在后，反之则不能同指。如果表达对象在一开始就用人称代词来指称，那就意味着该对象在人们的认知世界中可及度较高，也就是对低可及的名词具有排斥性。所以在指称式中，只能在定语位置采用零形式，强制删略称代标记，否则与人们一般的认知规律相违背。

再来看无指代词删略，陈述式中动词和宾语之间可以插入无指代词"他"，"他"既不指示语境中的事物，也不回指上文中的某个成分，而是用以回指整个述宾结构，从而使整个述宾结构成为句子的焦点，"他"主要起加强语气，同时承担完句功能，"他"作为句层面虚指代词不能出现在语层面，须强制删略。

(3) 你唱他一段《红灯记》⇒［Z］唱一段《红灯记》的你（但：*唱他一段《红灯记》的你）

(4) 我打算看（他）一个通宵⇒［Z］打算看一个通宵的我（但：*打算看他一个通宵的我）

"他"并不是句子的必有论元，而是后期通过代词插入句法操作形成的，动词往往是自主动词［如例（3）］或者能愿动词［如例（4）］，表示动作的发出者对动作具有良好的控制力，具有计划性的特点。祈使句和意欲句等带有强烈主观意图的句子用无指代词"他"表示一种非现实的情态，方梅（2009：43）讨论了北京话人称代词的"去指称化"现象，人称代词"你、他"不用于指称，也不用于指别，仅仅用作激活听话人的共享知识，或者仅仅引介一个新话题。指称化同时也是客观化过程，主观性成分在此过程中往往被滤除。

2. 任选删略

陈述式中动词为三价动词，宾语位置须出现复指代词，而不允许悬空。这种在双宾语位置上必现的成分在指称化后可任选删略，语境可代偿其表义功能，而不至造成交际的混乱。如：

(5) 我给你压岁钱⇒［K］我给你的压岁钱/我给的压岁钱（例：孩子，这是～，图个吉利。）

(6) 你给他们恩惠⇒［K］你给他们的恩惠/你给的恩惠（例：他们都是我的孩子，～应该完全相等才对。）

双宾语句中，"给"的对象往往是人称代词，提取远宾语，其中的人称代词可任选删略，因为动作给予的对象肯定是语境中的对象，如妈妈对儿子说，"〈我给的钱〉，你都用到什么地方去啦？"这里"我给的钱"即妈妈给儿子的钱。

二 指示标记衰减

指示标记，也叫指示代词、指别词，是指称或区别人物和情况的词，在句中可以代替名词、动词、形容词和表示程度的副词。指示标记兼有指示和称代作用，称代是它作为代词的共同属性，指示是它作为指示代词的特殊属性。蒋华（2006）认为，"指示代词不仅有指示称代功能，而且还有区别与连接功能"。

陈述式中，指示标记处于主体或客体位置，删略与否会造成陈述式之间的差别，指称化后，指称式中标记的删略与否所造成的语义差别被缩小，可以认为标记在指称式中已成为一种任选成分。如：

【矩阵1】指示标记在主体位置

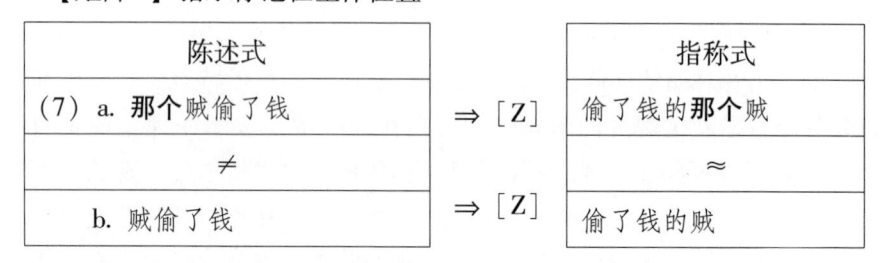

陈述式		指称式
(7) a. **那个**贼偷了钱	⇒ [Z]	偷了钱的**那个**贼
≠		≈
b. 贼偷了钱	⇒ [Z]	偷了钱的贼

【矩阵2】指示标记在客体位置

陈述式		指称式
(8) a. 同行看清了**这个**形势	⇒ [Z]	看清了**这个**形势的同行
≠		≈
b. 同行看清了形势	⇒ [Z]	看清了形势的同行

例（7）陈述式中"那个"具有区别语义的作用，"那个"使所修饰的成分范围缩小，指称化之后，"那个"位于中心语位置，新定语的定指作用掩盖了原指示标记的功能，使其限定性无限减弱，标记保留式和删略式语义接近，也可认为是一种任选删略。例（8）陈述式中"这个"具有区别语义的作用，"这个形势"即特指某个具体的形势，指称化之后，"这个"位于定语位置，指称式作为已知信息，也使得指示标记的限定性减弱，信息的已知化部分代偿了标记的功能。

三 疑问标记删略

"疑问"语气属于全句的功能范畴，疑问标记则是句中传达疑问信息的主要手段，用来代替说话者在句子中想要询问的东西，如"谁、什么、哪、哪里、哪儿、哪会儿、多会儿、几多、多少、怎么、怎样、怎么样"。指称性疑问代词（代名词）要与句层面的疑问语气协同作用，才能表达疑问信息。从功能上看，疑问标记主要是替代功能，可以替代客观世界中未知的人、物、地点、时间等，也可以是事物的性质、数量和动作的方式、状态等。殷国光等（2011：192）指出，甲骨卜辞和金文中尚未出现汉语的疑问代词，东周以后，汉语疑问标记系统逐渐完善起来。疑问标记有一个逐渐发展过程，学者们认为来源于代词。王力（1985：224）曾指出，"疑问代词并不是一种真正的代词，因为它们既不能有先词，也不曾替代什么；不过，它们在疑问句中居于一个未知部分，就像替代着这未知部分，所以一般人把它们叫疑问代词"。

疑问标记的存在类型包括强制删略、辨义保留、致联保留三种。未见有疑问标记的任选删略。

1. 衰减类

"疑问"范畴属于句层面，由多种成分来承担疑问信息。表疑问的标记本属句层面，指称化后由于结构降级，而被强制删略。如：

(9) 火车<u>怎么</u>晚点了⇒［Z］晚点了的火车（但：*怎么晚点了的火车）（例：～在列车速度允许范围值内会尽量赶点。）

(10) 记者<u>怎么</u>还没报名⇒［Z］还没报名的记者（但：*怎么没还报名的记者）（例：本次会议不限制记者名额，～在整个会议期间都可以报名登记。）

例（9）为肯定疑问，例（10）为否定疑问，都带有如下预设，"火车晚点了、记者应该报名"，它们的指称化只能以预设句为起点，即必须强制删略疑问语气标记。此外，陈述式还具有潜在的意义，"火车不应该晚点、记者应该报名"，吕叔湘（1985a）指出："反诘实在是一种否定的方法，反诘句里没有否定词，这句话的用意就在否定；反诘句里有否定词，这句话的用意就在肯定。"

2. 非衰减类

其一，辨义保留。疑问标记还具有量级上的变化，如"怎么、多少"等与否定范畴连用，若被修饰谓词是中性或贬义的，往往表示较小量［如例（11）］；若被修饰谓词是褒义的，往往表示委婉否定［如例（12）］，而删略后否定式则表示完全否定或不再委婉否定，标记的删略造成两者语义的差异。如：

(11) 护士没怎么上过网⇒［Z］没怎么上过网的护士（例：为了方便与家人联系，这些~现在都已经成了网络高手。）≠没上过网的护士（例：~现在已经很少了。）

(12) 新手不怎么熟练⇒［Z］不怎么熟练的新手（例：前面那辆车开得那么慢，一看就知道是~。）≈不熟练的新手（例：纺织厂从学校新招了一批员工，都是些~。）

例（11）保留式是委婉否定，委婉否定只作用于句法表层，使表达更加柔和，而删略式则是彻底否定。例（12）"怎么"疑问色彩在指称化后消失，"不怎么"已经变成语气的内容，所表现的程度量只是个虚量。马清华（1986）指出，"'不X'除否定意义和色彩意义外，还有一种意义即表量意义。一般来说，若'不XA'是状态性的，则'不A'表程度量"。

其二，致联保留。疑问标记表示不确定性，在指称化之后，疑问标记功能消失，或仅具有指代功能，往往指代不确定的人和物，表示周遍性意义［如例（13）］，或疑问标记指代不确定的地点，表示遍指［如例（14）］；或疑问标记指代很多，表巨量［如例（15）］。

(13) 穷小子什么都没有⇒［Z］什么都没有的穷小子（例：可惜现在我只不过是个~。）

(14) 产品是哪里生产的⇒［Z］哪里生产的产品（例：不管~，都不如我们厂生产的好。）

(15) 多少人付出了心血⇒［K］多少人付出的心血（例：中国的载人航天凝聚了~。）

例（14）"哪里"的疑问功能一旦被抑制，在具体语境中其指代功能就会凸显，"指代未知有疑无问"即为"指代"。"哪里"的"任指"用法既不充当疑点，也非发问求答，指称化之后"哪里"的疑问功能向任指功能游移。

第三节 指量标记删略

时间、空间、数量这三个范畴构成了人类认知系统的基础，数量是人类认知和把握客观世界最基本的方式和手段之一，数量范畴也是汉语语法的重要范畴，数量与界限关系密切，是体现界限的形式标记之一。

指量标记包含数词和量词，数词和量词都是体词之一，数词是表示数目的词，量词则是表示事物或动作数量单位的词。汉语的数词和量词常常一起使用修饰名词性成分。指称化之后，一部分数量结构被删略。

一　数词标记删略

数词具有数目意义和非数目意义的双重功能。在语言中首先用来实指，指称数字，精准表达概念；但有时数词也可以用来表示非数目义，语义虚指，表示一个大概的数目范围即可，逐渐产生了一些表面看似精确却深层模糊的特点。随着数词表数功能的丧失，其表达能力和构词能力则进一步增强，甚至取得了一些形容词和副词的功能。我们在这里主要考察数词"一"。

1. 衰减类

1）强制删略

量词后置做强调成分，陈述式中数词和量词一起修饰名词，这些修饰成分在指称化之后，也可部分删略，特别是数词"一"的删略。如果没有确切所指，语境一般默认为"一"，如果添加的话，反而显得累赘。如：

(1) a. 销售员去了山东一趟⇒[Z] 去了（一）趟山东的销售员
　　　b. 销售员去了（一）趟山东⇒[Z] 去了（一）趟山东的销售员

例（1）a陈述式中"一趟"为后置强调成分，数词须强制保留，指称化后强调表达要还原为非强调表达才能完成指称化，指称式中数词可任选删略[对比例（1）b]，由"陈述式强制保留到指称式任选删略"也是形义衰减的表现之一。

特殊量词式中，数量短语结构主要为人们提供有关事物的数量信息，但是有一种"特殊的量词式结构"，其数词与量词之间不能替换，如我们只能说"一手好字、一身好脚力"，但不能说"*两手好字、*三身好脚力"等。以上结构中的量词与其后的名词不构成事物和计量单位的关系，量词不具备计量的功能，一般认为是一种"形式量词"。如：

（2）小王写得一手好字⇒［Z］写得一手好字的小王→字写得好的小王（例：~很快获得了办公室主任的青睐。）

（3）车夫有一身好脚力⇒［Z］有一身好脚力的车夫→脚力好的车夫（例：一个~一天可以挣三十文钱。）

数词"一"虚指，使得数量信息不再重要，量词往往选用具有直观性和形象性的名词来充当，具有汉民族"比类取像"的认知特点。量词的实指增加了表达的生动性和具象性，具有情感性和口语化色彩，这种极具主观性的表达式在删略了数量关系后，语序需要重新调整，回归常态语序。

2）任选删略

数词和量词的重叠式一起充当主语的修饰语，指称化之后，数词可因常识信息已知而任选删略。

（4）一件件内衣遮挡着我的羞耻⇒［Z］遮挡我羞耻的一件件内衣/遮挡我羞耻的件件内衣（例：他们卸除保护我的重重铠甲，剥下~。）

（5）一桩桩旧事都已经过去了⇒［Z］已经过去了的一桩桩旧事/已经过去了的桩桩旧事（例：~在诉讼当中又一一被忆起打开，再审重阅。）

数词"一"用在动词前，构成"值得一V"格式，表示这个行为有尝试的价值，如"值得一看、值得一读、值得一试"等，指称化之后数词可任选删略。如：

（6）电影值得一看⇒［Z］值得一看的电影/值得看的电影（例：《二十一世纪不是梦》气势磅礴，既有警策作用，又有激励效果，是一部~。）

（7）食物值得一试⇒［Z］值得一试的食物/值得试的食物（例：我当了一回合格的东道主，带着他大街小巷把自己认为~都吃了一遍。）

如果所处结构已经熟语化了，那么指称化后数词向格式化标记衰减，如"为之一振的精神、粉刷一新的房间"。

2. 非衰减类

1) 辨义保留

数词与量词重叠形式组合，表示事物在空间上的离散性以及观察上的遍指性特征，指称化后保留式表示"逐一"，而删略式表示范围全［如例(8)］；保留式还可以表示次数多，而删略式则强调次数的全［如例(9)］。如：

(8) 一件件细小工作看起来微不足道 ⇒［Z］一件件看起来微不足道的细小工作 ≠ ?件件看起来微不足道的细小工作（例：～让无数家庭主妇平添了许多白发与皱纹。）

(9) 一次次演出充满了艺术追求 ⇒［Z］一次次充满艺术追求的演出 ≠ ?次次充满艺术追求的演出（例：～全都化作难以磨灭的记忆，深深地印在演员和观众的心中。）

2) 强制保留

构式中的量词"一"后可接名词和动量词，其中"一"往往已经虚化，向格式化标记衰减，指称化之后强制保留。构式"V 了一 X"［如例(10)］中量词后可接时间名词，构式"V 过一 X"［如例(11)］及"V 了我一 X"［如例(12)］中量词可置于借用名词的动量词前。

(10) 徐启斌忙碌了一天 ⇒［Z］忙碌了一天的徐启斌（但：*忙碌了天的徐启斌）（例：傍晚时，～，又从工地赶到医院，与院长一道召开会议，研究治疗方案。）

(11) 桃子被咬过一口 ⇒［K］咬过一口的桃子（但：*咬过口的桃子）（例：他把这个～献给卫灵公。）

(12) 流氓打了我一棒 ⇒［Z］打了我一棒的流氓（但：*打了我棒的流氓）（例：我光顾瞧那个小伙子，分了神。他非常像昨晚～。）

二 量词标记删略

量词是标示名词空间性的一种语法范畴，它与名词之间的选择具有一定的理据性。汉语中以量词的形式来表现名词的空间性，西方语言则往往通过形态的方式来表现。汉语主要通过词汇手段而非语法手段来表示数量范畴，这就导致汉语量词十分丰富，在一定程度上补偿了汉语名词自身缺乏"数"范畴的功能。现代汉语中量词并不单纯用于事物计量，同时也是一种语法手段，是名词空间性语法意义的外在形式标记（刘顺等，2007a）。

一些量词在指称化后也会有删略倾向，我们在这里主要讨论量词"个"的删略情况。量词"个"来源于名词，上古汉语中就是可以计量各种语言单位的泛用量词，但作为一个名词数量表达的必须语法范畴直到宋元之际才真正建立起来。"个"主要用来给事物分类，产生于事物固有的、最能说明其形象或属性的语义特征，量词"个"的使用范围广，用法复杂，具有抽象的句法—语义功能。在长期的使用过程中，"一"作为数量义的原生义，不言自明，除了特别强调，一般语境中都可被删略，这也导致"一个"数量义的衰减，"个"的指量功能不断弱化，指称功能不断增强。量词标记的删略情况包括强制删略、任选删略和辨义保留，未见有强制保留现象。

1. 衰减类

1）强制删略

其一，提取导致标记删略。在表示等同关系的判断句［如例（13）］或陈述句［如例（14）］中，宾语内的"（一）个"用来表明其后名词的无定性，引入新的未知信息，无论提取主体还是客体，提取后数量变得不再需要。

(13) 张晓燕女士是（一）个基督徒⇒［Z］基督徒的张晓燕女士（但：*个基督徒的张晓燕女士）（例：~充满了爱心，每一次来都能够给梁老喂饭，作简单的清洁。）

(14) 我前面举了（一）个例子⇒［K］我前面举的例子（但：?我前面举的个例子）（例：~都是讲法律它是中性的，是社会一般的规则。）

其二，承担语气功能删略。量词"个"还具有语气上的停顿和调整作用，这种属于语气情态的功能在指称化后被删略。通用个体量词"个"可以处于动宾之间，使整个句子的语气显得轻松和随意。指称化之后，这种舒缓的语气被滤除,标记一般要删略[如例(15)]。当"个"处于动补结构中,主要起凑足音节和强化口气的作用,指称化之后一般需强制删略[如例(16)]。

(15)小孩就爱画个画儿⇒[Z]爱画画儿的小孩(但:*爱画个画儿的小孩)(例:一个~的单纯生活理想,就是每天画画儿。)

(16)王琳娜被围得个水泄不通⇒[Z]被围得水泄不通的王琳娜(但:?被围得个水泄不通的王琳娜)(例:在乡中学,~看到了她资助的学生李小光和李华。)

其三,激活属性功能删略。量词"个"除表示事物的无定性外,还具有激活事物某种属性的功能,此时"个"不能与数词组成数量结构,表义功能已由对事物进行计数、分类转向激活事物的文化属性。语义功能发生转移,这种转移与语言表达的主观性关系密切。把字句一般指动作行为在施事控制下进行的有意识的动作行为。这里的"把+个+NP+VP"中却具有自己独特的语义特征,数词"一"往往隐藏,量词"个"语义虚化,结构显示出具有说话人对所发生的事件情景感到出乎意料的意义。如:

(17)小王把个孩子生在火车上了⇒[Z]把孩子生在火车上的小王(但:*把个孩子生在火车上的小王)(例:~得到了很多人的帮助,最终母子平安。)

(18)小砖瓦厂把个丽江搞得乌烟瘴气⇒[Z]把丽江搞得乌烟瘴气的小砖瓦厂(但:*把个丽江搞得乌烟瘴气的小砖瓦厂)(例:原来~,被强制关停。)

生孩子应该在医院或是在家里,"孩子生在火车上"超出人们的常识,出乎人们的意料。整个结构还产生了对施事不满或责备的主观评价意义,如"小王不应该把孩子生在火车上""小砖瓦厂不应该把丽江污染"。杉村博文(2002)在研究"把+个+NP+VP"结构时也说,"到目前为止,我们还没有发现一个出现在定语位置的'把+个+NP+VP'。这也许跟'把+个+NP+VP'所具有的'主观评价意义(modality)'有关,即'把+个+NP+VP'这个结构的'完句性'很强,不适合做包孕成分"。我们赞同杉村的说法,但没有出现的主要原因还是其中的情态性成分"个"在指称化之后被强制删略,"主观情感"被滤除,留下的"把+NP+VP"成分可以出现于定语位置,属于句层面的成分不能为下位层面所接受。

其四,句层面内容导致删略。"个"用在主语和宾语之间,充当"宾语标记",该种用法只限于句层面,而不能出现在短语层面。"个"充当宾语标记的用法自宋代已经产生,此后不断发展。这种用法是量词用法的进一步虚化,"个"不再表示数量,逐渐发展出不定指的功能,成为无定性的指称标记,使得后面的形容词或其他成分变为名词性。

(19)姚明理了个发 ⇒ [Z]理了发的姚明(但:ˀ理了个发的姚明)(例:~精神抖擞地拿下全队最高分21分,另外摘得9个篮板。)

(20)南姗撒了个谎 ⇒ [Z]撒了谎的南姗(但:ˀ撒了个谎的南姗)(例:~虽然感觉很抱歉,可是,她也挺想说,你干嘛这么一副委屈的小媳妇模样啊。)

陈述式中,体标记"了"具有有界的形式要求,为结构取得句法自足性提高了合法度,我们有时会在"了"后添加一个似乎多余的虚化或半虚化数量成分"个",它使抽象名词变为具体的事物,与数量有界成分的语法功能相同,如"吃了点东西、睡了会儿觉"。因而指称化之后,充当宾语标记的"个"强制删略。

2)任选删略

比况结构中,比况标记"个"表达事物的形体特征和形象色彩,指称化之后,可随着比况义轻动词的脱落而删略。如:

(21)学生像个木偶似的 ⇒ [Z]像个木偶似的学生/木偶似的学生(例:我不想要~,快乐才是孩子们成长的精神动力。)

(22)妈妈像个落汤鸡似的 ⇒ [Z]像个落汤鸡似的妈妈/落汤鸡似的妈妈(例:看着~,我含泪上了最认真的一节图画课。)

强调成分弱化也可导致任选删略。数量词"一个"在句中是强调成分,指称化后任选删略,结构语义值差别不大。如果说保留式和删略式有差别的话,保留式强调的是个体,而删略式突出的是全体。

（23）任何一个人都热爱祖国⇒［Z］任何一个热爱祖国的人/任何热爱祖国的人（例：~都会想着他能为他的国家做些什么。）

（24）任何一个人都尊重事实⇒［Z］任何一个尊重事实的人/任何尊重事实的人（例：~都要承认利比亚正在恢复生产和秩序。）

2. 非衰减类

这里主要指辨义保留。人们对凸显出来的事物会更加敏感，句中宾语部分是表达的重点，因此我们会在不知不觉中采用"显著性特征"，通过语法上的"数量名"这种外在形式标记来修饰宾语，使宾语前景化。古川裕（2001）认为"人们感知和认知客观世界的时候，对凸显事物有非常敏感的反应，很容易把这些事物看作有界的个体事物。汉语表达这些有界事物的时候，认知结构要求语法结构给宾语名词加上'个体化标记（数量词定语）'，使之成为显眼的有标形式"。这些外在凸显性标记在指称化后往往会被磨平和滤除。

（25）毛泽东正在写一篇文章⇒［Z］正在写（一）篇文章的毛泽东≠正在写文章的毛泽东（例：~提笔在白纸上写了"让子烈同志回家吧！"）

（26）这个家伙刚发了一笔横财⇒［Z］刚发了（一）笔横财的家伙≠刚发了横财的家伙（例：让这个~破费一次也着实不过分。）

陈述式中，数量结构既是修饰成分，也是语义强调的外在标记，凸显了比较重要的部分，而这部分往往是下文的话题，因此也就具有了篇章的衔接功能。指称化之后，数量修饰成分保留式却依然具有强调功能，而删略式则具有泛指的特征。如例（25）保留式，通过数量标记，突出写的对象是"文章"，而删略式则陈述他"写文章"这个事实。

第四节 格标记删略

"格"是人类语言共同的重要语法范畴，它指处于底层的句法—语义关系，而不论这种关系是否体现在表层形式上。认知语言学认为格范畴是一个比"数"与"性"更加重要的范畴，学者们倾向于认为"格标记（Case Marker）总是有意义的"。在西方语言中，与"格"相配的格标记的功能主要在于表明核心谓语动词和特定"格"之间的关系。学者也发现，汉语中的虚词也能起到类似的作用，马建忠（1898/2000：22；246）曾说"凡文中实字，孰先孰后，原有一定之理，以识其互相维系之情。而维系之情，有非先后之序所能毕达者，因假虚字以明之，所谓介字也"，又说"中国文字无变也，乃以介字济其穷"。可见，格标记对于汉语的表达具有重要价值。

汉语中的格标记具有明显的标记色彩和形式特征，主要通过介词来表达，体现为一种隐性的句法—语义关系，它们的语法功能主要是附着在其他词语前构成介词短语，纯粹的格标记只能出现在连谓结构中。汉语中格标记大多来源于动词，有些格标记至今仍保留了动词的用法，兼有两种词类的语法功能，这种大范围的兼类和衍生关系比较少见。与综合性形态手段的格形态相比，汉语格标记作为分析性句法手段，它的意义更加具体，数量也更多。

从历时角度看，早在上古时期，汉语中就已出现格标记，如"于（於）、以、为、自、因、从"等，但上古汉语中利用形式手段标示语义角色的倾向并不明显，格范畴的表达手段以"语序—语义"制约为主，形式标记为辅。中古时期汉语又产生了一批格标记，近代汉语中格标记则大面积出现，总数计有百余个。汉语格标记的衍生和发展过程与汉语自身语法功能不断精密化和复杂化的整体趋势相吻合。学者一般认为这是受梵语语法的影响。姜南（2011：25）指出，"汉魏以降，受译经狂潮侵袭，汉译佛经中迅速涌现出大批形色各异、功能单纯的显性句法标记"。但同时我们也可看到，一些上古或中古出现的格标记，在后代使用中语义发生了变化，一些在近代使用频繁的格标记在现代汉语中基本消失，一些语义存在交集的格标记在使用中经语言系统内部的自身整合而有了明确的职能分工。与其他词类相比，汉语格标记的句法功能表现出复杂性、多样性和个性化。

陈信春（2001：1—2）对汉语中 63 个介词的隐现问题进行具体分析，将其分为"必现"和"可以隐现自由"两种对立，认为介词的隐现总是与一定句法语义条件相联系，是有规律可循的。但是他的研究只涉及句法中的隐现，对于结构转换之间的介词隐现还未曾涉及。刘兵（2005）借鉴格语法、配价语法以及论元理论等方法，探讨了汉语中介词的隐现以及介词省略后的功能替代手段问题，对一些介词的删略给出了解释。王磊（2014）对现代汉语中的框式介词隐现的规律进行初步考察，指出框式介词的隐现既具有一般介词隐现的显著特点，也具有自身的弹性特点，介词隐现的情况可分为三种：必现（或多现）、必隐（或多隐）以及可隐可现。介词的隐现受到句法、语义、语用等不同层面的制约，隐现规律是多种因素共同作用的结果。在指称化的过程中，格标记作为谓词的附属品逐渐被删略和滤除，只能依靠结构之间的逻辑关系来表达语义。我们将从以下四类分别加以说明。

一　方所格标记删略

方位格范畴主要表达动作或状态所处的时空方位，可以是一个空间点，也可以是一个空间距离，而空间概念和时间概念往往相伴而生。方所格标记常与方位名词和趋向动词等组成框式介词，来引进动作的起点和来源。

（一）从

时间和处所概念在人际交流中具有重要的价值。"从"既可以跟方位词或处所词组合，指动作的出发地或者来源，也可以与时间词语、动词性词语或小句组合，表示时间起点。

1. 衰减类

这里主要指任选删略。陈述式中"从"与其前后成分结合紧密，"从"是必选论元，删略后句子可能无法自足，或必须添加其他成分才能自足。指称化之后，信息已知化，格标记作为最外层的成分也最容易脱落，因此格标记可以任选删略。从指称式内部看，标记的任选删略本身就代表形义的衰减。从结构转换角度看，格标记由陈述式中的强制保留到指称式中的任选删略，也体现为形义的衰减。

1）框式结构"从 + NP + 方位词"

如果格标记"从"与方位名词共同构成状语，如"从……上/下/中/内/里"，那么在格标记删略后，留下的方位名词作为外在形式标记具有提示和代偿的功能。如：

（1）从红豆杉植物体内提取紫杉醇⇒［K］从红豆杉植物体内提

取的紫杉醇/红豆杉植物体内提取的紫杉醇（例：～是目前世界上最好的抗癌药物之一。）

（2）从枪膛里射出子弹⇒［K］从枪膛里射出的子弹/枪膛里射出的子弹（例：敌军向碉楼慢慢爬近，等待他们的是一颗颗～。）

陈述式中"从"必须出现，但在指称式中则可不出现。构式使用频繁后，局部也可表达整体意义。所以在"从"的构式中，省略了构式的前面格标记，后面的方位名词也能代偿其功能。刘兵（2005）也认为"标识处所、源点、终点、时间、原因/目的等框式介词中的前项一般可以省略"。因为后项方位词已语法化为后置词，虽然语义虚化但句法结构功能依然保留，当前项"在、从"等删略后，框式格标的标识作用就转移到后项上。框式格标还具有表义上的优势，比起单个格标记而言，不仅语义更加具体，而且通过框式格标也使介引方位界限更加清楚，避免歧义产生。

2）框式结构"从+NP+动趋"

动补结构中补语"出、来、出来、下来"等趋向动词，表示从内向外、由上而下的趋向动作，指称式中格标记可任选删略。

（3）工厂从东北迁来⇒［K］从东北迁来的工厂/东北迁来的工厂（例：为了三线建设，那一带有许多～。）

（4）粒子流从太阳发射出来⇒［Z］从太阳发射出来的粒子流/太阳发射出来的粒子流（例：科学家将这种～，命名为太阳风。）

（5）酷刑是从秦代沿用下来的⇒［Z］从秦代沿用下来的酷刑/秦代沿用下来的酷刑（例：汉文帝和汉景帝还在刑罚方面有所减轻，取消了一些～。）

如果格标记所接宾语既是动作发出的场所，又是动作的施动者，此时指称式的可接受度就高［如例（4）］。如果格标记的宾语只是动作发生的时间，那么指称式的可接受度就低［如例（5）］。

3）框式结构"从+NP+开始义动词"

格标记"从"介引一个源点，表明事物从此向后发展，"从……开始义动词"已成为一个固定概念。这些开始义动词如"开始、兴起、产生、

萌芽",中间接表示顺序义名词或时间名词,如:

(6) 这种制度从汉代开始实行⇒[Z] 从汉代开始实行的制度/汉代开始实行的制度(例:~,到后来已经与初衷相悖较大的有封国制和刺史制度。)

(7) 学生从美院毕业⇒[Z] 从美院毕业的学生/美院毕业的学生(例:~,大都自命不凡,心比天高。)

格标记"从"后接表示开始义的动词[如例(6)],动词自身具有起始义,在一定程度上代偿了格标记的语义功能,格标记删略后,结构的固定义依然能够体现,所以"从"可任选删略。例(7)中为结束义动词"毕业",一个动作的结束标志着另一个动作的开始,指称式的语义标记"美院毕业"只是工作的起点,所以删略后结构语义依然成立。

2. 非衰减类

1) 辨义保留

删略式和保留式两者之间存在语义差别,原因在于动词的性质,这些动词如"购买、引进、得到"均具有[+获得]的意义,因而标记的有无影响了整个结构的语义,保留式指动作行为的起点、来源;删略式指动作的施动者或目的地,两者深层结构不同。如:

(8) a. 从美国购买石油⇒[K] 从美国购买的石油(例:二战中日本的资源储备不足,仅靠战前~只能撑一年。)

b. 美国购买了石油⇒[K] 美国购买的石油(例:美国从别国购买了大量资源,其中,~已经够他用30年了。)

2) 致联保留

其一,致联主体和谓词结构。陈述式为主谓宾句,提取客体后,格标记强制保留,成为介引主语与谓词的重要标记。如:

(9) 人们从老鼠身上得知了东西⇒[K] 人们从老鼠身上得知的东西(例:~亦可适用于人类。)

其二，致联副词和介词结构。陈述式中，格标记前有副词修饰，那么格标记必须强制出现，否则结构不符合语法，这体现了格标记遗留下来的动词性。如：

（10）自然科学尚未从母体中分离出来⇒［Z］尚未从母体中分离出来的自然科学（但：*尚未母体中分离出来的自然科学）

（11）公司业务已经从欧洲延伸到美洲⇒［Z］已经从欧洲延伸到美洲的公司业务（但：*已经欧洲延伸到美洲的公司业务）

其三，固定结构须强制保留。一些表示固定概念的短语已经熟语化了，结构中的语素不能随意删减。如：

（12）能源革命从城市到农村⇒［Z］从城市到农村的能源革命（但：*城市到农村的能源革命）（例：全国正在掀起一场～。）

（13）从头到尾进行检查⇒［K］从头到尾进行的检查（但：*头到尾进行的检查）（例：顺查法是沿着"制证—过账—结账—试算"的账务处理程序，～。）

（二）在

格标记"在"来源于动词"在"，介词"在"的用法早在《诗经》中就有用例。"在"常与宾语一起使用，用在动词和形容词前，表示动作行为进行的处所、时间、范围或者事物存在的位置等。

1. 衰减类

1）强制删略

"在"介引处所，指称化后提取介引成分，格标记失去存在的必要而被强制删略。外国留学生因对汉语构造不熟悉，而会有格标记保留式的偏误存在。

（14）他当年在山西省插过队⇒［F］他当年插过队的山西省（但：*他当年插过队的在山西省）（例：黄鸿年试水的第一家企业是在～。）

（15）她女儿在那家美容院上班⇒［F］她女儿上班的那家美容院（但：*她女儿在上班的那家美容院）（例：～在市里有点名气，而且工资收入也很不错。）

提取对象的不同，也会造成格标记的不同存在方式。提取主体，则格标记与谓词或一起保留，或一起删略。试比较"住在上海的舅舅—上海的舅舅"；而提取客体，则格标记强制删略。

2）任选删略

其一，框式结构"在……上/下/里/外/中/内"作状语修饰动词，动词可以是一般形式，也可以后面接体标记，格标记既是连接主语与谓语的标记，也是分割主语与谓语的标记。指称化之后，格标记作为已知信息，为了语言表达的经济性可任选删略，方位词的出现在某种程度上表明了前面格标记的隐现。如：

（16）女婴在长凳上躺着⇒［Z］在长凳上躺着的女婴/长凳上躺着的女婴（例：哭声来自~，她身盖小绒毯，旁边还有装着水的奶瓶和半袋奶粉。）

（17）文明人在大厅里坐着⇒［Z］在大厅里坐着的文明人/大厅里坐着的文明人（例：~，吃东西不用筷子，用含有尚武精神的小刀小叉。）

其二，一些副词和格标记组成相对固定的概念，在文章标题和口语化压缩需要较为强烈的地方，其中的格标记也可任选删略。

（18）古老文字至今仍在使用⇒［Z］至今仍在使用的古老文字/至今仍使用的古老文字（例：汉字，是世界上唯一~。）

（19）多极世界格局正在形成⇒［Z］正在形成的多极世界格局/正形成的多极世界格局（例：俄罗斯外长 21 日在接受俄国家电视台采访时说，中国是~的中心之一。）

特殊语境也是删略的外在动力之一，如文章标题往往会采用最精练的语言来表达，不需要体现时间过程结构，具有"泛时空性"，如新闻标题为"俄外长：中国是〈正形成的多极世界格局〉中心之一"，但新闻正文中有更多表述空间，为表义准确而使用标记保留式。

其三，格标记"在"介引地点名词，一般指动作发生或事物存在的处所。指称化后，动词与附着在其后的格标记一起删略，形成名词性定中结构。标记的删略因语体不同而有不同的删略形式，其中保留式多用于书面语体，而删略式则多用于口语体。如：

（20）舅舅家住在上海⇒［Z］住在上海的舅舅家/上海的舅舅家（例：这个国庆长假，我又到~玩了七天。）

（21）红军驻扎在井冈山区⇒［Z］驻扎在井冈山区的红军/井冈山区的红军（例：1930年，~扩大到三万人，编为中国工农红军第一方面军。）

其四，陈述式中"在"作为连接成分强制出现，黏合持续性副词与介引后面的动词，组成"在……着"框式结构，表示主体所具有的状态。指称化后格标记任选删略。

（22）哈利一直在颤抖着⇒［Z］一直在颤抖着的哈利/一直颤抖着的哈利（例：~还以为摇摇晃晃的邓布利多再没有力气爬进小船了。）

（23）奶奶永远在哮喘着⇒［Z］永远在哮喘着的奶奶/永远哮喘着的奶奶（例：当他懂事时，他身边只有一位~。）

2. 非衰减类

这里主要指致联保留。动词后格标记"在"介引地点宾语，提取主体后格标记强制保留，如果删略则可接受度降低，或动词与格标记指称化之后一起删略。

（24）神庙坐落在半山腰⇒［Z］坐落在半山腰的神庙/半山腰的神庙（但：?坐落半山腰的神庙）（例：~守护着当地青年男女的爱情。）

（25）行李寄存在宾馆⇒［K］寄存在宾馆的行李/宾馆的行李（但：?寄存宾馆的行李）（例：她们让司机直奔长途汽车站，完全不记得~。）

（三）于

格标记"于"在汉语中有悠久的历史，早在甲骨文中就已大量出现，引进与动作行为有关的处所、时间或者对象等。

1. 衰减类

1）强制删略

"于"既介引时间状语，又表被动义。指称化之后，格标记所介引的时间状语移到结构前部，失去存在的意义和位置，故须强制删略。

（26）信件于昨日收到⇒［K］昨日收到的信件（但：*于昨日收到的信件）（例：她穿上衣服洗漱完毕，坐在桌子前拆开～。）

（27）《人民日报》于当日送达⇒［K］当日送达的《人民日报》/当日的《人民日报》（但：*于当日送达的《人民日报》）（例：边防官兵们正在翻阅～。）

例（27）中由于优化了党报党刊的分印和投递流程，当日出版的《人民日报》在当地分印后即刻投递，当天可送到边防一线官兵手中。指称式"当日的《人民日报》"隐含了"当日出版""当日送达"两个相连的动作。

2）任选删略

其一，结构压缩。一些经常使用的动词，其后紧跟的格标记可任选删略，动词性较弱，与其后的动词组成固定格式。提取客体，"于"表被动或与其他成分组成被动关系，可分为：单音节动词后接格标记因熟语化任选删略［如例（28）］；被动态标记与单音节动词组合［如例（29）］。

（28）a. 资源库易于检索⇒［K］易于检索的资源库/易检索的资源库

b. 资源库易检索⇒［K］易检索的资源库

（29）a. 矿工被困于井下⇒［K］被困于井下的矿工/被困井下的矿工

b. 矿工被困井下⇒［K］被困井下的矿工

提取主体，"于"主要介引对象和有关处所。双音节动词后的格标记可以删略［如例（30）］。轻动词"有"与单音节动词组合形成双音节动词后,和格标记"于"构成固定的构式,如"有志于、有利于、有损于",指称化之后格标记可任选删略[如例(31)]。单音节动词在添加了否定副词后,结合为一个双音节动词,符合汉语的韵律要求,增加了结构的可接受度[如例(32)]。程度副词与单音节动词也可组合为一个双音节词[如例(33)],标记"于"在此情况下任选删略,删略式既符合语言经济性,也符合于汉语韵律性。

(30) 记者来自北京⇒[Z] 来自北京的记者/来自北京的记者(例:今天,我猛然间见到一位~,别说我此时的心情有多么激动。)

(31) 大学生有志于献身国防事业⇒[Z] 有志于献身国防事业的大学生/有志献身国防事业的大学生(例:为了让更多~参军,县征兵办为大学生开辟了绿色通道。)

(32) 年轻设计师不甘于平庸⇒[Z] 不甘于平庸的年轻设计师/不甘平庸的年轻设计师(例:丰田专门成立了一家新公司,网罗了一批~,寻找与新一代青年人的接触点。)

(33) 女人们久居于沙漠⇒[Z] 久居于沙漠的女人们/久居沙漠的女人们(例:三毛对~洗澡和清肠活动的描写可谓触目惊心,令人心惊胆战。)

其二,框式结构"于+趋向动词"。框式结构"于……上/中/下"因使用频繁,在人们大脑中形成了固定结构。前标记在指称化后删略,其后方位名词在一定程度上代偿标记功能。在进一步删略中,动词和格标记可以一起删略。

(34) 特权凌驾于法律之上⇒[Z] 凌驾于法律之上的特权/凌驾法律之上的特权(例:公民都必须遵守法律,不允许有超越法律之外或~。)

(35) 小鱼小虾寄生息于荇藻中⇒[Z] 寄生息于荇藻中的小鱼小虾/寄生息荇藻中的小鱼小虾(例:那些~,无不成群结伴,悠然自得,各适其性。)

2. 非衰减类

这里主要指致联保留。单音节动词后面的格标记可介引时间[如例

(36)]、介引地点［如例（37）］、介引来源［如例（38）］，动词不能直接介引地点名词，格标记指称化之后受语法制约，均须强制出现。此外，标记删略还受到韵律的影响，如在单音节动词前添加副词，组成双音节后结构仍成立。

（36）伊拉克人民处于困难时期⇒［Z］处于困难时期的伊拉克人民（但：*处困难时期的伊拉克人民）（例：双方一致认为，必须给予~以有力支持。）

（37）大蝴蝶产于美洲⇒［Z］产于美洲的大蝴蝶（但：*产美洲的大蝴蝶）（例：约有200多种蝴蝶能像候鸟一样长途迁徙。最著名的是~——"彩蝶王"。）

（38）罗哲西毕业于南京大学⇒［Z］毕业于南京大学的罗哲西（但：?毕业南京大学的罗哲西）（例：~在接受采访时说，科学家已发现的最古老哺乳动物化石来自侏罗纪。）

（四）自

格标记"自"从甲骨文时代就作为介词使用。"自"的位置较灵活，既可以用于动词前表示时间起点，也可用于处所词语、方位短语前表示起点或经由；亦可用在动词后，表示事物的来源或出处。

1. 衰减类

这里主要指任选删略。首先看框式结构"自+趋向动词"，框式介词"自……起/来/以来"等结构中，格标记隐现与名词具有一定联系，或为时间名词［如例（39）］；或为处所名词［如例（40）］，格标记突出动作的起点，指称化后可以删略，其语义由整个框式结构所承担。

（39）金融危机自去年起爆发的⇒［Z］自去年起爆发的金融危机/去年起爆发的金融危机（例：~令电讯盈科估值大幅缩水。）

（40）慰问信自全国各地寄来⇒［K］自全国各地寄来的慰问信/全国各地寄来的慰问信（例：南沙的官兵却不断收到~。）

再来看框式结构"自+开始义动词"，格标记"自"后接开始义动词，指称化之后，动词所包含的语义可以代偿格标记的语义。

（41）倭患自元代开始⇒［Z］自元代开始的倭患/元代开始的倭患（例：～日炽，这也是实行海禁政策的重要原因。）

（42）外轮自中国开往印度⇒［Z］自中国开往印度的外轮/中国开往印度的外轮（例：他1948年出生在一艘～上。）

2. 非衰减类
1）辨义保留
动词具有多义性，格标记保留时表现单义性，格标记删略后结构中其他语义凸显，造成保留式和删略式的差异。

（43）留学生来自日本⇒［Z］来自日本的留学生（例：记者从吉林大学了解到，该校共有40多名～。）≠来日本的留学生（例：日元升值，使～负担更重了。）

（44）女生来自香港⇒［Z］来自香港的女生（例：在加拿大的女儿接着说，还有一位～，她的爷爷是第一代移民。）≠来香港的女生（例：据说～都会变得内心像变形金刚，也许这也是一种成长。）

格标记删略后造成语义不同。如动词"来"既可以指"来自"，也可以指"来到"。例（43）保留式指这些留学生来自日本，而删略式指其他国家到日本留学的学生。

2）致联保留
首先看格标记介引时间名词，格标记"自"可以与表示时间的名词组合，做状语。如"自小、自幼、自古"等在长期使用过程中发生重新分析，语法化为固定的时间概念，指称化后须强制保留。

（45）蔺安稳自小在临潼长大⇒［Z］自小在临潼长大的蔺安稳（但：*小在临潼长大的蔺安稳）（例：～太了解自己家乡的历史了。）

（46）医谚自古流传⇒［Z］自古流传的医谚（但：*古流传的医谚）（例："慈母心、织女手、教师口"，这个～是他的座右铭。）

再来看动词后格标记保留，"自"或置于动词后介引地点，如"借自、出自、源自、选自"等，指称化后强制保留；或与动词一起删略，构成名词性结构。

(47) 苹果产自烟台⇒[Z] 产自烟台的苹果/烟台的苹果（但：*产烟台的苹果）（例：中国的苹果属烟台的好吃，而~呢，可属咱们东驾马沟村的最好吃啦！）

(48) 信件寄自国外⇒[Z] 寄自国外的信件/国外的信件（但：?寄国外的信件）（例：老两口经常收到一些~。）

最后看固定结构中的格标记保留，格标记和其他词语形成一些固定结构，如"自上而下、自下而上、自左而右、自古至今"等，这些结构指称化后须强制保留。

(49) 革命自上而下⇒[Z] 自上而下的革命（但：*上而下的革命）（例：~导致保守型的现代化。）

(50) 历史变迁自古至今⇒[Z] 自古至今的历史变迁（但：*古至今的历史变迁）（例：在~中，西部经历过无数大大小小的战争。）

（五）向

"向"和宾语一起用于动词前，表示动作方位或趋向。"向"的本义是"朝北的窗户"，此后又发展出动词的用法"往……去"，在此基础上衍生出格标记的用法。

1. 衰减类

这里主要指任选删略。首先看动宾之间格标记删略，表示位移或趋向的单音节动词，如"飞、同、航、投、指、刺"等，后面的格标记"向"介引动作方向或目的地，在书面语中一般要保留；在口语体中任选删略。如：

(51) a. 航班飞向北京⇒[Z] 飞向北京的航班/飞北京的航班
　　　b. 航班飞北京⇒[Z] 飞北京的航班
(52) a. 公路通向天津⇒[Z] 通向天津的公路/通天津的公路
　　　b. 公路通天津⇒[Z] 通天津的公路

再来看双格标中内嵌格标删略，动词后可跟两个格标记，指称化后，处于内层的格标首先受到挤压压力，倾向于删略；在口语中，外层格标记也可删略。如：

(53) 人生选择趋向于稳定⇒［Z］趋向于稳定的人生选择/趋于稳定的人生选择/趋稳定的人生选择（例：～背后是满足和喜欢安逸。）

2. 非衰减类
1) 辨义保留
删略导致主被动关系不同，格标记引进动作的对象，保留式中客体为受事对象，删略式中客体为主动对象，两者动作方向性相反。如：

(54) 部队向蒋介石投降⇒［Z］向蒋介石投降的部队≠蒋介石投降的部队
(55) 向中东出口产品⇒［K］向中东出口的产品≠中东出口的产品

2) 致联保留
格标记后接趋向目标，"向"介引动作的起点和来源，与名词组合后表示动作方向。指称化之后用在动词前，格标与结构助词组成较容易辨识的模块。

(56) 重要改革向国际惯例靠拢⇒［Z］向国际惯例靠拢的重要改革（但：*国际惯例靠拢的重要改革）（例：刘司长说，这是～，目的在于迅速培育广告市场。）
(57) 企业向社会提供了劳务⇒［K］企业向社会提供的劳务（但：*企业社会提供的劳务）（例：～，由企业自主定价。）

单音节动词后接格标记，"向"也可以用在动词后，但限于"通、流、走、指、面、迈、伸"等单音节动词。如：

(58) 小溪流向大海⇒［Z］流向大海的小溪（但：*流大海的小溪）

(59) 中国丝绸走向世界⇒［Z］走向世界的中国丝绸（但：*走世界的中国丝绸）

（六）由

格标记"由"的意义和用法多样，可以与名词和代词组合引进施动者，也可以介引方式、原因和来源，还可以表示起点、源点和凭借依据等。

1. 衰减类
1）强制删略

由格标记介引所凸显的被动义随着指称化之后标记删略而消失，与一般陈述式所形成的指称式相同。由两种句式衰变为一种中和句式也是衰减的表现之一。如：

(60) a. 曲波由米卢一手栽培⇒［K］由米卢一手栽培的曲波/米卢一手栽培的曲波
　　 b. 米卢一手栽培了曲波⇒［K］米卢一手栽培的曲波
(61) a. 孪生兄弟由母狼哺乳⇒［K］由母狼哺乳的孪生兄弟/母狼哺乳的孪生兄弟
　　 b. 母狼哺乳了孪生兄弟⇒［K］母狼哺乳的孪生兄弟

2）任选删略

由格标记介引宾语可以表示介引的来源、原因、方式等，如表示来源的地点或群体名词［如例（62）］，表示变化原因的名词［如例（63）］，在指称化之后，格标记一般可任选删略。如：

(62) 红眼航班由首都机场起飞⇒［Z］由首都机场起飞的红眼航班/首都机场起飞的红眼航班（例：中国东方航空公司在"五一"期间开通了～。）
(63) 肺炎由感冒引起⇒［K］由感冒引起的肺炎/感冒引起的肺炎（例：她得的病只是～，结果却未能治愈。）

格标记一般来源于动词，自身还保留了动词的某些意义，有些格标记兼具动词和介词两种词性。"经"与"由"组成词组介引事物，两者均有由某物到某物之义，《广韵·尤韵》："由，经也。"指称化之后，因语义类似，形义进行压缩，两者之间可以相互替代。

（64）某些国家经由改革进入近代社会⇒［K］经由改革进入近代社会的国家/经改革进入近代社会的国家

（65）语言经由人脑处理⇒［K］经由人脑处理的语言/经人脑处理的语言

另外，在框式结构中，格标记和动词经常组合，可以构成固定的框式结构，格标记删略后，动词也可以表示整个结构的语义，语义学上称这种现象为"语义感染"。比较：

（66）城堡由巨石垒成⇒［K］由巨石垒成的城堡/巨石垒成的城堡（例：在迈锡尼文明中，最令人惊奇的是它那～。）

（67）球队由美国前NBA巨星们组成⇒［K］由美国前NBA巨星们组成的球队/美国前NBA巨星们组成的球队（例：～将来到中国，同中国国家男篮比赛四场。）

（68）网站由残疾人自己开办⇒［K］由残疾人自己办的网站/残疾人自己办的网站（例：网络的发展为残疾人的梦想插上成功的翅膀。下面列出的是一些～。）

例（66）—例（67）格标记介引原材料、来源，格标记构成"由……成/为"的构成义，中心语是形成的结果。指称化之后，这种构式义由动词和结构来承担，故而格标记可以任选删略。例（68）"由"引进施动者，介词与动词组成较固定的结构，如"由……组成/担当/引起/统领"，这种相对固定的表达也使定语成为一个整体，方便了人们的理解。指称化之后，标记的删略式与客体提取式相同，指称化带来了句式的中和。

2. 非衰减类

这里主要指致联保留。汉语在历时发展中逐渐形成四字格或成语的固定结构，如"由繁到简、由强而弱、由表及里"等结构已经模式化，在人们大脑中形成固定概念，其中的结构元素一般不能删减，否则会造成语言交际的混乱。如"由繁到简的过程、由强而弱的势头、由表及里的认识过程"。

格标记介引古汉语中常用指代标记"此、其、之"等,所形成的结构具有仿古效果,结构类固定化。如:

(69) 矛盾由此引起⇒ [K] 由此引起的矛盾(但:*此引起的矛盾)(例:对我们教育工作者来说,重要的责任是:防止学生心理问题的产生或~激化。)

(70) 全球功夫热潮由之引发⇒ [K] 由之引发的全球功夫热潮(但:*之引发的全球功夫热潮)(例:李小龙的夙愿终于实现,而~至今不退。)

格标记前受程度副词修饰,与副词结合紧密,指称化后格标记强制出现,因为副词不能直接修饰名词,在语言表达的线性序列上,格标记具有致联副词与名词的功能。如:

(71) 古代下水道完全由石板修筑⇒ [K] 完全由石板修筑的古代下水道(但:*完全石板修筑的古代下水道)(例:在北海北墙外,发现了一条罕见的~。)

(72) 业余训练队伍的经费基本由队员自负⇒ [K] 经费基本由队员自负的业余训练队伍(但:?经费基本队员自负的业余训练队伍)(例:温州出现了由体委少量拨款、~。)

二　工具格标记删略

工具格是语言表达中必不可少的语法范畴之一,不同的语言往往用不同的手段来表示,印欧语言主要依靠屈折形态来表示,而汉语主要依靠功能词(介词)来表示。石毓智(2006:170)认为,"工具格是由施动者控制的用以影响受事者的物体,它是能量从施事者向受事者传递的中介"。所以,工具格往往首先用来介引动作的伴随物——工具,工具的不同直接影响动作行为进行的方式。汉语工具格标记所包含的内容丰富,除了表示工具和途径等基本内涵,还延伸用来表达动作行为的方式、手段、原因及伴随者等。工具格标记常与趋向动词等组成框式介词,成为框式介词中的前置词，在指称化后删略，通过框式介词中的后置词表达与整个框式介词相同的工具格标示功能。

（一）用

标示引进动作行为凭借的工具、方式、手段等。"用"早在先秦语法中就用来表示动作行为赖以实现的工具或手段的用法，但是用例较少，唐代以后逐渐取代原来的"以"，成为最主要的工具格标记，这种用法一直沿用至今。

1. 衰减类

1) 强制删略

"用"作为工具格介引工具，表示后一动作所凭借的工具、手段和方法。指称化提取附加体，标记强制删略。为突出结构焦点，还可删略动词，只留下名词性结构，该过程也是专名化的过程。由于表义需要不同，最终删略结果也不同，可以是双音节名词［例（73）—例（74）］，也可以是三音节名词［例（75）—例（76）］。

(73) a. 厨师用刀切菜⇒［F］厨师切菜的刀/切菜刀/菜刀
　　　b. 厨师用刀切菜⇒［Z］用刀切菜的厨师
(74) a. 司机用汽车运货⇒［F］司机运货的汽车/运货车/货车
　　　b. 司机用汽车运货⇒［Z］用汽车运货的司机
(75) 用杯子喝啤酒⇒［F］喝啤酒的杯子/啤酒杯
(76) 用药治疗后悔⇒［F］治疗后悔的药/后悔药

格标记"用"和趋向动词"来"组成框式结构，中间介引表示工具的名词。提取工具格成为中心语，框式结构须强制删略。动宾结构成为修饰语，构成"2+1"音步，在此基础上不能再删略，否则就没有区别性而与其他概念相同。在指称化的路径上，删略成分各有不同。如：

(77) 用砖头来敲门⇒［F］敲门的砖头/敲门砖（但：？用来敲门的砖头）
(78) 用柱子来顶住房梁⇒［F］顶住房梁的柱子/顶梁柱（但：？用来顶住房梁的柱子）

其中例（77）压缩的是结构助词和中心语的部分成分；例（78）首先压缩定语的述谓部分，而后再压缩结构助词和中心语。虽然过程存在差异，但语言总是以最经济、简洁、合法的方式来表达概念。

2）任选删略

格标记介引原材料，指称化之后，谓词与格标记均删略，删略后，定语为原材料，中心语为最终的制成品，表示特定概念。这符合汉民族一般认知规律，先因后果，先有原材料后有制成品。在指称化的继发环节，对概念范畴进行重新编码，通过词汇化手段将结构松散的句法单位变为凝固稳定的词汇单位。如：

（79）用高粱酿酒⇒［K］用高粱酿的酒/高粱酿的酒/高粱酒

（80）用红木制造家具⇒［K］用红木制造的家具/红木制造的家具/红木家具

（81）用羊羔皮做帽子⇒［K］用羊羔皮做的帽子/羊羔皮做的帽子/羊羔皮帽

格标记介引动作的方式，提取的对象不同导致删略也各有差异。提取客体，趋向动词"来"强制删略，标记"用"任选删略［例（82）a—例（83）a］；提取附加体，标记和动词形成"用来"［例（82）b—例（83）b］，并在不断使用中完成了语法化历程。如：

（82）a. 用石膏来做豆腐⇒［K］用石膏做的豆腐/石膏豆腐
　　　b. 用石膏来做豆腐⇒［F］用来做豆腐的石膏
（83）a. 用微波来加热炉子⇒［K］用微波加热的炉子/微波炉
　　　b. 用微波来加热炉子⇒［F］用来加热炉子的微波

2. 非衰减类

这里主要指致联保留。格标记"用"也可以与被动标记连用，组成复合标记。指称化之后，一般须强制保留，否则不符合语法。

（84）好钢能被用在刀刃上⇒［K］能用在刀刃上的好钢（但：*能在刀刃上的好钢）（例：当你走进小组，成为小组的一员，就会被小组锻造成一块~。）

（85）企业经费被用作继续教育⇒［K］企业用于继续教育的经费（但：*企业于继续教育的经费）（例：德国政府明确规定，~应占企业销售总额的1%—2%。）

格标记"用"还可以和一些名词组成惯用语，表示付出了很大代价，做状语修饰动词。这种熟语化的概念在人们的大脑中已经形成类固定的格式，即使指称化，也不能删略其中的成分。如"用功读书的男孩、用心做事的员工、用力劳作的农民"。

（二）以

"以"做格标记的用法早在先秦汉语中就已出现，可以介引方式、工具、原因、时间或处所等。其中以介引方式和工具的使用频率最大。

1. 衰减类

1）强制删略

格标记来介引动作的方式，提取附加体，介引的方式变为指称式的中心语。在这种情况下，格标记失去了存在的必要而强制删略。如：

（86）以茶点款待亲朋⇒［F］款待亲朋的茶点（例：张氏德性温和，家里常有亲朋满座，侍婢巧制"自然发"绿豆糕作为~。）

（87）以最大的诚意和平解决台湾问题⇒［F］和平解决台湾问题的最大诚意（例：中国人民有~，同时也有坚决彻底挫败"台独"分裂图谋的充分准备。）

2）任选删略

格标记与动词构成框式结构［如例（88）］，表示依靠、依赖后者而生存；或动词如"出产、盛产"等已经表明了动作的方式［如例（89）］。

（88）父亲以种田为生⇒［Z］以种田为生的父亲/种田为生的父亲（例：~是当地有名的能工巧匠，种田之余帮人砌墙修房。）

（89）唐山市以出产陶瓷闻名的⇒［Z］以出产陶瓷闻名的唐山市/出产陶瓷闻名的唐山市（例：~，一家民营企业日前以5000元的月薪招聘高级焊工。）

2. 非衰减类

这里主要指致联保留。格标记"以"与动词构成框式结构"以……为"，在指称化之后强制保留，结构前往往有数量词限定，如：

（90）音乐群落以树村为中心⇒［Z］以树村为中心的音乐群落（但：?树村为中心的音乐群落）（例：东北旺再加上西三旗、黄土甸，便形成了一个~。）

（91）乾嘉学派以考据学为主的⇒［Z］以考据学为主的乾嘉学派（但：?考据学为主的乾嘉学派）（例：乾嘉年间逐渐形成一个~。）

一些单音节动词与后面的格标记因使用频繁而关系紧密，如"赖以、予以、难以、围以、致以"等，经过语法化后已成为一个词或词组形式。如：

（92）人类赖水资源以生存⇒［Z］人类赖以生存的水资源（但：*人类赖生存的水资源）（例：没有氢和氧的化合就没有~。）

（93）围跑马场以栅栏⇒［K］围以栅栏的跑马场（但：?围栅栏的跑马场）（例：马场位于此区东部，院内建有~，供五月赛马。）

（三）拿

引进所凭借的工具、材料、方法等。"拿"的动词义约产生于宋代，明清后逐渐发展为工具格标记，在《红楼梦》中，"拿"的工具格用法大量出现。

1. 衰减类

1）强制删略

陈述式为"拿＋名＋动"，指称化之后，格标记强制删略。指称化以后的结构因表义需要，可进一步进行压缩，动词删略后形成特定名词，范围逐渐变小，体现了从短语到词的固化过程。如：

（94）拿钱买菜⇒［F］买菜的钱/买菜钱/菜钱｜拿现款提货⇒［F］提货的现款/提货款/货款

（95）拿筷子吃饭⇒［F］吃饭的筷子/饭筷

指称化之后格标记不能充当定语或中心语，须强制删略。例（94）两式在现代汉语中使用频繁，其中后者多用于口语体。例（95）筷子古称为"箸"，所以闽南人称"吃饭的筷子"为"饭箸"，海南人称为"饭筷"。

2）任选删略

提取客体或附加体所形成的指称式中格标记可任选删略。格标记删略后，原有动词的语义凸显出来，承担了格标记的部分语义。如：

（96）他拿一摞相册给我看⇒［F］他拿给我看的一摞相册/他给我看的一摞相册（例：我在郑德家的客厅里，翻阅着~。）

（97）拿药物来止血⇒［K］拿来止血的药物/止血的药物/止血药（例：兰桂的男人半通中医，家里备有各种~。）

2. 非衰减类

这里主要指致联保留。结构中的格标记意义已经虚化，主要充当功能词，格标记"拿"相当于"把、对"义，指称化之后须强制保留。如：

（98）工人拿我当兄弟待⇒［Z］拿我当兄弟待的工人（但：*我当兄弟待的工人）（例：惩罚不要落在那位老大娘身上，不要落在那位女学生身上，不要落在~身上！）

（99）杭州市政府拿美国佬也没辙⇒［Z］拿美国佬也没辙的杭州市政府（但：*美国佬也没辙的杭州市政府）（例：无奈之下，~只得派马云跟美国佬去一趟彼岸的美国。）

（四）凭

格标记"凭"后接动词或小句，表示凭借、依靠、根据。"凭"来源于动词"依靠"义，在中古汉语时，逐渐发展出格标记的用法。

1. 衰减类

1）强制删略

指称化之后语法角色改变，格标记可以直接与宾语组合成介宾短语［例（100）］；也可与持续体标记共同介引宾语［例（101）］，所介引的行为具有明显时段持续特征。指称化后，附着在附加体论元上的格标记提取后一律删略，指称式的中心语不能出现格标记。

（100）凭密码取款⇒［F］取款的密码（例：~不能轻易告诉别人。）

（101）凭着算盘过日子⇒［F］过日子的算盘（例：人们生活水平提高了，~也打得更精。）

格标记"凭"与趋向动词"来"组成框式结构"凭……来"介引方式，"来"用在介词结构与动词或者动词结构之间，表示前者是方法、方向或态度，后者为动词的目的。指称化之后强制删略。如：

（102）凭资料来研究⇒［F］研究的资料（例：又有人注意到李自成、张献忠为首的农民大起义的事迹，蔚成专门的学问，但~还不能够说完全的充足。）

（103）凭直觉来看问题⇒［F］看问题的直觉（例：经验这东西，貌似不可靠，但是经验多的人，就会自然而然养成一种~。）

2）任选删略

格标记在指称化之后删略，不影响语义的表达。格标记"凭"所具有的"依据""根据"义可以通过指称式的逻辑关系来表达。

（104）高小斯凭自学考取博士⇒［Z］凭自学考取博士的高小斯/自学考取博士的高小斯

（105）凭眼睛也看不见事物⇒［K］凭眼睛看不见的事物/眼睛看不见的事物

2. 非衰减类

这里主要指致联保留。提取主体或客体，格标记在指称化后须强制保留，否则结构语义不明。如提取附加体论元，则标记须强制删略。

（106）亿万富翁凭知识挣钱⇒［Z］凭知识挣钱的亿万富翁（但：*知识挣钱的亿万富翁）（例：外国也有~，为什么当代中国的知识分子就赚不得？）

（107）凭票供应商品⇒［K］凭票供应的商品（但：*票供应的商

品)(例:多年以前,人们以能够方便地买齐~为满足。)

三 原因目的格标记删略

原因目的格表达动作行为想要达到的目的及目的性的原因,有生命的原因目的格可视为动作行为的受益对象。

(一) 因/因为

格标记"因"常和宾语一起用在动词之前,表示动作行为赖以发生的原因、依据、条件等。

1. 衰减类

这里主要指任选删略。格标记"因"与转折连词"而"构成框式结构,"而"联系因果,焦点较凸显,但比"所以"的强度要弱,格标记"因为"删略后,转折连词"而"也能在一定程度上表现因果关系。陈述式的标记清晰,因果关系层次分明。指称化后,处在不同层次的句法成分重新组合,定语与中心语构成的逻辑结构向句法结构偏移。陈述式中用外在的语法标记通过"因……而"来表示因果关系。指称化后,原因和结果置于定语位置上,语序没有变化,可以依靠线性逻辑关系来表明。

(108)某人因饥饿而将死⇒[Z]因饥饿而将死的人/饥饿将死的人(例:为那些身患麻风病,为那些~,为在非洲、纽约、伦敦和奥斯陆的穷人而献身。)

(109)某个朝代因养兵而亡国⇒[Z]因养兵而亡国的朝代/养兵而亡国的朝代(例:宋代武将立了大功也不重用,结果宋代成为一个~。)

2. 非衰减类

这里主要指致联保留。格标记"因"将表示目的、原因、依据、方式、状态的成分置于动词前,前后两部分有承接、递进或因果关系,指称式须由格标记来凸显造成结果的原因。

(110)陈岩和妻子曾因贫困卖过血⇒[Z]曾因贫困卖过血的陈岩和妻子(例:~双双被检查出感染了艾滋病病毒。)

(111) 病人因肿瘤而瘫痪⇒［Z］因肿瘤而瘫痪的病人/因肿瘤瘫痪的病人（例：美国一家医院收了一位～，这位病人还患有罕见的库利氏贫血症。）

例（110）格标记为表明原因而保留，如不需要表明原因，可以将原因删略只保留结果，如可删略为"卖过血的陈岩和妻子"。例（111）"因……而"组成框式结构，指称式中心语是动作的受动者，定语是造成的原因，语义需要句法标记强制保留，如"肿瘤是造成病人瘫痪的原因"。

（二）为/为了

格标记介引动作行为的目的或目的性原因，其中有生目的格被认为是动作行为的受益对象。在先秦汉语中已有大量使用"为"做介词的用法。

1. 衰减类

这里主要指任选删略。格标记介引动作行为的结果，指称化后，这种动作变化已经实现成为已知信息，格标记倾向于删略。

(112) 陈子升当选（为）人大代表⇒［K］当选为人大代表的陈子升/当选人大代表的陈子升（例：～，就老军工企业的改造和发展侃侃而谈。）

(113) 赵敦华破格晋升（为）教授⇒［K］破格晋升为教授的赵敦华/破格晋升教授的赵敦华（例：～、王东、万俊人，都在其研究领域做出了开拓性的贡献。）

2. 非衰减类
1）辨义保留

格标记的删略带来语义的不同，保留式中格标记介引的成分为动作的受事，删略式中该成分为动作的施事。如：

(114) 为劳动人民开办学校⇒［K］为劳动人民开办的学校（例：拉萨中学补习班正式开学，这是拉萨市第一所～。）≠劳动人民开办的学校（例：她除了每天在外加工，周末还到一所～学习技术。）

2）致联保留

格标记"为"表示为某种目的而实行的行为，用在动词前，引进动作行为的受益对象，与"给、替"同义。指称化后格标记删除导致施受关系不明确，所以格标记强制保留。如：

(115) 儿子为国家效力 ⇒ [Z] 为国家效力的儿子（但：*国家效力的儿子）（例：他们虽然没有多大的见识，讲不出多少大道理，但都为有我这样一个~感到自豪和骄傲。）

(116) 某人为奥尼尔工作 ⇒ [Z] 为奥尼尔工作的人（但：*奥尼尔工作的人）（例：奥尼尔和我从来没有谈过这个，倒是一个~打电话给我，说奥尼尔希望和我共进晚餐。）

四 与格标记删除

与格，本来指存在于有形态曲折变化的语言里的一种特殊格位。目前学界的普遍共识是，与格通常是介引事件中的接受者角色，即表明一个事物与另一个事物的损益存在关系。作为一种格位标记，除了能用来标记接受者外，还能标记如受益者或感受者等语义角色。

（一）跟

格标记"跟"，既可以引进动作行为的对象，也可以引进比较的对象，说明双方的相同或不同。

1. 衰减类

这里主要指任选删略。格标记引进新的动作相关方，这个新对象一般由人称代词来充当，指称化后格标记可任选删略。格标记的删略有语体差异，在书面语中"跟"一般保留，在口语中"跟"倾向于删略。

(117) 某人跟你最亲 ⇒ [Z] 跟你最亲的人/你最亲的人（例：生命中最能伤害你的是谁？不是别人，而是~，你的亲人！）

(118) 女朋友跟我谈了一年 ⇒ [Z] 跟我谈了一年的女朋友/我谈了一年的女朋友/谈了一年的女朋友（例：~就这样分手了，我真是想不明白。）

框式结构中"跟……一样/似的"中,格标记引进比较的对象,比况助词"一样、似的"具有赋元特征,可以代偿整个结构的功能。

(119) 钻石跟鸽子蛋一样大⇒〔Z〕跟鸽子蛋一样大的钻石/鸽子蛋一样大的钻石/鸽子蛋一样的钻石

(120) 队友跟猪一样笨⇒〔Z〕跟猪一样笨的队友/猪一样笨的队友/猪一样的队友

例(119)因使用频繁可删略为特指名词"鸽子蛋钻石",或者直接以"鸽子蛋"来特指像鸽子蛋那么大的钻石。例(120)口语体中格标记也常常删略,如"不怕强大的对手,就怕〈猪一样的队友〉!"

2. 非衰减类

这里主要指致联保留。格标记引进新的动作相关方,相关方为指人的名词,指称化之后格标记致联保留。格标记所介引的对象为一般名词,为避免主被动关系不明〔如例(121)〕;或者整个表述语焉不详造成理解错误〔如例(122)〕,格标记强制保留。如果格标记前有其他修饰成分,那么格标记还具有致联的作用。

(121) 员工跟领导顶嘴⇒〔Z〕跟领导顶嘴的员工(但:*领导顶嘴的员工)(例:~最后都会被穿小鞋。)

(122) 女人跟男人平起平坐⇒〔Z〕跟男人平起平坐的女人(但:*男人平起平坐的女人)(例:现今~,其实不自觉地承受着男人表面上的宽松让步。)

(二)给

可以出现在动词前或者动词后,标记引进交与或付出的对象,或者引进动作行为的对象、动作的指向等。"给"后一般为名词或人称代词。

1. 衰减类

这里主要指任选删略。格标记"给"前动词"送、归、交、付"等也具有给予义,使物体从一事物转移到另一事物,口语中倾向于删略。

(123) 送给领导最好的礼物⇒〔K〕送给领导的最好礼物/送领

导的最好礼物（例：官兵们说：在我们团跟领导搞好关系的最佳渠道是工作岗位，~是工作政绩。）

(124) 那个人你想付给他钱 ⇒ [Z] 你想付给他钱的那个人/你想付他钱的那个人（例：网上购物要确保对方是~，并且交钱过程是完整的。）

2. 非衰减类
1）辨义保留
语义的差别主要是因为格标记的删略引起整个结构语义功能的变化；或形成专名的对立 [如例 (125)]，或施动关系不清 [如例 (126)]。

(125) 留给学生家庭作业 ⇒ [K] 留给学生的家庭作业 ≠ [留学生] 的家庭作业

(126) 给她$_{被动}$买戒指 ⇒ [K] 给她买的戒指 ≠ [她$_{主动}$] 买的戒指

2）致联保留
格标记引进动作的受益者，"给"的动作性较强，无论提取主客体，删略后都容易造成理解的歧义。如：

(127) 那个女人给我带来好运 ⇒ [Z] 给我带来好运的女人（但：*我带来好运的女人）（例：她是个~，没有她就没有我以后的成功。）

(128) 拉车人受雇给居民搬家 ⇒ [K] 受雇给居民搬家的拉车人（但：*受雇居民搬家的拉车人）（例：通常叫一辆板车不过一二十元钱，~责任心较强，很受居民欢迎。）

我们对格标记衰减进行定量统计分析。利用北京大学 CCL 语料库，以"格标记""的"为关键词（即"格标记#的"），中间间隔 0—9 个字符，只统计属于指称式的 50 个语例；又以"格标记"为关键词（即"格标记#，"），中间间隔 0—4 个字符，只统计属于陈述式的 50 个语例，经提取后转换为指称式，去除不表示相应指称式或语义无法理解的语例，包括重复统计的，两类相加最终共获得 100 个语料。我们统计了 14 个格标记，共获得 1400 个语例。格标记衰减情况统计见表 2-1。

表 2-1　　　　　　　　　　格标记衰减情况统计

类型		方位格						工具格				原因目的格		与格		平均	
		从	在	于	自	向	由	用	以	拿	凭	因	为	跟	给	语例	比例(%)
衰减类	强制删略	0	2	2	0	0	2	6	6	16	43	0	0	0	0	77	5.5
	任选删略	81	69	31	14	9	79	80	50	31	17	45	20	19	9	554	39.57
保留类	辨义保留	10	0	0	6	9	0	0	0	0	0	0	23	0	5	53	3.79
	致联保留	9	29	67	80	82	19	14	44	53	40	55	57	81	86	716	51.14

从表 2-1 的统计数据中，有如下几点发现。

第一，共统计格标记语例 1400 例，其中保留语例 769 例，占比为 54.93%；删略语例为 631 例，占比为 45.07%。指称化之后格标记整体倾向于保留，但衰减也近半数。

第二，在所收集格标记语例中，辨义保留的语例较少，一共为 53 例，占比为 3.79%；其中统计的 9 个格标记未见辨义保留语例，说明格标记在指称化之后的删略与否，对语义值的影响不是很大。

第三，格标记的衰减度各不相同，以方位格为例，可以形成一条如下所示的衰减度连续统，左侧衰减度最高，右侧衰减度最低，衰减度从左到右依次递减，"由/从（81%）>在（71%）>于（33%）>自（14%）>向（9%）"。它们之间的衰减度反映了使用频率和语法化的程度。

综上可见，指称化同时是语言简单化的过程，简化的最终结果是保留最突出和最本质的区别性特征。提取所形成的"VP的"结构凸显了语义表达的重点，需要通过一定的语境进行识别，也就具有了语篇衔接与连贯的作用，使语言的信息组织更加流畅，表达更加灵活。与此同时，指代标记、指量标记、格标记等相关标记在指称化后被删略，致使主体、客体和附加体等成分互相之间直接成为修饰与被修饰关系，使结构更加经济、表达更加紧凑，在进一步的指称化过程中，甚至出现了裸名词。语义压缩也使不断简化的指称式在文中重复出现，具有承上启下的作用。

第三章　指称化过程中情态成分的形式衰减

　　情态成分是句子命题之外的成分，是句中的非事实性内容，是说话人主观态度的语法化，也即说话人对句子命题和情景的观点和态度。Palmer（1986：16）认为："情态可以定义为说话人（主观）态度和观点的语法化形式。"Bybee & Fleischman（1995：2）指出"情态是属于语言表达的意义成分的语义域，它涵盖了语义表达细微变化的广泛领域，如命令、需求、企望、假设、潜在意义、义务、怀疑、劝告、感叹等"。Bussmann（1996：307）认为情态是"表达说话人对句子所表示内容态度的语义范畴"。因此，我们可以说，情态成分是说话人对句子所表命题或事件的各种主观态度、认知、看法等，它们在表层语句中归属述谓性成分或整个句子，却又不属于深层语义结构中的表述。功能语言学则认为情态是人际意义的语法体现形式之一，情态表达是讲话者对自己所讲命题的成功性和有效性的判断。可见，情态成分是谓词跟现实发生特定联系的部分，"它（情态成分）在表层语句中归属述谓性成分或整个句子，却又不属于深层语义结构中的表述"（马清华，1993），这类句法表达手段在指称化之后往往被删略。高增霞（2005）在探讨关系从句时也认为"一个完整的小句，它最突出的特点就是具有陈述性，即具有表达一个事件的能力，可以陈述一个具体的事件，传递时间、地点、人物、事件、方式、程度等各方面的信息。在形式上表现为一系列可以陈述一个事件的具体状态的成分，例如具有言语行为效力以及语气、情态、时、体成分等。在压缩整合的过程中，从句往往会逐渐失去完全小句的特征，陈述性逐渐消失，事件被'类化'。在这个过程的最后，从句变成了母句（matrix clause）中的名词性或者是副词性的成分"。情态成分的删略是指称化过程中形式衰减的具体行为之一。

第一节 态标记删略

态，又称"句态"或"语态"，是指通过一定的语法手段以表明说话者如何处理主体或客体与动作关系的一种语法范畴（范晓、张豫峰，2003：328）。态的本质是语言的表述，是动词的一种形式，用来说明主语和谓语之间的关系。世界上各种语言表达态范畴的语法手段各不相同，汉语主要通过语序和语法标记来实现。有标记的态主要表示"处置"义，强调主体对客体的处置，通过语法标记将客体前移来强调动作的处置性，从而使主体施发的动作行为在强度上得到提高，与此同时，标记介引的成分也受到了影响，使该成分产生了某种结果或者处于某种状态。一般来说，如果主语是动作的执行者，谓语用主动语态。如果主语是动作的承受者，或者说是动作的对象，谓语则需要用被动语态。因此，可以将态分为主动处置态（the Active Voice）与被动处置态（the Passive Voice）。

一 主动处置标记删略

主动宾句是一种叙述句型，叙述动作者的动作和涉及的事件，句首主语位置上的主体通过动作来支配和影响客体，常出现在描写、说明、议论文体中，是汉语中最常用的句型，使用面最广。汉语的主动处置标记包括"把""将"等。谓语部分带主动处置标记"把"构成介词短语的动词谓语句，"把"的宾语与谓语之间存在动宾关系，处置的宾语大多是已知事物，突出的是动作者或责任者。在语体方面，主动处置标记更多出现在陈述语体中。

主动处置标记常见的有"把"和"将"。除此之外，在古代汉语中可用来表示主动处置的还有"以""持""取""捉"等，在一些汉语方言中，"教""拿"也可以作为表示处置的语法标记。这些动词都与"手"的动作有关，根据人们生活的常识，手是"致使物体移动"的工具和手段，人们根据手部动作对事物进行操作和控制，由手部动作造成实体的位移，扩展为非实体的心理和空间的转移。从具体的手的工具意象转喻为抽象的"处置"意象。

（一）把

"把"的原义为"握持"，《说文解字》："把，握也。"在唐以前为

"执拿"义动词，大约在魏晋南北朝时期，"把"出现在包含给予义动词"与"的句子中，受"与"的给予义感染而逐渐产生了给予义。后来控制义减弱，给予义增强，意义不断虚化，经历了由连动式而演变为处置式的过程。从认知角度看，"把"的原型是手的动作导致的结果，通过隐喻和转喻而表示"处置"。"把"除了表示主动处置态标记外，还可以表示使动态，构成"致使"的句式义，"把"在此处是使动的标记，如"把他喝醉了的酒、把我吵醒了的电话铃、把我苦恼坏的事"，"把"字后面的名词性成分不是其后动词的受事，而是施事。这里是双表述结构，如"他（喝酒）+他（醉了）"。指称化后，使动态标记"把"强制保留。

"把"表示处置，后面所带的名词是动作的受动者，如果表示致使，后面的动词多为动结式，北方方言中多用"把"而不用"将"。"把"在指称化中可分为客体提取式和主体提取式。

1. 客体提取式

带主动处置态的陈述式在以客体提取式实现指称化时，态标记须强制删略。或者说，由于介词结构不能充当主语或主语中心，所以指称化时，提取项上的主动处置态标记均须强制删略，无论提取项是哪种语义类型。如下例提取项是处置对象［如例（1）］、内容［如例（2）］、当事［如例（3）］、处置对象兼当事［如例（4）］、处所兼当事［如例（5）］、处所［如例（6）］等。

(1) 把药丸包上糖衣⇒［K］包上糖衣的药丸
(2) 把道理讲出来⇒［K］讲出来的道理
(3) 把肠子笑断了⇒［K］笑断了的肠子
(4) 把彩电摔破了⇒［K］摔破了的彩电
(5) 把瓶子装满水⇒［K］装满水的瓶子
(6) 把信封贴上邮票⇒［K］贴上邮票的信封

指称化之后的语义格局有时会发生明显变化，仅仅强制删略附着于待提取项的主动处置标记，并不能维持合法性。往往还需借助被动处置态的保留，或核心成分的进一步删略，才能实现合法的提取。至少有三种情况：一是原谓词和论元的语义关系发生动摇，必须借助被动处置态标记的加入①，才能维持原先的语义关系。例（7）"他"是领事，施事是其他人。干部的免职都是被动发生的，自己主动提出的那是辞职。二是语义冗余现象表现了出来，需进一步对核心成分进行删略或干脆加入被动处置态标记［如例（8）］。三是两种情况兼而有之［如例（9）］。

（7）把干部免了职⇒［K］*免了职的干部｜干部被免了职⇒［K］被免了职的干部（例：让～从原来的住房搬出来，工作难度之大可想而知。）

（8）把礼堂挤得水泄不通⇒［K］水泄不通的礼堂｜被挤得水泄不通的礼堂（但：?挤得水泄不通的礼堂）（例：在～里，他朗诵了这首抒情诗《中国人》。）

（9）把保罗关进了监狱⇒［K］?关进了监狱的保罗｜关进监狱的保罗｜被关进了监狱的保罗（例：～刚进监狱就被邀请训练狱警橄榄球队。）

如果有否定范畴的参与，语义冗余现象有时可被暂时掩盖起来，不必走到删略核心成分的地步。以下是提取否定句中受事成分的例子。

（10）不把食物放在一起吃⇒［K］不放在一起吃的食物（例：原来不相连的事物也会发生联系——～，房间里的物品，以及每天发生的事情。）

（11）她根本不把那个人放在眼里⇒［K］那个她根本不放在眼里的人（例：她真是做梦也没想到，昔日～，会在转眼之间就红透了半边天。）

陈述式中如果主体没有出现，在否定句中提取受事宾语，指称化之后，"把"字删略，否定副词直接修饰动词。

2. 主体提取式

主体提取式是主动处置式主要提取方式，其中态标记有强制删略、任

---

① 这里表现出主动处置态和被动处置态在删略处理上的不对称性。

选删略、辨义保留、致联保留四种存在方式。

1）衰减类

其一，强制删略。如果原主动处置句的强势口气在指称化后变得毫无需要，那么即使主动处置标记在非提取项上，也须强制删略，但删略的前提是要改变语序，这种删略办法且叫作易序删略。下面是提取施动主语的两个例子。

（12）这个家伙刚把论文写完了⇒［Z］刚写完论文的家伙（但：⁷刚把论文写完了的家伙）（例：～每天跟个大头佛似的，端坐在床上用笔记本看电影。）

（13）我已经把小伙伴的姓名忘掉了⇒［K］我已经忘掉了姓名的小伙伴（但：*我已经把忘掉了姓名的小伙伴）（例：我想去寻找我小时候的朋友，那些～。）

处置范畴既凸显动作的方式，也凸显动作的结果。在陈述式中，整个动补结构与"把"的宾语之间存在动宾关系。指称化之后，人们更关注与动作或事件相关的结果，作为表处置方式的标记"把"往往最先删略，动宾之间的语序须调整为一般语序关系。从句法结构看，在没有其他标记参与的情况下，指称结构中保留"把"会与句法中的把字句产生歧义，既不符合经济性原则，也不符合明晰性原则。

其二，任选删略。标记删略式和标记保留式在语序关系上有同序［比较例（14）—例（16）的两式］和异序（见第四章第四节"语序常规化、单一化"）两种。①

（14）作家把生命和文学联为一起⇒［Z］把生命和文学联为一起的作家/生命和文学联为一起的作家（例：几年前巴金宣布封笔，作为一个～，实际上这根本不可能。）

（15）贝克夫人把头发染成蓝色⇒［Z］把头发染成蓝色的贝克夫人/头发染成蓝色的贝克夫人（例：～正在用她从事任何活动所用的那种旺盛的精力写信。）

---

① 指称化中的成分提取按提取前后的语序是否一致，叫作同序提取和易序提取。

(16) 那些经理把时间管理得很好 ⇒ [Z] 那些把时间管理得很好的经理/那些时间管理得很好的经理（例：我们也会发现，～往往也是工作业绩最突出的。）

主动处置态后面的谓词往往表明处置的结果，以及达到的某种状态。例（14）"把……一体"从语义上可以认为是一个语义构式，"联为一体、混在一起、接轨"反映通过动作拉近了不同的客观事物 X 和 Y 在心理空间上的语义距离。指称化之后，结构的语义能在一定程度上代偿主动处置的意义。例（15）—例（16），表明处置的结果达到某种状态，指称化之后，修饰语位置上的动作肯定是由中心语的主体发出，其中，"V 得"结构可以补偿动词的界限特征，通过补语的形式将无界处置动词转化为强式处置特征，所以标记"把"字可以任选删略。

2）非衰减类

其一，辨义保留。标记的删略造成原有结构关系语义的解体，保留式和删略式结构施动与受动对象不同，两者形成竞争关系。

(17) 土匪把他们杀了 ⇒ [Z] 把他们杀了的土匪（例：那些～最后也得到了正义的审判。） ≠ 他们杀了的土匪（例：～有些是国民党派遣来的特务。）

(18) 那个鼓手把小五称作五哥 ⇒ [Z] 那个把小五称做五哥的鼓手（例：听到这个消息真如晴天霹雳，～，甚至当场哭出了声。）≠ 那个小五称做五哥的鼓手（例：～最后还是结束了北漂的生活回乡了。）

其二，致联保留。指称式因标记删略后可接受度降低而得以强制保留，换言之，强制保留是为了使两个部分得以组联。

(19) 把窝筑在河堤上的燕子（但：[?]窝筑在河堤上的燕子）｜把自己限于牢笼中的人（但：*自己限于牢笼中的人）

(20) 那些把文学变成流言蜚语的人（但：*那些文学变成流言蜚语的人）

(21) 那些把子女送来当学徒的父母（但：*那些子女送来当学

徒的父母）｜把交响乐视作生命的指挥家（但：*交响乐视作生命的指挥家）

主动处置标记后面往往跟着处置的结果。例（19）标记后接表示处置方位的词语，造成受事的物理空间位移，如"往……里、在……上、于……中、到……内"，均表明动作是由中心语发出的最终达到的地点。例（20）"把……成"指通过主体处置动作，致使受事对象物理形态和形貌发生转变，最终达到的结果。例（21）"把……当/作/当作"指心理空间的转移，已成为构式固定出现在人们认知中，主动处置标记后的宾语要求有外在标记来体现处置的意义。

（二）将

"将"本义是"率领、携带"，魏晋六朝"将"语法化为工具介词。工具式与处置式存在密切的内部联系，中古时期处置标记"将"（把）同时具有引进工具的用法，此后，"将"逐渐演变为广义处置式。"'将'和'把'作为处置式标记共存了七八百年，到了十五世纪以后，标记处置式的功能逐渐移到'把'一个身上。'将'只偶见于书面语中，它的工具用法也由此式微。"（石毓智，2006：156）在粤、闽、客家等方言中，主动处置态多用"将"而少用"把"。

1. 客体提取式

带主动处置态的陈述式在以客体提取式实现指称化时，态标记须强制删略。或者说，由于介词结构不能充当主语或主语中心，所以在提取处置对象时，提取项上的主动处置态标记均须强制删略。如：

（22）将矿泉水瓶放在桌上 ⇒ ［K］放在桌上的矿泉水瓶（例：编辑突然感到办公桌和电脑明显的晃动，~也在摇晃。）

（23）将救灾资金发放到户 ⇒ ［K］发放到户的救灾资金（例：~要逐村逐户制作花名册，由补助对象签名盖章。）

2. 主体提取式

主体提取式的存在方式有任选删略和致联保留两种。

1）任选删略

在结构指称化后，"将"前面往往有限定词修饰，受事宾语是已概念化的内容，人们对此也习以为常，所以处置标记可任选删略。

（24）马老将一生都奉献给了相声艺术⇒［Z］将一生都奉献给相声艺术的马老／一生都奉献给相声艺术的马老（例：～，老伴在11年前去世后，感到很寂寞。）

（25）老教师将毕生精力献给了教育事业⇒［Z］将毕生精力献给教育事业的老教师／毕生精力献给教育事业的老教师（例：当地政府表示，一定要尽最大努力挽救这位～。）

2）致联保留

"给予"可以看作实体的转移，而"当作"则是概念和心理空间的转移，两者都表明从某处到另一处的转移发展。通过将受事放在动词前，拉近了受事与施事的语义距离，表示施事对受事的强烈处置意味。

（26）将皮包交给警方的好心人（但：[?]皮包交给警方的好心人）｜将生命献给了人民解放事业的先驱者（但：*生命献给了人民解放事业的先驱者）

（27）将孩子当作牺牲品的父母（但：*孩子当作牺牲品的父母）｜将人比作机器的始作俑者（但：*人比作机器的始作俑者）

根据处置动作不同，可将致联保留分为两类：一是处置（给）类［如例（26）］，形成"将 + O_1 + 给与 + O_2"的构式，此类处置式中动词大都具有"给予"义，表明由于动作的实施，实现了某物位置的转移；二是处置（作）类［如例（27）］，形成"将 + O_1 + 当作/比作 + O_2"的构式，动词一般是"当作"义处置动词，某人或某事被当作另外的人或事。指称化之后，处置标记"将"强制保留。

我们对主动处置态"把"的衰减情况进行了定量统计分析。利用北京大学CCL语料库，以"把""的"为关键词（即"把#的"），中间间隔若干字符，只统计属于指称式的语例，随机抽取其中的250例；又以"把"为关键词，进行检索，只统计属于陈述式的语例，并将陈述式转换为指称式，随机统计其中的250例，两类相加最终共获得500个语例。主动处置态"把"衰减情况统计见表3-1。

表 3-1　　　　　　　主动处置态标记衰减情况统计

类型		语例		占比（%）	
衰减类	强制删略	168	204	33.6	40.8
	任选删略	36		7.2	
非衰减类	辨义保留	49	296	9.8	59.2
	致联保留	247		49.4	

从表 3-1 的统计数据中，有如下几点发现。

第一，从整体上看，主动处置态保留的势力要明显大于衰减的情况，保留类与衰减类的比例为 296∶204，约为 6∶4。因为指称化以后，标记的保留更有助于说明整个结构的主动处置和被动处置关系，方便话语接受者通过外在标记迅速掌握表达的信息，确保信息交流的一致性，以免造成交际混乱。

第二，虽然强制删略的语例多达 168 例，但这其中绝大多数都是施动的主体没有出现的客体提取式，因为提取主动处置标记后面的宾语为中心语，与此紧密相连的处置标记"把"失去了存在的意义和位置，强势主动处置态标记与受事格标记在指称化之后发生融合。如：

（28）把腐败问题揭露出来⇒［K］揭露出来的腐败问题（但：*揭露出来的把腐败问题）（例：对~，尤其是大案要案，要认真查处，决不能大事化小，不了了之。）

（29）把遗产传给下一代⇒［K］传给下一代的遗产（但：*把传给下一代的遗产）（例：我们应给下一代有一个交代。这也是~。）

第三，任选删略和辨义保留的语例都较少。任选删略处置标记需要调用更多的精力进行语义转换，容易造成人们理解上的偏差，因而更多出现在口语语体中，而保留式则更多出现在正式语体中。辨义保留的语例也较少，是因为标记的有无作用于整个结构的语义，人们需要花费更多时间来确认，影响了对整个句义的理解。

另外，通过对所搜集语料的观察，我们发现不同提取项的提取能力存在较大差异，在以"把""的"为关键词只属于指称式的语例中，我们发现以下特殊的语例。如：

（30）把山顶削平了做停车场⇒［K］那个把山顶削平了做的停车场（例：我站在加州大学勃克莱分校后面～，高眺旧金山湾区的风景。）

（31）乐观态度是把棺材看成旅行箱⇒［Z］把棺材看成旅行箱的乐观态度（例：他无论输赢都不影响他说大话，巴克利大有一种～。）

例（30）主动处置标记保留，凸显受事在施事的作用下产生的处置结果，并通过"做、化、成、做成"等动作来体现转化，客体则是主动处置所形成的结果。例（31）主体与客体之间是等同关系，之间通过判断动词连接。指称化后，人们更加关注施动主体，所以主体提取式占据多数。

二 被动处置标记删略

被动处置态指主语位置上的动作客体被动地受主体发出的动作支配或影响的一种语态。谓语动词前往往有一个表示被动意义的介词或者由被动介词短语作状语，介词的宾语通常是施事，其主语往往是谓语动词的受事，受事者受到某种动作行为的影响而发生改变，用来表明受事者承受的不愉快或受损害的情况。表示被动处置的标记一般有"被""叫""让""给"等。

汉语中的被动处置标记产生历史悠久，来源多样多源，使用范围不一，语法化过程也相互各异，既具有共性也存在差异性。被动处置标记既有上古汉语中来源于介词的"于""为"，也有中古时期来源于遭受动词的"见""被""吃"，近代汉语使令动词"叫""教""让"，还有当代给予动词"给"。这些词汇的句法结构特征和语义基础决定成为被动标记的可能，并在不断的语言演变过程中逐渐虚化，成为被动处置标记。

汉语中表示被动态既可以采用有标记的被动标记，也可采用无标记的逻辑语义方式来呈现。早在上古汉语中，就存在动词本身表被动意念上的被动句，这种被动要根据上下文来加以判别。如：

（32）彼窃钩者诛，窃国者为诸侯。（《庄子·胠箧》）

（33）蔓草犹不可除，况君之宠弟乎？（《左传·郑伯克段于鄢》）

（34）傅说举于版筑之间，胶鬲举于鱼盐之中。（《孟子·告子下》）

这种意念上的被动在现代汉语中还存在，一些存在话题说明句中就有许多表示受事的动作，在一定语境下，受事作话题出现在句首，话题与说明谓语之间是被动关系。

被动标记可分为三类：一是由"遭受"义演变来的被动标记，主要有"被""吃""蒙"等；二是由"使役"义演变来的被动标记，被动结构自身也具有使成义，即"使某人/某事被置于某种状态"。这类标记有"教"（叫）"让""著""使"等，汉语使役动词兼作被动标记是汉语的一个重要语法现象，在现代汉语北方方言中依然存在。其中有一些标记在汉语史的某一阶段充当被动标记，如"使"，被动义出现在宋代，但在现代汉语中已经没有被动的用例；三是由"给予"义演变来的被动标记。这类标记有"给""与""乞"等，有些只在汉语史上暂时充当被动标记，如"与"是典型的给予义动词，早在唐代就已产生被动义，但在现代汉语中已没有其用例。我们选择有代表性的被动处置标记进行探讨。

被动处置标记"被""叫""让""给"等还属于介词，所组成的介词成分是句子的附加成分，采用被动来表示受事者所受到的不愉快或者受损害的情况，属于情态成分的一部分，指称化过程也是客观化的过程，主观信息在这其中会往往会被滤除和删略。

（一）被

在所有被动标记中，"被"字的使用时间最久、范围最广。"被"的本义为"覆盖"，表示主动地覆盖某物。此后引申为"蒙受""遭受"义，因经常出现在动词前，有了重新分析的可能，经历了词义演变和语法化的过程，唐代以后成为被动标记而沿用至今，成为现代汉语中最典型的专职被动标记，既可以出现在书面语中，也可以用于口语中。"被"字句的句式不仅用于情感的表达，更多用来强调受事的被处置，让动作行为成为句法结构的中心和焦点，受事客体与动作行为之间的关系也因句法位置的调整而得到增强。被动式在指称化之后主要提取的是客体，未见提取主体式。

1. 衰减类

1）强制删略

指称化之后被动处置态标记须强制删除，否则会造成结构冗余而无法为人们所接受。在无施事受事句中，施动者并不出现，由主体发出的主被动关系已经很明确，被动的信息已经隐含在结构中，所以指称化之后"被"强制删略，动作与结果之间已存在被动关系，如果出现"被"字就显得累赘，指称式往往可以受数量结构修饰。删略后指称化继续进行，体标记脱落形成名词性结构，核心成分和指称化标记进一步删略，形成具体的指物名词。如：

（35）布鞋被绣了花/布鞋绣了花⇒［K］绣了花的布鞋（但：?被绣了花的布鞋）（例：老太太穿蓝色大襟棉袄、挽腰棉裤，扎着黑腿带，一双缠足小脚穿着~。）

（36）威士忌被加了冰/威士忌加了冰⇒［K］加了冰的威士忌（但：?被加了冰的威士忌）（例：随后你递给我一杯~，我喝了一大口就不知道自己身在何处。）

一些不需要强调，在日常生活中已经习以为常的事物，虽然表示的是被动的状态，但由于已形成思维定式，被动标记也往往删略，被动态删略式是常式，被动的语义关系蕴藏在定中逻辑结构中，如果标记出现反而不为人们所接受。如：

（37）席子被卷着⇒［K］卷着的席子（但：?被卷着的席子）（例：他们一个用扫帚轻轻扫了几下，就在地上摊开了~；另一个也就铺上棉被。）

（38）蔬菜被喷过农药⇒［K］被喷过农药的蔬菜/喷过农药的蔬菜（例：陕西铜川有人先后因食用~而中毒。）

从以上可以看出，体标记在被动句中指称化后删略的情况不同，这也在一定程度上反映了三者的语法化程度。已然体标记语义虚化程度最高，指称化后强制删略；持续体标记次之，指称化后标记一般强制删略，保留式需要一定语境支持；经历体标记语法化程度最低，指称化后可任选删略。如果为特别说明和强调，会使用标记保留式，如"我们呼吸的是〈被污染的空气〉，我们吃的是〈被喷过农药的蔬菜〉，喝的是〈被污染的水〉；这就是现在的生活"。"被污染的空气""被喷过农药的蔬菜""被污染的水"是说话人要强调和引起受话人关注的焦点。

被动处置标记后面紧接复合介词，如非特殊强调，标记须强制删略，指称化之后，"用作、用在、用于"等所处的定语位置已经隐含了此处的被动处置意义。

（39）企业经费被用于继续教育⇒［K］企业用于继续教育的经费（但：﹖企业被用于继续教育的经费）（例：德国政府明确规定，~应占企业销售总额的1%—2%。）

（40）资金被用在收购上⇒［K］用在收购上的资金（但：﹖被用在收购上的资金）（例：出手收购的宝安上海分公司注册资本只有1000万元，而~前后多达8000万元。）

2）任选删略

被动标记删略后，结构的语义差别不大，只是保留式采用外在的形式标记以语法的手段来表示被动关系，而删略式则通过动词的语义以逻辑方式体现内在的被动关系，在更深层的结构中，标记必须丧失。谓词可以为一般动词结构［如例（41）］，或动结式表示动作的处置［如例（42）］，或"被+得字补语"结构［如例（43）］，或谓词短语［如例（44）］。

（41）中华名牌被世界公认/中华名牌世界公认⇒［K］被世界公认的中华名牌/世界公认的中华名牌（例：我们到如今还没有一个~。）

（42）孩子被宠坏了⇒［K］被宠坏了的孩子/宠坏了的孩子（例：老公像个~，我该离婚还是等他长大。）

（43）那个小盆被用得很旧⇒［K］被用得很旧的小盆/用得很旧的小盆（例：一个~里盛放着至少两种时令的绿叶蔬菜，每样的量都不是很多。）

（44）小鸟被禁锢了多年⇒［K］被禁锢了多年的小鸟/禁锢了多年的小鸟（例：我带着一张火车票、几万块钱和一卷行李，像一只~，一路欢唱着飞到了北京。）

被动表示对事物的处置，动作有了结果。因此，动结式在某种程度上可以代偿被动的语义功能。删略是倾向性的，在进一步的删略中体标记优先被删略，我们可以说"宠坏的孩子、废弃的水库、打破的花瓶"，最后取得了主动处置态和被动处置态的中和式。得字短语构成的补语成分指向中心语，表明动作发生后产生的状态，这种状态的出现在一定程度上代偿了被动的语义。

被动处置标记后的动作表明动作处置的状态和结果。这类趋向动词有"来、出来、起来、下来"等［如例（45）］，构成固定的结构，"被+趋向动词"固定的语义代偿了被动标记的语义；被动标记后接表示处所方位的短语［如例（46）］，指称化之后标记可删略而结构的语义不变。如：

（45）代表被人民选举出来⇒［K］被人民选举出来的代表/人民选举出来的代表（例：我是～，我要对全国人民负责并受全国人民的监督。）

（46）成人被困在车中⇒［K］被困在车中的成人/困在车中的成人（例：英国约克郡海岸 10 日遭受暴雨侵袭，两名～和一个婴儿获救。）

"被+动词+过"是一个构式，人们往往可以忽略被动标记。在曾然体无主语受事句中，被动态标记在指称化之后一般应删略。因为被动的关系已经隐含在过去发生的事件中，而且这种动作已经完成。虽然是任选删略，但是在强调被动程度上依然有些差别。试比较"被发表过的文章—发表过的文章｜被污染过的土壤—污染过的土壤｜被涂改了的护照—涂改了的护照"，如果为了强调被动的语义概念，被动标记则会强制保留。如：

（47）a. 发表过的文章不能拿出来再发表。
    b. ？〈被〉发表过的文章不能拿出来再发表。
（48）a. 杂志社确定是没〈被〉发表过的文章后他们就会采用。
    b. 杂志社确定是没发表过的文章后他们就会采用。

例（47）主语位置是已知信息，所以倾向于删略，一般采用体标记删略式，如不是特意强调而采用保留式则会显得很奇怪；例（48）宾语位置表达的是新信息，标记可作为强调因素出现，可接受的冗余度增加，指称式受否定副词"没"修饰，也在一定程度上掩盖了标记的语义，因此宾语位置上可以任选删略。

2. 非衰减类

1）辨义保留

指称化后，被动处置态标记形成保留式和删略式，两者在语义上形成竞争关系。这种差别有以下两类。

第一，施事与受事的差别。保留式的中心语表明主体是受事对象；而删略式的中心语表明动作的主体。试比较：

（49）那个人被制止吸烟⇒［K］那个被制止吸烟的人（例：那位卫生执勤人员答：罚不是目的，我们这里不实行罚款。而～则说：到底是文明城市，这比罚几块钱令我难忘得多！）≠那个制止吸烟的人（例：～是禁烟控烟志愿者。）

第二，结构重新组合。由于被动标记删略，结构表层形式虽未改变但内部进行重新组合，表示为：（A）BC→（AB）C。标记前后的成分在线性序列上能直接修饰，从而产生了原结构没有的意义。删略式因没有显性的外在语法标记，所以往往与线性序列上最紧密的成分发生关系，而不与中心语直接发生关系。可以看出，被动标记不仅具有标示被动的语义功能，还具有致联和界别的功能。比较：

（50）白薯过去被人瞧不起⇒［K］过去被人瞧不起的白薯≠［过去人］瞧不起的白薯

（51）这些利润被乡镇拿走了⇒［K］这些被乡镇拿走的利润≠［这些乡镇］拿走的利润

2）致联保留

被动标记在删略后强制保留，否则结构无法成立，被动标记同时也承担致联各修饰成分的功能。可以分为以下两类。

第一，固定构式"被V为""被称作"作为一个构式已在人们心目中固化下来，成为表示被动态的常见组合。所以指称化之后，"被"需要强制出现，施动者的出现不影响结构的表达。

（52）<u>被称为</u>棋坛斗士的他（但：*称为棋坛斗士的他）｜<u>被扣为</u>人质的外国人（但：*扣为人质的外国人）

（53）那个<u>被称作</u>师傅的年轻人（但：*那个称作师傅的年轻人）｜那个<u>被称作</u>"动物的坟墓"的地方（但：?那个称作"动物的坟墓"的地方）

第二，陈述式为"被+施事主体+V+（宾语）"格式，陈述式中出现施动者，指称化之后，被动标记不能删略，否则施受关系不明显。删略后造成的指称式与主谓结构同型，容易造成歧义。保留式前往往有数量结构或指示标记修饰，或置于主语位置表明背景信息。如：

（54）花株被病虫害蚕食了⇒［K］被病虫害蚕食的花株（但：*病虫害蚕食的花株）（例：他发现一些~，茎叶被啃得一干二净，而梢部花朵完好无损。）

（55）大树被风暴折断了枝杈⇒［K］被风暴折断了枝杈的大树（但：*风暴折断了枝杈的大树）（例：地理学家洪堡特在非洲俄尔他岛考察时，发现了一棵~。）

（二）为

介词"为"表被动早在春秋时期就已出现，主要用于书面语。"为"字引进施动者，用在动词前，可以组成"为+施事+V""为+V"句式。如：《论语·子罕》："不为酒困，何有于我哉？"或《韩非子·说难》："厚者为戮，薄者见疑。"战国后期出现"为+名+所+动"结构中，"所"字加强被动语气，并在结构上起连接和标识的作用，在语言应用中取得了优势，"为+实施者+（所）+VP"成为被动句的主要格式，后世汉语的被动句式主要因循此而来。唐代以后，"为……所"使用频率大幅缩减，被字式成为被动的主流。"为"在现代汉语中主要做动词义，表变为、充当义和格标记，引进动作的受益者等功能，做被动标记的语例较少，且多为古汉语的遗留。

"为……所"表示一种被动的意思，在现代汉语中已经框式化，两者共同表示被动的概念，且"所"介引的主体均是泛指的人物，主要用在书面语中。指称化之后，"为"与"所"可任选删略，也可一起删略，所形成的指称式构成了一个衰减的连续统。

（56）古代大教育家为世界所公认⇒［K］（为）世界（所）公认的古代大教育家（例：孔子是中国古代文化的象征，他是~。）

（57）资源为全社会所共享⇒［K］（为）全社会（所）共享的资源（例：知识是唯一不被消化，并可通过创新增值，~。）

但在否定构式"不为……所"中，因为增加了否定变量，副词"不"不能直接修饰名词，之间存在语法排斥，此时标记须强制保留。或者框式标记全部删略，结构重组，如：

(58) 隐私不为圈外人所知⇒［K］不为圈外人所知的隐私→圈外人不知的隐私（但：*不圈外人所知的隐私）（例：我们这个圈子里，有一个不成文的行规，互相之间绝不能对媒体说出～。）

(59) 傀儡政权不为人民所承认⇒［K］不为人民所承认的傀儡政权→人民不承认的傀儡政权（但：*不人民所承认的傀儡政权）（例：伪政权是反动的，～。）

（三）叫

"叫"是由"致使、容任"义而发展为被动标记。"叫"表示被动处置标记，用来引进动作的施动者，动词自身或者动词的前后有表示完成或结果意义的句法成分。被动处置态的强调义在指称化后变为一般叙述，被动处置标记强制删略，语序变为常态语序，否则结构不能实现指称化（参见第四章第四节一"强调的需要丧失导致语序单一化"）。

如果施动者为无定代词［如例(60)］或一般名词［如例(61)］，删略后易造成施受关系不明，且不符合韵律的要求，所以被动标记强制要求出现。

(60) 家庭叫人羡慕⇒［K］叫人羡慕的家庭（但：*人羡慕的家庭）（例：铁凝有一个～，一个艺术的家庭。）

(61) 破布叫雨淋湿了⇒［K］叫雨淋湿了的破布（但：?雨淋湿了的破布）（例：他躺在地上不动，仿佛一堆～似的。）

（四）给

"给"在元代为给予义动词，义为"供给，使丰足"。元代之后，"给"表示被动处置义经历了"给予"发展出"致使"义，再到"被动"义的发展过程，清代末期形态化历程基本完成。

1. 衰减类

动结式与客体在语义上具有明显的受事关系，提取客体指称化后，态标记一般任选删略。如：

(62) 白马的毛给染黄了⇒ [K] 白马给染黄了的毛/白马染黄了的毛（例：~早已脱尽，全身又是像天顶上的雪那样白。）

(63) 谷子给晒焦了⇒ [K] 给晒焦了的谷子/晒焦了的谷子（例：他们从二十里外的水库用车、用盆、罐接上水，走回来浇那些~。）

2. 非衰减类

被动的施动者出现，指称化之后，如果被动标记删略，导致主被动关系不够明晰，从而要求理解者花费更多时间去理解结构的深层语义关系。为了凸显被动关系，被动标记要求强制出现。如不需要凸显被动关系，则变为一般陈述。如：

(64) 地堡给炮火摧毁了⇒ [K] 给炮火摧毁了的地堡/炮火摧毁的地堡（但：?炮火摧毁了的地堡）（例：杨军占据了一个~，逼近到敌人的身边。）

(65) 师父给自己害死了的⇒ [K] 给自己害死了的师父/自己害死的师父（但：?自己害死了的师父）（例：莫非~突然间显灵？是师父的鬼魂来找自己算账了？）

我们对被动处置态的衰减进行了定量统计分析。利用北京大学 CCL 语料库，以"被""的"为关键词（即"被#的"），中间间隔若干字符，只统计属于指称式的语例，抽取其中的 250 例，又以"被"为关键词，进行检索，只统计属于陈述式的语例，并将陈述式转换为指称式，随机统计前 250 例，两类相加最终共获得 500 个语例。

表 3-2　　　　　　　　被动处置态标记衰减情况统计

类型		次数		占比（%）	
衰减类	强制删略	13	204	2.6	40.8
	任选删略	191		38.2	
非衰减类	辨义保留	11	296	2.2	59.2
	致联保留	285		57	

从表3-2的统计数据中，有如下几点发现。

第一，从统计数据看，被动处置态保留的势力要明显大于衰减的情况，保留类与衰减类的比例为296∶204，约为6∶4。与主动处置态标记保留与衰减6∶4的比例相同。

第二，在衰减类中，被动处置态的强制删略很少，只有13个语例，而致联保留却有285例，比例高达57%，这也从另一个方面印证了被动处置标记对整个结构的影响力和约束力，指称化过程中被动标记保留是优选模式。

第三，结合表中数据及通过对所搜集语料的观察分析，我们发现结构成分的可提取能力存在较大差异，在以"被#的"为关键词只属于指称式的语例中，附加体提取式只有几例。如"〈卡邦被关押在恶魔岛的7个月〉，是芝加哥历史上最为黑暗的7个月"。说明被动处置态陈述式提取附加体的能力受限，所形成的指称式也并非人们表达的重点。

第二节 能愿标记删略

能愿标记又称能愿动词、评议动词、助动词、情态动词或情态助动词，一般认为是辅助主要动词的动词。汉语中的能愿标记数量有限，但意义复杂，功能多样，它来源于普通动词，但又具有不同于一般动词的用法，主要置于动词前表示说话人对说话内容的态度和情感，对句子所表达事件的主观评价。能愿标记既与说话人的主观认知有关，也与人类社会的道义有关。能愿标记所表示的情态（modality）[①] 是普遍意义的语法范畴，具有很强的语言共性和普遍特点。

马建忠（1898/2000：226）有言："有不记行而惟言将动之势者，如'可'、'足'、'能'、'得'等字，则谓之'助动'，以其常助动字之功也。"这里的"助动字"就是指助动词。赵元任（1996：609）指出："有时候，助动词也叫'情态助动词'（Modal auxiliaries），因为助动词是表示后头动词语义上的情态。"学者们逐渐认识到情态动词除表"能力"和

[①] 格语法认为句子是命题与情态的结合（Fillmore，2002：26）。情态是附加于句子命题上的主观信息，包括时、体、语气等概念。这里所指的"情态"是宽式定义，一般所指的情态即指能愿标记。

"意愿"外,还具有"认知"和"道义"上的情态,在研究中将能愿标记纳入情态范畴。

各家对能愿标记的分类略有不同,能愿动词往往可以分为两类,一类是表示对事情发生的可能性判断,即可能动词,如:会、可、可以、能、可能、能够;另一类是表示意愿和对情理、事理、主客观条件、价值的主观判断,如:要、肯、敢、得、愿、愿意、该、应该、应当。鲁晓琨(2004:3)按义项将其分为三类:可能类助动词、意愿类助动词、必要类助动词。周有斌(2010:23)在此基础上从"可能"类中离析出不含能力或许可的"纯客观"可能,构成"能力"类,包括可能类:可能、能$_1$、会$_1$、要$_1$;意愿类:情愿、愿意、愿、要$_2$、肯;必要类:该、应该、应当、应、得、必须、要$_3$;能力类:能$_2$、会$_2$、能够、可、可以。可能动词表示说话人客观传达或主观推测某一命题为真;意愿动词表示的是人们心理上的愿望、意向,在句中表达的是主事者对一件事的情感心态;必要类动词表示说话人从情理、现实或说话人的意志上对某一命题的评价。意愿动词表达的是句中主事者的主观愿望,可能动词表示的是写说者的客观评断。我们认为,能愿标记可以分为三类:能力标记,包括"会、能、敢"等;意愿标记,包括"想、要、祝、愿、肯、愿意";道义标记,包括"应该、要、该"等。

能愿标记具有明显的语用功能,吕叔湘(1984:568)认为是"高一级谓语",曹逢甫(1996)提出了"提升动词",认为助动词能将子句的主题提升到句子主题位置。于康(1996)认为句子是由"命题内容"和"主体表现"构成,汉语助动词属于"命题外成分"。上述诸家已表明能愿标记超越于一般的句法成分和由此形成的句法关系,它们属于句层面的内容,与整个句子发生联系。马庆株(1992)认为情态助动词是带谓词性宾语的封闭性的非自主动词,把以它组成的结构看作"述宾结构"。石毓智(2010:305)通过对19种境外语言和35种少数民族语言的对比得出的结论与马氏相同,认为助动词(指能愿标记)是谓词的核心,它与其后动词之间的语法关系为动宾关系。能愿标记后的动词已失去谓语中心语的地位,实际上被名词化了,成为能愿标记的宾语。

陈述式在同义前提下的指称化,语句并现的能愿标记不起限制作用,句层面的能愿标记则起限制作用,从另一个角度说明了能愿标记内部构成的复杂性。

一 语句并现层面的能愿标记

这类能愿标记既可以用于句层面，即能愿标记不与主语发生直接关系，而是与整个句子发生关系；也可见于语层面，即用在动词前对该动词进行评议。陈述式中能愿标记统摄全句，指称式中只作用于动词，也说明限定范围的缩小，这体现为一种意义的衰减。

1. 任选删略

语法位置也具有标示语法功能的作用，定语位置的修饰语往往是中心语所均有的性质或能力。意愿类能愿标记，如"肯、愿意、愿、情愿"等，表达人们心理上的愿望、意向，当事人对事件的情感心态，删略后的语义在一定语境中得到了恢复。如：

（1）某人<u>不肯</u>花钱买药⇒［Z］不肯花钱买药的人/不花钱买药的人（例：这儿躺着一个~，他若是知道葬礼的花费有多少，大概会追悔他的吝啬。）

（2）艺术家<u>不愿意</u>守成⇒［Z］不愿意守成的艺术家/不守成的艺术家（例：张艺谋是个~。）

例（1）—例（2）表示在否定的辖域下，意愿类标记的任选删略。表示道义类和能力类的能愿标记在指称化后必须保留，或辨义保留或致联保留，说明了不同能愿标记在衰减中也存在着不均衡性。

2. 辨义保留

能愿标记的删略式和保留式来源不同。这种情况的能愿标记有"能、可能、应该、想"［如例（3）—例（5）］等。保留式是对能力的判断，指具备了某种能力，具有主观推断倾向，表达的是一种或然性。删略式则表示已然的事情，是对行为的陈述，表达的是一种实然性。

（3）a. 学生<u>能</u>考上大学⇒［Z］能考上大学的学生（例：这所重点高中~接近95%。）

　　　b. 学生考上了大学⇒［Z］考上了大学的学生/考上大学的学生（例：新学年开学时，一些~因生活困窘而放弃学业。）

（4）a. 背包里<u>可能</u>装有炸弹⇒［F］可能装有炸弹的背包（例：

绑架者在他身上绑了一个~，并命令他去替他们取钱。）

    b. 背包里装有炸弹⇒［F］装有炸弹的背包（例：反政府成员携带~前往机场，引发了这起爆炸，造成21人丧生。）

  （5）a. 年轻人想成为艺术家⇒［Z］想成为艺术家的年轻人（例：对一个~来说，任何困难都是有益的，都是上天的恩赐。）

    b. 年轻人成为了艺术家⇒［Z］成为了艺术家的年轻人/成为艺术家的年轻人（例：~更需要保持旺盛的创造热情。）

如例（3）a指称式"能考上大学的学生"指依然在高三年级学习，准备考大学的高中生，客观上具有考上大学的能力，"能"是谓词的核心，它的未然义支配了整个结构；而例（3）b删略式"考上大学的学生"与例（3）a来源不同，此时谓词的核心不再是高层谓语"能"，而是动补结构"考上"，趋向补语"上"蕴含的已然义凸显出来，这里的"考上大学的学生"是"考上了大学的学生"的删略式，指"已经被录取即将就读的学生"。

在否定结构中，这种强制保留的情况依然存在，"不X"是对可能性的否定，指想完成的事情无法做到，所谓心有余而力不足，是客观性的。"不"是对现实性的否定，指想完成的事情能够做到，但因为各种原因无法去做，是主观性的。

  （6）a. 房子<u>不能</u>住人⇒［K］不能住人的房子（例：姚寨村地震中受灾严重，留下的建筑基本上都成了~。）

    b. 房子不住人⇒［K］不住人的房子（例：那片鬼城都是些~，炒房人买了等着升值。）

  （7）a. 妇女<u>不会</u>生孩子⇒［Z］不会生孩子的妇女（例：她会怎么看我呢？一个~?）

    b. 妇女不生孩子⇒［Z］不生孩子的妇女（例：可是，~不会体验到搂抱孩子或者安顿孩子上床睡觉的乐趣。）

如例（6）a中的"不能"表示客观情况的否定，指自身条件所限而不能完成动作行为，客观否定的"能"还可用"V不了"替换，保留式可以转变为"房子住不了人"，"能"在句中表示"客观条件制约了主观意愿"；而例（6）b表示"可能具备这种能力但是主观上不愿意做"，没有外在条件的限制，是主观上选择不让人去住。

3. 致联保留

陈述式中能愿标记除表达能愿情态外，还具有致联否定标记和动词的功能，也即完句的作用。指称化之后标记强制保留，标记删略式因不符合语法而不能成立。如：

（8）孩子会说话⇒［Z］会说话的孩子（但：?说话的孩子）（例：那个～才2岁半。）

例（8）可能因能愿标记的多义性而造成不同的理解，如"会说话的孩子"既可以指"已经学会说话的孩子"，也可以指"这个孩子懂得怎么说好话"，如"〈会说话的孩子〉讨人喜欢"。

否定范畴的使用对能愿动词的理解产生影响，多义能愿动词受否定范畴修饰后，某些义项会被滤除，只保留另一些义项。否定词可以使多义能愿标记少义或单义化，即否定对情态多义具有滤除作用（彭利贞，2007：317）。能愿标记删略后，否定副词或不能直接修饰名词，或表义不清无法确定动作的状态，所以强制保留。

（9）老板不能担当⇒［Z］不能担当的老板（但：*不担当的老板）（例：每一次我都将所有的心事自己扛下，我不希望员工看到一个～。）

（10）这个家伙不可以教育⇒［Z］不可以教育的家伙（但：*不教育的家伙）（例：我可能是一个～，但我能够吃苦耐劳，不怕牺牲。）

"不能""不可以"是对事实上或情理上需要的否定。否定副词"不"不能直接修饰名词，所以能愿标记"要"须强制出现。

二 句层面的能愿标记

能愿标记主要表达说话者对结构的判断，能愿标记所在的结构具有自身的表达功能，它是对结构的一种判断或者说明，是对已知信息的述评，往往成为首要的信息焦点。这些能愿标记主要表示估测义，即估计某事即将发生，或者某事已经发生，包括"会_推测"和"要_义务"。

"会"是汉语中常用的能愿标记，具有能力和推测两种情态意义。"能力"指有能力做某事或善于做某事，"推测"指可能或将来可能性的推测，表示条件和结果的逻辑联系，反映了说话者的主观评价。"会"表示推测，而且可能性极大。

(11) 审计会受到制约⇒[K] 受到制约的审计（但：*会受到制约的审计）（例：~还不是独立的审计。）

(12) 卡洛斯会感受到压力⇒[Z] 感受到压力的卡洛斯（但：*会感受到压力的卡洛斯）（例：~也逐渐明白了一个现实，想要在主教练位置上干下去，就必须作出一些让步。）

"会_推测"表示"较大的可能性"，指称式往往要求结构表示实然性，指称化的过程也是客观化的过程，因此标记强制删略，否则结构无法成立。

"要_义务"① 表示义务的情态意义，指外在的客观条件使动作行为成为必要。能愿标记须强制删略，所产生的指称式与陈述式语义不同，说明指称化后，结构意义变化了，这种义务情态只能出现在句层面，而不能出现在语层面。

(13) 爱情要讲究缘分⇒[Z] 讲究缘分的爱情（但：?要讲究缘分的爱情）（例：缘分在爱情里面占的比重还是比较大的，这首歌里面强调的也是~。）

(14) 某人要沉得住气⇒[Z] 沉得住气的人（但：?要沉得住气的人）（例：做大事者都是~，这种激动心情并没有让史玉柱和他的团队成员们忘乎所以。）

其中例(13)表示弱义务，即外在客观条件决定了动作行为；例(14)表示强义务，即社会规范或权威要求听话人去完成动作行为。这种表示自身主观的情态，在指称化之后，意义变化后结构需进行相应调整，标记强制删略。

---

① "要"可以表示义务、意愿、认知三种情态意义，句层面的"要"表示义务情态。

我们利用北京大学 CCL 语料库，对语句并现层面的能愿标记衰减进行了定量统计分析，选择较典型的三个意愿类标记，包括"肯、要$_{意愿}$、愿意"。以"肯"为例，搜索方式为以"肯""的"为关键词（即"肯#的"），中间间隔 0—9 个字符，去除不表示相应指称式或语义无法理解的语例，只统计属于指称式的 50 个语例；又以"肯"为关键词（即"肯#,"），只统计属于陈述式的 50 个语例。两类相加最终共获得 100 个语料。其余能愿标记以此类推，共获得 300 个语例。

表 3–3   能愿标记衰减情况统计

存在方式		肯	要$_{意愿}$	愿意	总计	
					语例	比例（%）
衰减类	强制删略	0	0	0	0	19
	任选删略	26	22	9	57	
非衰减类	竞争保留	21	65	60	146	81
	致联保留	53	13	31	97	

从表 3–3 的统计数据中，有如下几点发现。

第一，总体上看，能愿标记保留势力要大于衰减势力，保留率为 81%，删略率为 19%。衰减类型的比例为：竞争保留（48.67%）＞致联保留（32.33%）＞任选删略（19%）。其中竞争保留的整体比例较高，说明能愿标记的删留对语义影响很大，能愿标记有其存在的价值，这也从另一侧面证明了能愿标记并不是辅助其他动词表义的成分，自身就是所在动词短语的核心。

第二，能愿标记根据衰减形式的不同可分为句层面能愿标记和语句并现层面能愿标记。句层面能愿标记只能出现在句层面而不能出现在语层面，指称化之后强制删略。而语句并现的能愿标记在衰减中也存在差异。即使如上表所示，意愿类能愿标记的衰减比例也有明显差距，这可能与不同能愿标记的语义、语法化程度和使用频率存在较大关系。

第三节　情态量标记删略

情态量标记指用在动词或形容词前面起修饰限定作用的副词，常用来说明动作的行为或性质状态所涉及的范围、时间、程度以及肯定或否定的情况，有时也用来表示两种动作行为或性质状态之间的关系。情态量标记是谓词的重要标记，不能脱离谓词而独立存在，一般只能用来修饰其他词而自身不受其他词限制。情态量标记的语义大多是有实有虚的词，用法比较灵活，绝大多数是专职副词，也有一些是动词或形容词的兼类，虽然表层句法功能单一，但是在实际运用中却十分复杂，受制于很多非表层的成分影响。

汉语中的情态量标记包括程度量标记、范围量标记、动量标记和时间量标记[①]，它们含义大多比较具体，用法也比较灵活，主要用来表情达意，属于情态的范畴，凸显以主观量为代表的心理空间的界限特征。情态量标记的衰减涉及因素众多，是主客观因素共同作用的结果。

一　程度量标记

程度往往指事物变化达到的状态，程度的认定是主观与客观统一的过程。与程度量标记表达密切相关的标记包括句层面的程度量标记和语句并现的程度量标记。

1. 句层面的程度量标记

主要指语气副词，如"真""居然""竟然"等，它们只出现在句层面而不能出现在语层面，即指称化过程中标记均被强制滤除。如：

（1）a. 衣服真漂亮⇒［Z］漂亮的衣服（但：*真漂亮的衣服）
　　　b. 衣服很漂亮⇒［Z］很漂亮的衣服/漂亮的衣服
（2）女孩居然有三套住房⇒［Z］有三套住房女孩（但：*居然有三套住房女孩）

"真"和"很"同样表示主观的程度量，因为"真"是语气副词，属于句层面标记，不能出现在语层面。而"很"是语句并现层面的标记，既可以出现在句层面，也可以出现在语层面。这也从另一个侧面说明程度量标记的个性。

[①] 时间量标记包括已然时间量标记、持续时间量标记和经历时间量标记，它们在句中往往与体标记叠加使用，形成叠加标记，如"已……了""正……着""曾经……过"，在陈述式中并不是必要成分。这里主要考察程度量标记和范围量标记衰减的情况。

2. 语句并现层面的程度量标记

主要指程度副词，表示个体身心感受和事物性状所反映的等级差异。可以分为以下五个等级，"过量级"，包括"太""过""过于""过分"等；"最高级"，包括"最""最为"等；"极高级"，包括"极""透""极端""极其""非常""十分"等；"次高级"，包括"很""大""甚"等；"比较级"，包括"更""还""更加""愈益"等。

其中一些过量范畴表示程度或数量超过一定的限度，达到人们所能接受的最高等级，如"太""过分""过于"等。指称化之后，如果没有凸显的需要，则表示过量的语义范畴会降级为一般范畴，指称化同时也是客观化的过程，过高的情感量级将可能被滤除。如：

(3) 宋双太幸运了 ⇒ [Z] 幸运的宋双（但：？太幸运的宋双）（例：与~比起来，我在成功路上所付出的代价，就显得大得多。）

(4) 中国动漫的日本风格过于浓厚 ⇒ [Z] 日本风格浓厚的中国动漫（但：？日本风格过分浓厚的中国动漫）（例：~在进一步发展中缺乏原生创造力。）

与此同时，程度标记如"太""很""极"等，它们在句中往往具有完句的功能，置于谓语前使得谓语具有更高的鲜明度，如果需要凸显，则标记可以保留，因为这种程度的量级在人们看来还是可以接受的。如：

(5)【过量级】对于张国荣来说，这是个〈太〉好的机会，一个可以从亚洲电影冲进国际影坛的好机遇。

(6)【极高级】地球内部是一个〈极〉不平静的世界，地球内部的各种物质始终处于不停息的运动之中。

(7)【次高级】佛光山上就有一个〈很〉有意思的地方，大佛城佛殿里的佛像是密宗和显宗并存的。

当程度量标记保留时，它就成为句子的一个焦点；当标记被删略后，语句依然可以成立，只是强调的语义被滤除，变为直陈表达。

专职强程度副词的同类叠加，只有【过量级$_1$+过量级$_2$】可以出现在肯定辖域中，产生强调的表达效果；其余同类叠加只能出现在否定辖域中，产生婉曲的表达效果（马清华，2003）。肯定形式中，语用强调表达力量超过了衰减力量，表达的需要被凸显出来，衰减屈居于幕后，使强程度的叠加指称式也能成立。这从另一个方面，说明指称化过程中衰减是倾向性行为而非强制性行为。如：

（8）【过量级₁+过量级₂】事实上使得他端正的相貌惹人注意的地方却是他〈太〉〈过于〉衰弱的筋骨，以及〈过于〉微薄的血色。

（9）【过量级₁+过量级₂】〈太〉〈过〉浓艳的色彩不适合温婉女人，淡雅的色彩能让指尖和女人心变得柔和。

例（8）中他"过于衰弱的筋骨"和"过于微薄的血色"对举，但为凸显前者，指称式采用了过量级标记叠加方式。例（9）中"浓艳的色彩"与"淡雅的色彩"对举，但为了凸显前者，表明所具有的程度超出我们的接受范围而是用了程度量标记叠加的方式。

程度量标记的叠加方式在否定辖域中，量级程度明显下降，使得表达更加婉曲，从而满足交际需要，通过信息隐藏的方式，让听说双方都能接受。如：

（10）【次高级+极高级】这家店在胡同里，不〈大〉〈十分〉拥挤的店里人也不少。

（11）【次高级+过量级】面试中，不〈很〉〈过分〉的紧张考官是不会理会的。

（12）【过量级+次高级】他跟着她穿过不〈太〉〈大〉的花园，走进客厅。

程度量标记的叠加并不都能出现在指称式中，有些是不可接受的超常组合，如"十分太""非常过于""非常很""太很"等，能否接受还受语言使用者习惯、语言表达的积极效果是否超过消极效果等限制。

二 范围量标记

范围量标记主要修饰谓词所含范围内的所有成分，范围副词并不是对谓词本身做出限定，而是要对谓词所涉及的人、物、现象等加以限定。表示范围的标记即使含有数量，也是将数量作为一个整体。我们以前指标记"都"为例，其在句中可以是范围副词［如例（13）］、构式"连……都"［如例（14）］、时间概念［如例（15）］，但在指称化后均须强制删略。这是因为"都"是属于句层面的量标记，而不能出现在下一级的句法位置上。

（13）许多人都有慢性疾病⇒［Z］许多有慢性疾病的人（例：~通过养生锻炼，得到防病和保健的功效。）

（14）连抉择都很痛苦⇒［K］痛苦的抉择（例：李培杰也面临着~。）

（15）老婆子都快入土了⇒［Z］快入土的老婆子（例：没曾想我这个~也能用上电灯，全托共产党的福呵！）

例（13）标记"都"表示范围，主要用来总括前面提到的人或者事物，表示所限定的事物、所表达的行为动作或具有的性状没有例外地发生。"都"是对主语中限定词的强调和照应，是语义的焦点。指称化以后，原前指成分后移，"都"没有存在的必要而强制删略。例（14）—例（15）标记"都"表示语气，可以与连词"连"组成构式"连……都"，也可以表示已然的时间概念，在"都"的后面往往加"快""快要"等时间副词。这种"已经"的意义可以由副词和结构本身体现出来，所以"都"在指称化后删略。

三 动量标记

动量标记是表示动作行为的范畴，包括专用动量标记和借用动量标记。陈述式中动量标记的使用，使表达更加具体化和生动化。这种形象的表达却无法在指称式中得以实现，强制删略标记会导致意义的部分丧失，即使能够成立，意义也不太一样。即含有动量标记的指称式无法通过句法操作实现指称化，也就是说如果信息衰减无法实现，指称化也就无法进行，这也从反面论证了指称化过程中的形义衰减。如：

（16）小王跑了会步⇒［Z］跑步的小王（但：*跑了会步的小王/*跑会步的小王）

（17）张三得了<u>场</u>病 ⇒ [Z] 得病的张三（但：*得了场病的张三/*得场病的张三）

（18）王五做了<u>个</u>梦 ⇒ [Z] 做梦的王五（但：*做了个梦的王五/*做个梦的王五）

从另一个角度看，事件在逻辑上可以分解，"小王跑步、张三得病、王五做梦"从理论上可以分解为各个动作，但当句中使用了"了"之后，它赋予所表达的事件整体性质，该事件就具有了整体性，变为不必也不可分解的整体事件。因为一个事件都会占据一定的时间长度，时间在不断变化中直到结束，这样的构式具有很强的完句色彩，也就无法在指称化中实现降级。

第四节　语气标记删略

句子不仅传递客观信息，而且表达情感态度。句子可以分为命题部分和情态部分，两者犹如硬币的正反面，缺一不可。贺阳（1992）认为，"命题是对事物或事件本身的表述，语气则是对句中命题的再表述，表述的内容或是说话人表达命题的目的，或是说话人对命题的态度、评价等，或是与命题相关的情感"。语气的基本功能是对整个句子或谓语部分的相关命题或述题进行主观评价，语气不仅表现说话人的感情和态度，它还要影响听话人的态度和行为。语气通过语法形式表达说话者对句子命题的主观态度，属于句层面的因素，其本身并不充当句子谓语的限制或修饰成分，在指称化之后一般强制删略。

印欧语系语言主要依靠语调和动词的变化来表示语气。汉语的语气表达主要借助于语调、语气词、助动词、语气副词和疑问代词和某些特殊的句法结构。根据贺阳（1992）、齐沪扬（2002）建立的现代汉语语气系统，可将语气分为功能语气和意志语气①两类，语气词是功能类别最主要的形式标志；助动词、语气副词是意志类别的最主要形式标志。

功能语气以"表示说话人使用句子要达到的交际目的"为依据，可分

---

① 意志语气主要通过能愿标记来体现，我们已在第三章第二节"能愿标记删略"予以探讨。

为：陈述语气、疑问语气、祈使语气和感叹语气，指称化后删略情况如下。

一 陈述语气标记删略

陈述语气表示说话人向听话人叙述某个命题，传递实际有效的信息，增加句子的情感因素。句末语气助词是说话人向听话人叙述肯定命题的形式标记。如：

(1) 国旗<u>是</u>用纸做<u>的</u>⇒［Z］用纸做的国旗（例：招待访客贵宾时，大家都没有发现，盘中插着一面～。）

(2) 谷粮足够吃 9 年<u>的了</u>⇒［Z］足够吃 9 年的谷粮（例：明朝国库藏银约 1300 万两，朝廷甚至储存了～！）

(3) 大门敞开着<u>呢</u>⇒［Z］敞开着的大门（例：她提着桶，对着那扇～，立着不动。）

李讷等（1998）论证了语气词"的"是一个表示主观确认态度的传信标记。这些主观标记在指称化后被强制删略，这是由指称式的客观性所决定的。陈述式语气词如果删略，句子一般仍然成立，只是句子原来所具有的肯定、确信语气会有所减弱。陈述语气标记指称化后均强制删略，因为语气助词属于句层面，不能出现在短语层面。

二 疑问语气标记删略

当人们未能认知事物的某些方面时，就会引发探索的欲望，并进而通过疑问手段来发问，寻求答案。疑问语气包括询问语气［如例（4）］和反诘语气［如例（5）—例（6）］。疑问语气标记在句中是被焦点化的新信息，而且句中一次只能有一个成分被焦点化，作为背景信息的指称式肯定不能出现相关的语气标记。

(4) 女孩子<u>怎么</u>还没有结婚<u>呢</u>⇒［Z］没有结婚的女孩子（例：我一个～，怎好住在家里见亲戚朋友？）

(5) 财宝<u>难道</u>会从天上掉下来<u>吗</u>⇒［Z］从天上掉下来的财宝（例：他大声地对自己的同伴说他已经找到了～。）

(6) 唐棣又何尝想结婚呢⇒［Z］本不想结婚的唐棣（例：为了满足妈四世同堂的愿望，~决定1992年为姥姥结婚了。）

汉语小句中的疑问语气可以通过句末疑问语气标记来表示，还可以与一些情态成分协同表示疑问语气。疑问语气具有多层次的体现，除了通过词汇语法层的手段来表达疑问语义，音系层也可以通过语调升降的细微变化表达疑问语气，某些情况下，音系层的手段比词汇语法层显得更为重要。这些隶属于句层面负载的疑问信息在指称化之后均无法在短语层面得以实现。

三 祈使语气标记删略

祈使语气属于句层面内容，表示说话人的交际目的是要求听话人去做或不做某事，往往采用较为和缓、客气的要求进行劝阻。包括请求建议语气［如例（7）—例（8）］和命令要求语气［如例（9）—例（10）］。指称式采用直陈表达，陈述式所表示的主观信息在指称化过程中无法被滤除，即信息无法衰减，也就无法实现指称化。这也从反面说明，指称化是一个信息衰减的过程。如：

(7) 你少说闲话吧⇒［Z］*少说闲话的你
(8) 你多穿一点儿⇒［Z］*多穿一点儿的你
(9) 我们不妨做个实验⇒［Z］*做个实验的我们
(10) 你最好别出门⇒［Z］*不要出门的你

如例（8）"A点儿"表示说话人认为听话人没有达到自己心理的最低标准，对听话人目前的状态不满，所以用"A点儿"表达建议的祈使指令，这里的祈使语义是附着在祈使句式上的，所以导致指称化无法完成。

四 感叹语气标记删略

感叹语气的意图是向对方传递感情信息，表示强烈的主观色彩，与说话人的情态因素有关，一般在句末有叹号。感叹语气可以采用程度副词［如例（11）—例（12）］、指示代词［如例（13）—例（14）］和疑问代词［如例（15）］来表示。感叹语气只有强化语气，没有弱化语气，句中表示情感的程度副词等在指称化之后往往删略。如：

（11）小编工作太马虎啦⇒［Z］工作马虎的小编（例：~让网站主编大伤脑筋。）

（12）史玉柱够聪明了⇒［Z］聪明的史玉柱（例：面对企业的发展不能心猿意马，走哪条路尤其重要。但~在巨人鼎盛的时候却忘记了这个浅显的道理。）

（13）高原的空气这么新鲜⇒［Z］高原新鲜的空气（例：九寨沟丰富的植被资源与~，把这里的旅游与健康结合在了一起。）

（14）阳光那么明亮⇒［Z］明亮的阳光（例：~透过房顶的玻璃瓦倾泻下来，静静地洒满了整个房间。）

（15）某人整天瞎嚷嚷什么⇒［Z］整天瞎嚷嚷的人（例：真正的高手一般都深藏不露，~大多都是纸老虎。）

居于句首的语气副词与在句中的语气标记功能并不完全相同。句首语气标记的管辖范围是全句，是对整个命题进行表述；句中语气标记的管辖范围是句子中的述题部分，是对述题部分进行表述。陈述式在指称化降级为短语的过程中，属于句层面成分的标记必然首先被强制删略。如：

（16）a. 他也许把大家忘了⇒［Z］把大家忘了的他
　　　b. 也许，他把大家忘了⇒［Z］把大家忘了的他
（17）a. 我反正要路过南京⇒［Z］路过南京的我
　　　b. 反正，我要路过南京⇒［Z］路过南京的我

例（16）副词"也许"既可以置于句中，也可以置于句首，均表示不很肯定，说明语气标记"也许"是属于句层面的内容。例（17）副词"反正"强调在任何情况下都不改变结论或结果，一般出现在主语前，也可以用来指明情况或原因，用于加强语气，指称化后强制删略。

人们表示说话人对某一行为或事情的看法和态度时可采用多种语气形式，通过多重语气的叠加和协同来表达说话人的思想感情运动。语气标记除了表示语气外，更有足句的功能。可见，语气标记属于句层面的内容。在指称化之后，这些属于句层面的标记符号均被删略。如：

(18) 宋双实在是太幸运了⇒［Z］幸运的宋双（例：与~比起来，我在成功路上所付出的代价，就显得大得多。）

(19) 老师是多么高尚啊⇒［Z］高尚的老师（例：做学问的老师比较容易找到，但是~是不太容易找到的。）

例（18）采用肯定副词"实在"、判断动词"是"、程度副词"太"、句末语气词"了"。例（19）采用判断动词"是"、程度副词"多么"、句末语气词"啊"。指称化之后这些成分均须强制删略。

第五节 比况标记删略

比况标记附着在名词性或谓词性词语后面，构成比况短语，表示比喻。常见的比况标记有"一样、一般、似的"等。比况标记早在周秦时期就已存在，但数量很少，如"然""者""馨"。唐宋时期，出现了新的比况标记"相似""一般"，且使用频率不断提高。金元时期，逐渐形成以"似""般"为核心语素的比况标记词族，如"似"系有"也似""相似""似"；"般"系有"一般""般"，使用范围和频率大大提高。成书于17世纪的话本《金瓶梅词话》中共出现了11个比况标记，"似""似的""是的""也似""也是""也似的""也是的""般""一般""也般""也一般"等（曹炜，2011：137），蔚为壮观。明清时期比况标记内部进行了系统整合和调整，最终"一般""似的"取得了优势地位，被保留下来，"一样"直到现代汉语中才取得优势地位。

"像……一样"等结构指称化之后，其中的动词和助词二者必留其一，如果二者均删略，则应该是已经熟语化或词汇化，结构没有比况外的歧义。在比况标记删留语例分析中，均未发现强制删略类型，三个标记"一样、一般、似的"的删略类型相同，均为任选删略、辨义保留和致联保留。

1. "似的"删略

"似"本为动词，表示相似、相像，后语法化为比况标记。江蓝生（1992）认为可能是受阿尔泰语法的影响，"似"是生搬蒙古语比拟表达的词序而产生的新的语法成分。石毓智、李讷（2001：372）根据句法结构的变化探讨了"像……似的"的由来，元明以后，"似"的比喻功能弱化，人们在表达比喻时往往会再添加一个"像"，以凸显谓语位置上的比喻义，从而构成"像……似的"叠加标记，"似"由于加了"的"，使其具有了"的"字短语的句法功能。

1）衰减类

比况标记在指称化后可任选删略，但哪些成分可以删略，哪些不可以删略，表明其信息地位的不同，这是由语义和韵律等多种需要造成的。结构因使用频繁、形象生动而构成固定表达，衰减最后形成比喻式固定表达，这是概念隐喻造成的删略。如：

（1）大口如同血盆似的 ⇒ [Z] …→①血盆似的大口/血盆大口（但：?如同血盆似的大口）（例：那头野猪大叫一声，掉过身来，张着～，露出钢刀般的牙齿，直向喇桂扑来。）

（2）城市像花园似的 ⇒ [Z] …→花园似的城市/花园城市（例：在德国，我们发现了很多～。）

2）非衰减类

先来看辨义保留，一些用来表示比拟的事物，两者之间存在所属关系。如果删略比拟词，则删略式表示特定所指，与标记保留式语义不同，如：

（3）睡姿像婴儿似的 ⇒ [Z] …→婴儿似的睡姿（例：不少女孩都喜欢～，不仅能睡得很有安全感，还很惹人怜爱。）≠婴儿的睡姿（例：～不仅影响了婴儿的睡眠安全，而且还关系到婴儿的头型。）

（4）天真像孩子似的 ⇒ [Z] …→孩子似的天真（例：这种天真并不是～，而是一种骨子里的单纯的坚持和固守。）≠孩子的天真（例：请珍惜～，他们需要的仅仅是一份鼓励。）

再来看致联保留，本体和喻体均为具象名词，通过比况标记将两者联系在一起，表达比喻的意思。标记删略后形成"名+的+名"结构，定中

---

① 比况动词的删略情况参见第一章第一节一"轻动词删略"中的比况动词删略。

之间还只是临时组合,没有形成固定表达,人们无法将这两种事物联系在一起,表达修饰的语义,所以标记须致联保留。如:

(5) 宿舍像猪窝似的⇒〔Z〕…→猪窝似的宿舍(但:*猪窝的宿舍)(例:你就这样一边担心着,一边还要和一堆黑炭们住在这个~里。)

(6) 眼睛像黑棋子似的⇒〔Z〕…→黑棋子似的眼睛(但:*黑棋子的眼睛)(例:乃义长得漂亮,苹果似的脸盘,两道乌眉衬着一双~,活脱脱是一个美男子的形象。)

(7) 他的一圈头发像铁丝网似的⇒〔Z〕…→他的一圈铁丝网似的头发(但:?他的一圈铁丝网的头发)(例:~早已花白了,黝黑沧桑的脸上布着零星的老年斑。)

2. "一般"删略

唐代文献中"一般"义为"一样、同样",宋元时期"一般"还做定语或谓语,词义仍为形容词,明代以后作比况标记而大量使用(曹炜,2011:143)。

1) 衰减类

一些比喻结构在人们的大脑中已经形成固定的隐喻,比喻物是人们生活中最常见的事物,被比喻物则是一些抽象的事物。通过比喻将两种事物建立起直接联系。定中之间可以形成直接修饰关系而不需要依靠比况标记,说明所形成的概念已经熟语化了〔如例(8)〕。因此,在比况助词删略后,结构依然能够成立,成为名词性结构。而一些熟语化程度还较低的指称式还需要形容词等代偿构式义〔如例(9)〕,否则结构不能成立。

(8) 事实如同铁一般确凿⇒〔Z〕…→铁一般的事实/铁的事实(例:在~面前,美国的图谋遭到了失败。)

(9) 木棒像胳膊一般粗⇒〔Z〕…→胳膊一般粗的木棒/胳膊粗的木棒(但:?胳膊一般的木棒/*胳膊的木棒)(例:一个愣头小青年,举起一根~朝一名战士当头就砸。)

2) 非衰减类

先来看辨义保留，标记删略形成删略式和保留式两种，因语义上差别较大而形成竞争关系，分为情貌—领属关系和情貌—类别关系。

其一，情貌—领属关系。保留式定语与中心语是描写关系，属非限制关系，两个事物之间存在相似性；删略式定语与中心语是领属关系，属限制关系，两者之间直接修饰。如：

(10) 眼睛如同鹰一般的锐利⇒[Z]…→鹰一般的眼睛（例：沈凤鸣，同事们叫惯他大沈，一个普普通通的侦查员，却有一双～。）≠鹰的眼睛（例：李苦禅是国画大师，他的鹰极有性格，而且～一律是方形。）

(11) 身躯如同小树一般纤细⇒[Z]…→小树一般的身躯（例：我们的致命一招，就是到水田里，寻觅你～。）≠小树的身躯（例：一波一波的山风顺着空阔的高原呼啸而来，～被压弯了。）

其二，情貌—类别关系。保留式定语与中心语之间是方式关系；删略式定语与中心语是类别关系。此外，指称式中"一般"前如果是双音节名词，那么"一般"往往会缩略为"般"，成为准标记性成分，删略后的表达也更符合韵律的要求。"一般"不能完全删略，否则就成为直接的限定。如：

(12) 生活如同流浪者一般颠沛流离⇒[Z]…→流浪者（一）般的生活（例：格蒂过着几乎是～，他流浪并不因为贫穷，而是为寻欢作乐。）≠流浪者的生活（例：摄影师跟随拍摄了一群～。）

(13) 友谊像兄弟一般⇒[Z]…→兄弟（一）般的友谊（例：长期以来，两国互相尊重、坦诚相待、互帮互助，建立了～。）≠兄弟的友谊（例：大学时候，～最纯粹，一个人失恋伤心，寝室的人都要围着他转。）

再来看致联保留，比况助词具有致联的作用，如比拟词为单音节名词，则标记强制保留；比拟词为双音节名词，标记"一般"可以缩减为"般"，此时比况标记已具有词缀化倾向，表明指称化后比况标记形义进一步衰减。如：

（14）巨浪像山一般⇒［Z］…→山一般的巨浪（但：*山的巨浪）（例：海涛涌起~扑向客轮，客轮迎风斗浪般地艰难前进。）

（15）毛发像剑一般⇒［Z］…→剑一般的毛发（但：*剑的毛发）（例：蚩尤的兄弟个个都是铜头铁额，头上生有坚利的角，耳边长有~。）

（16）顾客如同潮水一般涌来⇒［Z］…→潮水（一）般的顾客（但：*潮水的顾客）（例：美食博览第一天，众多市民排队购票进场，同时~提着大包小包从展场满意而归。）

3．"一样"删略

从历时角度看，现代汉语比况标记"一样"来源于近代汉语形容词"一样"，这个过程早在唐宋时期就已经开始。因充当连动短语的前项短语而具有了重新分析的条件，最终与介词一起充当状语而完成了语法化的过程。构式"像……一样"中，"像"是动词，"一样"是比况助词，它们组成叠加标记表示比喻义。

1）衰减类

比况标记后接表程度的形容词，如"坚硬、残酷、宝贵、宽广"等成为本体和喻体产生联系的象似点，为大家所熟知，指称化之后，形容词任选删略，接受者可通过百科知识和相关语境来帮助理解。在进一步指称化过程中，比况标记"一样"可任选删略。

（17）拳头像铁一样坚硬⇒［Z］…→铁一样的拳头/铁的拳头（例：他那钢板似的胸脯贴在掩体上，用两个~支住下巴，紧盯着沟里的敌人。）

（18）纪律如同钢一样的严格⇒［Z］…→钢一样的纪律/钢的纪律（例："南海前哨钢八连"1964年被国防部授予荣誉称号后，始终保持钢的信念、钢的作风、~。）

如果陈述式中比拟词是具象的单音节词如"铁""钢"等，"一样"可减省为"样"，如"铁样的拳头"。但在新闻语体的标题中，往往会采用标记删略式，如"用〈铁的拳头〉打假治劣""用〈钢的纪律〉打造过硬的队伍"。新闻标题受版面空间限制，要求在有限空间内反映文章主要内容，吸引读者，因此新闻标题会进行最大限度的删略，这是由语体不同所造成的特殊表达删略。

结构助词"的"处于修饰语和中心语之间充当比况的功能在近代汉语中就已经出现。它们出现的位置相同，喻体和本体之间出现的比况标记和修饰语与中心语之间出现的结构标记功能相似，这种距离象似性（iconicity of distance）也成为构式相互替换的基础条件。两式有时会同时出现在修饰语和中心语之间，相互间的词义感染和替换也使"的"能够代偿比况标记的功能。如：

(19) 手里摇着洒金川扇儿，越显出<u>张生般庞儿</u>，<u>潘安的貌儿</u>。（金·2·27）

(20) 跟随着<u>虎狼的家人</u>，<u>熟鸭子般的丫头仆妇</u>，暮春天气，融和丰岁，道途通利，一路行来，甚是得意。（醒·8·95）

(21) 小人两个里边议出一个，同了他去，如<u>探囊取物的容易</u>。（醒·5·55）（翟燕，2008：377—378）

明清小说中"的"具有比况标记的功能。如例（19）"张生般庞儿"与"潘安的貌儿"对举，可以理解为张生般的脸庞和潘安般的容貌；例（20）"虎狼的家人"后面出现"熟鸭子般的丫头仆妇"，也可以理解为承后省略；例（21）中没有其他的语境成分，"探囊取物的容易"中结构助词"的"同时具有比况标记的功能。

2）非衰减类

先来看辨义保留，标记删略形成了删略式和保留式两种，因语义差别较大而形成竞争关系。分为情貌—领属差别和情貌—材质差别。

其一，情貌—领属差别，保留式定语与中心语是情貌关系，删略式定语与中心语是领属关系。如：

(22) 鼻子如同狗一样灵敏 ⇒ ［Z］……→狗一样的鼻子（例：26年的记者生涯，练就了他鹰一样的眼睛、~、骏马一样的双腿。）≠狗的鼻子（例：在一切生物中，~最灵，它的鼻子里有22000万个嗅

第三章　指称化过程中情态成分的形式衰减　179

觉细胞。）

（23）感情如同兄妹一样亲密⇒［Z］…→兄妹一样的感情（例：双方经纪公司都否认恋情，表示雪莉和崔子只是如同～。）≠兄妹的感情（例：我看得出亚敏喜欢你，但不是～。）

其二，情貌—材质差别，保留式定语与中心语之间是情貌关系，删略式定语与中心语是材质关系。如：

（24）地面如同水磨石一样光滑⇒［Z］…→水磨石一样的地面（例：这是一个不大的院落，进到大殿，我们首先看到了～，光滑平整。）≠水磨石的地面（例：她的高跟鞋后跟，敲击在～上，发出一连串脆亮的声音。）

（25）教训如同血一样残酷⇒［Z］…→血一样的教训（例：澳柯玛的产品质量观是～换来的，"没有最好，只有更好"。）≠血的教训（例：面对鲜红的湘江水，长征大军从～中认清了错误路线领导的危害。）

再来看致联保留，陈述式用具象的事物所具有的特点来比喻另一个事物，指称化后，比况标记删略，构成两类事物的直接修饰结构，但这种修饰关系在自然界中并不存在，所以标记须强制出现。

（26）头发如同干柴一样⇒［Z］…→干柴一样的头发（但：*干柴的头发）（例：我想起我小时候就心酸——一件破棉袄，里面的虱子滚成蛋；头上几根～也长满了虱子。）

（27）冰窟窿像马蜂窝一样⇒［Z］…→马蜂窝一样的冰窟窿（但：*马蜂窝的冰窟窿）（例：皑皑的白雪下面埋藏着～，深达几米、几十米、几百米。）

我们对比况标记的衰减进行了定量统计分析。利用北京大学CCL语料库，以"像""似的"为关键词（即"像#似的"），中间间隔0—9个字符，只统计属于指称式的50个语例；又以"似的"为关键词（即"似的#"），中间间隔0—4个字符，只统计属于陈述式的50个语例。去除不表示相应指称式或语义无法理解的语例，包括重复统计的，两类相加最终获得100

个语料。我们同样对"一样、一般"衰减的情况进行统计，三者共计 300 个语例。比况标记衰减情况的统计见表 3-4。

表 3-4　　　　　　　　比况标记衰减情况统计

类型		似的	一般	一样	总计		
		语例	语例	语例	语例	占比（%）	
衰减类	强制删略	0	0	0	0	0	11.67
	任选删略	16	11	8	35	11.67	
非衰减类	竞争保留	11	22	24	57	19	88.33
	致联保留	73	67	68	208	69.33	
					265		

从表 3-4 的统计数据中，有如下几点发现。

第一，总体上看，比况标记保留的势力要明显大于衰减的情况，比况标记"一样"的保留率为 92%，比况标记"一般"的保留率为 89%，比况标记"似的"的保留率为 84%，三者平均保留率达到了 88.33%。从这个数字可看出比况标记保留的倾向较大，衰减的倾向较小。

第二，在所收集的 300 例比况标记语例中，没有发现强制删略的语例，任选删略的语例也较少，一共为 35 例，占比为 11.67%；其中多数是已形成比喻义用法或因使用频繁而形成的固定表达。这也从另一侧面说明比况标记倾向于保留。

第三，比况标记的各构成部分的衰减度并不均衡，可以形成一条如下所示的衰减度连续统，左侧衰减度最高，右侧衰减度最低，衰减度从左到右依次递减："似的＞一般＞一样"。三者之间的区别也反映了使用频率和语法化程度的不同。

综上可见，情态成分是附加于句子命题上的主观信息，指称化也是滤除句子主观信息的句法实现方式之一。陈述式通过态标记拉近施事与受事的距离，也就提升了"操控"和"处置"的强度，适应了谓语更高鲜明度的表达需要，指称化之后，指称式成为背景信息，语义表达恢复到常态语序，结构进行语义调适，态标记自身所包含的处置语义被滤除，处置义由动词自身来完成，体现了指称化过程中虚词与语序的协同作用。陈述式中能愿标记统摄全句，句层面的能愿标记被强制删略，语句并现层面的能愿标记只作用于动词，说明限定范围的缩小，这也体现为一种意义的衰减。情态量标记凸显以主观量为代表的心理空间的界限特征，情态量标记的衰减涉及因素众多，是主客观因素共同作用的结果。语气标记通过语法形式表达说话者对句子命题的主观态度，属于句层面的因素，其本身并不充当句子谓语的限制或修饰成分，在指称化之后一般强制删略。比况标记的各构成部分的衰减度并不均衡，三者之间的区别也反映了使用频率和语法化程度的不同。

第四章 指称化过程中其他形式衰减

指称化后生成一个由"降级的述谓结构"做修饰语的定中结构,语义中心由整体向局部过渡,凸显定中结构所在的核心名词,整个指称式在新事件中只能充当事件的一个参与者而不能陈述整个事件,指称式由前景信息变为后景信息,适应转换后信息量的调整,体现为外在形式衰减的一系列行为。衰减包括:成分的删略、缩略、兼职和语序的常规化及单一化。删略是从有到无,缩略是从多到少,兼职是从双到单,而语序常规化、单一化则是多种语序选择最典型语序的过程。其中删略是形式衰减的最主要方式。

第一节 删略

删略是语言指称化过程中经济原则的体现,作为一种零替代,在形式上比其他形式衰减更为经济。一方面说话人需要传递信息,尽可能地减少自己的脑力与体力付出;另一方面语言表达自身也需要将已知信息背景化,从而可以留下足够空间给未知信息,人们交际需要和语言内部需要两方面共同决定了指称化之后的结构成分的衰减,其中定语删除的最简化造成了裸名词的出现,成为新事件的起点。删略同时也是语言的一种衔接手段,删略在话语中留下了一些结构空位,这些空位可以根据语境或者常识来填补,因此也就与其他位置上的话语发生了联系,从而起到关联、连贯和衔接的作用。本节以结构标记为例,对其删略情况进行详细描写。

结构标记是说话人在传递语言信息时,在客观信息上所标注的主观信息记号,它主要承担句子的结构含义,体现了结构之间相互作用、相互间的内在联系。黎锦熙(1924/1957:11)在《新著国语文法》的词类体系中设置了"关系词",用来做句子中间的关节,表明各词和各语句的关系,以起到联络媒介的作用。鲁川、王玉菊（2008：245）将结构之间的联系扩大化，认为"关系标记（即结构标记）是概念或事件在语意关系中的角色标记"，包括：并列关系标记（和、与、同、并且）；加合关系标记（的、之）；配合关系标记（被、让）；续和关系标记（因、由于）。我们认为，结构标记一般包括句法结构标记和逻辑结构标记，它们是帮助某种语法结构形成的词。指称化之后，为适应衰减的总体趋势，语言系统内部进行调整，结构关系标记和逻辑结构标记虽在衰减的表现形式和策略上各不相同，但本质上都体现了衰减的普遍性。

一 结构关系标记删略

结构关系标记又称结构助词。上古汉语中有十多个，如之、者、厥、其等，其主要功能是做修饰语的标记、做主谓短语的标记、做谓宾倒置的标记。中古时期，结构标记最初形式是"底"，"底"字结构来源于上古汉语的"者"字结构，大约始见于唐代，"底"（的）通过词汇替代了"者"。从北宋时期开始，助词"底"出现"的"形式，"形+底+名"结构已经较为常见。从元代开始，结构标记"底"在书面形式上就通常写作"的"。结构标记在共时平面上意义与用法的复杂性也与其来源的复杂性密切相关。虽然指称化现象在古代汉语中就已非常普遍，但不用结构标记的无标记转指和自指在古代汉语中更多。

"提取"是谓词性结构名词化的一种语法手段。朱德熙（1983）用这种观点看待汉语的名词化标记"的""者""所"等，发现三者语法功能不同："者"主要提取主体，"所"是提取客体，"的"指称范围最宽，既可以提取主体，也可以提取客体和附加体。陆俭明（1983）对现代汉语"的"字结构和"所"字结构处于非定语位置上的指称范围和条件进行研究，揭示了这两种结构之间的区别。

除了汉语中通用的结构标记"的"，在汉语方言中还有一些语言成分也具有类似结构标记的功能。苏州方言中的一些量词，包括所有的物量词、临时量词，一部分度量衡量词和动量词具有定指的功能（石汝杰、刘丹青，1985）。此外，北京口语中一些指示词"这""那"或指量短语也能兼做某些定语的标记，在苏州方言中，一些半虚化的处所词也是定中关系的表达手段之一（刘丹青，2005）。北京话中指示词既作定语标记，同时也具有类似冠词的作用（张伯江、方梅，1996：157—158）。粤方言中的开平方言往往用量词"个"来做定中标记，标记有强式和弱式之分，而且这些定中标记对定语的形式有一定的复杂度要求，往往排斥单个动词和单个形容词，也就是说定语的复杂度与定中标记之间存在双向选择关系（余蔼芹，1995）。

现代汉语中，结构关系标记"的"是陈述式由前景信息降格为后景信息的形式标志之一，是背景化的强制手段，标示着结构由离心式变为向心式。"的"作为连接修饰语和核心名词的联系项，并不是一个纯粹的句法性标记。结构标记在将修饰语和中心语连接起来的同时，也在两者之间划出明显的界限，便于我们对语言的理解和认知。结构标记"的"作为汉语中出现频率最高、使用最广的虚词之一，一直是学术界研究的热点，张敏（1998）、崔应贤（2002）、曾美燕（2004）从不同的角度探讨了汉语定中之间"的"字的隐现规律。现代汉语中定中结构往往强制出现结构标记，汉语客体中心结构顺行、主体中心结构逆行的基本语序格局在标记产生前即已形成，标记产生后或更替后仍得到稳定维持（马清华，2014a）。"的"出现和应用是汉语定中结构模式化的表现，指称化后结构标记"的"的使用受到语言经济原则和象似性原则的竞争制约，最终出现与否是两者运筹的结果。刘丹青（2008）在论述汉语定语标记特点时也同样指出："定语标记不是纯句法性的，而兼有语用性（广义）。几乎所有定语后的'的'都不是强制性的，在一定条件下都可以省略，这些条件包括句法、语用和韵律等。""的"的使用并不体现强制性的规律，而更多体现为语言使用中的选择性规律。

（一）标记存在方式

1. 衰减类

1）强制删略

为了更好地凸显指称化的标记。主体中的修饰语"的"，在指称化之后，往往被删略。陈述式中，主体［如例（1）］、客体［如例（2）］或主客体［如例（3）］位置上可任选删略的结构标记，在指称化活动造成的定中式递归扩展后，增入新的同形标记后，转为强制删略。①

（1）国家的元首被罢免了⇒［K］被罢免了的国家元首（但：？被罢

---

① 笔者发现陈述式中状语与动词之间的标记"地"，在指称化之后也会被强制删略。如"瓜农直溜溜地站着⇒直溜溜站着的瓜农"（例：第二层是直溜溜站着的瓜农，不敢坐，买卖兴隆忙得很。）

免了的国家的元首)(例：一个~，其政治和个人前途是很难预料的。)

(2) 金秀坐在手术室门外的长椅上⇒[K] 坐在手术室门外长椅上的金秀(但：?坐在手术室门外的长椅上的金秀)(例：~不免后悔刚刚在门诊大夫面前掏结婚证的可笑。)

(3) 鲁迅的作品影响了我的一生⇒[Z] 影响我一生的鲁迅作品(但：*影响我的一生的鲁迅的作品)(例：这是一部~。)

2) 任选删略

指称化过程中，定语与中心语之间存在修饰关系，复杂定语之间也存在相互修饰关系，结构标记在进一步指称化过程中往往被删略。首先看人称代词作定语，与其他定语之间的结构标记可任选删略，在正常叙述语境中，标记倾向于删略。如：

(4) 他有爸爸⇒[K] 他的爸爸/他爸爸
(5) 我们有班级⇒[K] 我们的班级/我们班级

其次，在熟语化过程中，一部分结构逐渐凝结为词，由句法向词法过渡，属于句法的外在标记自然被删略。如：

(6) 用胎毛做笔⇒[K] 用胎毛做的笔/胎毛做的笔/胎毛笔
(7) 为操作而建立平台⇒[K] 为操作而建立的平台/操作的平台/操作平台

汉语由陈述式向指称式的变化是一个衰减的过程，衰减的最终成果是形成特指名词甚至裸名词。修饰语和中心语之间直接连接，而不需要结构标记，表明两者的连接非常紧密，已被用来指称某一类事物。

2. 非衰减类

1) 辨义保留

首先看比喻关系，使用标记来联系定语与中心语，形成修饰关系；而不用标记的定中结合更为紧密，可隐喻其他事物。如：

(8) 用铁打造饭碗⇒[K] 用铁打造的饭碗/铁的饭碗≠铁饭碗(例：

上任伊始，任海铭首先打破"~"，实行优化组合，使能力强的职工有了用武之地。）

（9）用大锅来煮饭⇒［K］用大锅煮的饭/大锅的饭≠大锅饭（例：过去搞平均主义，吃"~"，实际上是共同落后，共同贫穷。）

例（8）—例（9）中"铁饭碗"和"大锅饭"是高度计划经济时代的产物，是针对当时分配领域存在的平均主义的一种形象生动的比喻式构词，保留式和删略式的意义大不相同。

其次看数量关系，标记"的"存在与否对个体量词和表容量的集合量词组成的结构，具有区别意义的作用，前者不能加"的"，后者则没有这个区别，带"的"的格式具有强调数量多的作用。如：

（10）人挤满了一屋子⇒［Z］一屋子的人≠一屋子人
（11）菜放满了一桌子⇒［K］一桌子的菜≠一桌子菜
（12）书有满满一箱子⇒［K］一箱子的书≠一箱子书

数量词直接修饰名词，中间不需要加"的"，如例（10）："我看那满满〈一屋子人〉，心想，睡不着觉的人都来了。"也可以在数量词后带"的"来强调表达，如："本来只想请两三位同志座谈一下，结果来了〈一屋子的人〉，有老师，还有学生。"

2）致联保留

首先看致联限制，标记"的"将两个不同的成分或分句联系在一起，删略标记，结构将不能成立。

其一，致联形容词与动词。结构标记可将语法中不能直接相连的两个部分联系起来。表状态的形容词只能充当定语修饰名词，指称化后，形容词与动词在语法位置上紧密相连，前者无法直接修饰后者，强制要求在两者间加上结构标记以作间隔，形容词语义指向依然是核心名词，不与动词发生关系。如：

（13）厚厚的棉衣过了时令⇒［Z］厚厚的过了时令的棉衣（但：*厚厚过了时令的棉衣）（例：她穿着~，上面已被油灰遮得不辨丝纹。）

（14）无法掩饰淡淡的伤悲⇒［K］无法掩饰的淡淡的伤悲→淡淡的无法掩饰的伤悲（但：[?]淡淡的无法掩饰伤悲）（例：她那苍白的眸子里划过~。）

其二，致联两个小句。两个小句之间表示承接或因果关系，压缩后成为一个指称式，为了表示它们之间的逻辑关系，小句之间往往用标记来标示。如：

（15）细胞刚刚分裂出来，获得了新生⇒［Z］刚刚分裂出的获得新生的细胞（例：~有完整细胞功能吗？）
（16）艺术家不要官方职位，而要追求自由⇒［Z］不要官方职位的追求自由的艺术家（例：圆明园画家已被社会所关注，它代表了一批~。）

其次看修饰限制，形名的组合也受到相互间的限制。这与词义联想中的相近心理距离（psychologican distance，简称心距）有关，也与词在词汇语义谱系分类中的距离，即语义距离（简称义距）有关（马清华，2006：71）。

（17）动物是聪明的⇒［Z］聪明的动物（但：*聪明动物）
（18）孩子是聪明的⇒［Z］聪明的孩子/聪明孩子

"聪明"属性在动物的认知模式中并不是一个显著属性，所以对其后的名词并不具有句法的规约性，前者须强制保留。而"聪明"与"不聪明"却是人类认知模式中具有的分类方式，生命度高低具有语义的制约作用，"人类"与"聪明"在概念领域建立了比较牢固的联系，因此例（18）两式均能成立，可以不通过结构标记而直接建立意义联系，试比较"你是个聪明孩子—你是个聪明的孩子"，而"*聪明动物"却为非法结构，只能用于特定语境中，如"在许多有关'聪明动物'的故事里，动物只是按令行事而并非能自己思考"。

（二）多项定中标记的删略

我们选择了《皇城根》《平凡的世界》等多部现当代文学作品约 10 万字，建立了小型语料库，以"的"为关键字进行检索，删除不属于指称标记的语例，选取前 1000 个定中结构进行分析。重点考察定语的层级性对结构关系标记删略的制约因素。

表 4-1　　　　　　　　结构关系标记衰减情况统计

	单层定语	双层定语	三层定语	共计
	数量（占比）	数量（占比）	数量（占比）	（占比）
带一个"的"	189	551（85.56%）	87（52.09%）	82.7%
带两个"的"	-	93（14.44%）	72（43.11%）	16.5%
带三个"的"	-	-	8（4.8%）	0.8%
共计	189（18.9%）	644（64.4%）	167（16.7%）	1000（100%）

从表 4-1 可以看出，定中结构中有倾向于使用一个"的"的趋势，太多的"的"往往给人烦冗、乏味的感觉。在 1000 个定中结构语例分析中，只出现一个"的"的比例为 82.7%[①]，出现两个"的"的比例为 16.5%，只有 0.8%的比例出现 3 个"的"，这也再次证明了"多层定语和多项定语都有排斥'的'在一个名词短语内多次出现的倾向"（刘丹青，2008）。在双层定语中，"的"字删略的比例为 85.56%，在三层定语中，如果将带一个和带两个"的"的语例结合起来，则比例会高达 95.2%，显示出极强的衰减倾向。

此外，我们以 644 例双层定语为例，从句法位置上考察不同位置对指称化标记删略的制约。我们将定语距离核心名词较近的位置称为（P1），将定语距离核心名词较远的位置称为（P2），考察两个不同的位置对指称化标记删略的制约。

(19)【P1】老厨师带了本<u>油腻腻蓝布面的</u>账本上楼来相访，十分客气要借点钱买油盐。

(20)【P2】杨妈端着一盏<u>带玻璃罩的</u>老式煤油灯走出来。

(21)【P1+P2】他也永远不能忘记<u>可爱的</u>富人的女儿冬妮娅。

其中，P1 位置上保留为 396 例，占比 61.49%；P2 位置上保留 155

---

① 除结构标记删略外，汉语中还利用虚指的指示代词来部分代偿结构标记的功能，如"就这样，〈他那虽然贫穷但充满无限欢乐的日月〉过去了"。或采用古汉语中的结构标记"之"，如"不可忽视〈爱情之树上飘落的哪怕仅有的一片枯叶〉，或许这一片枯叶，已经预示着爱的历程上，萧瑟秋天的到来"。

例，占比24.07%；P1和P2位置上均保留为93例，占比14.44%，P1位置上保留率（61.49%）远大于P2位置上的保留率（24.07%），可以看出，接近中心语位置越近，指称化标记越容易保留，离中心语越远，指称化标记越容易删略。刘丹青（2008）也指出，多层定语和多项定语排斥"的"字多次出现的共同做法是"尽前删略"，即位置在前的定语，尤其是定语之首的领属语，最容易或最需要删略"的"。如：

（22）我的箱子丢失了⇒［Z］我的丢失的箱子/我丢失的箱子（例：刚好碰到从里面出来的两位工作人员，其中一位先生手里提的正是～。）

（23）他的胸部光着⇒［Z］他的光着的胸部/他光着的胸部（例：～满是刀伤——有长长的刀口，从肩部一直延伸到腰际；也有小的、深的。）

（24）他的双手被绑着⇒［Z］他的被绑着的双手/他被绑着的双手（例：～压在下面，他的双腿则弯曲了起来，随后一松也躺在了地上。）

陈述式的主体是人称代词修饰的名词性结构，指称化之后，陈述式主体中心语成为整个指称式的中心语，指称化后主体中的"的"删略。陈述式中的谓语指称化之后与主体构成一个谓词性结构修饰中心语，人称代词与谓词之间的结构标记可任选删略，只是保留式更加凸显结构标记前的成分。徐阳春（2011）也认为复杂的偏正短语中"的"字的隐现规律为：一般只在第一层次偏项和正项之间出现"的"；第二层次也可出现"的"，条件是该结构体内部的偏项需要凸显，如"他们对〈山西人民贫穷的反抗的描写〉，以一种朴素的感性力量让人难以忘怀"。在正式的文艺语体中，"N的V的V"式嵌套结构形式新颖，提供了叙述的焦点信息。

从句法上看，定中结构中定语是"非核心成分"（non-nucleus），中心语是"核心成分"（nucleus），处于核心成分之前的非核心成分具有相对的独立性，而核心成分则具有很强的黏着性，这种现象归纳为"前松后紧"规则（吴为善，2006：124）。既然定语位置较为松散，也就为结构标记"的"删略提供了条件准备。从认知上看，汉语定中结构倾向于保留一个"的"，是受典型定中构式"D（定语）的H（中心语）"范畴化的影响。

张立飞（2010）指出，人们在对实际语言的体验中，利用范畴化等基本认知能力，对体验到的语言实例进行认知处理，形成一系列抽象和复杂程度不一、形式和意义兼具、在心智中得到表征的实体或图式构式。典型的"D（定语）的 H（中心语）"会被优先激活，完全识别。多重定语只保留某一层次标记，体现了指称式过程中的衰减，减少结构标记使用也强化了图式的固化程度和概念化程度，使定语和中心语之间界限分明，概念清晰，更加有助于被识别，这也是定中结构自身优化适应的体现。

二 逻辑结构标记删略

句子的语法结构包括句法结构和逻辑结构，两者之间存在紧密的系统联系。王维贤等（1994）、张斌（2003）将通过逻辑结构标记所体现的复句语义关系归为三类：（1）事理关系（factual relation），即客观事实之间的关系，如并列关系、连贯关系；（2）逻辑关系（logical relation），即判断和判断之间的关系，如因果关系、假设关系；（3）心理关系（psychological relation），即说话人的主观认知，如递进关系、转折关系。逻辑结构标记主要指连接词、短语和分句，表达辅助性语法关系和语法意义的虚词，具有凸显、竞争、致联的语法功能。邢福义（2001：31）指出："对于隐性的逻辑基础来说，关系词的作用有四种，一是显示，二是选示，三是转化，四是强化。"逻辑结构标记并不是独立的句子成分之一，虽然连接的前后两部分可以共同作句子的主语或宾语，但标记本身并不属于句子成分，一般认为是超层次的语言单位。除了具有连接的语法功能外，逻辑结构标记还具有修饰的语义功能和表述的语用功能。

句子直接反映现实语用层面的新信息，而定中短语（指称式）反映已知信息，逻辑上表达的是复杂概念，不需要强化对逻辑联系的标识。指称化过程中，复句结构（陈述式）由逻辑结构经过语法整合、形义调适实现为句法结构（指称式），实现语言的重新编码和信息转换，指称化过程同时也是逻辑结构句法化的过程。一些由标记衔接的复杂语义结构，在指称化之后，外在形式压缩，句法功能发生偏移和缩减，意义更加紧致整合，从而导致词汇密度的增加，概念化不断增强。在句法实现中，结构由语到词，产生了结构的降级，形成"的"字短语，使结构表达更加简洁。连接标记所表示的逻辑关系通过词语之间的线性语义连接来表示，标记的删略与否，全部或者部分删略是语言结构经济性原则和语义表达明晰性原则之间动态选择的结果。

汉语研究中早就关注到汉语逻辑结构标记的删略。吕叔湘（1942/1990：101—102）指出："词结和词结的结合既然凭着种种关系，这种关系可以用关系词明白表示，也可以含蓄着而不言而喻。"陈述式中一个或多个小句表达的概念在指称式中可以通过词组的方式完整地表达出来，既减少了语符的出现，避免烦冗的表达，也使得外在结构更加简洁，但信息量却相对增加。从语篇的衔接角度看，使用外在标记可以将小句紧密地结合起来，使表达更加紧凑。标记化是强化语言表达功能的手段之一，标记化和标记演化又导致了语言表现力与表达功能的扩张延伸。当语言表现力又觉笨拙时，便催生新一轮标记化活动。通过这种一次又一次螺旋式上升的循环，语言系统变得更为复杂和完备，其功能也更加强大（马清华，2006）。从信息传递角度看，标记的使用使信息之间的界限更加清晰，由因致果的语义关系更加明显。汉语所体现的意合型语法使汉语对于逻辑结构标记的使用更加灵活，既可以是强制性出现，也可以是选择性出现，指称化的过程也是汉语外在标记形式衰减的过程，结构的降级、形式的压缩、语境的代偿使得标记出现受到的影响因素更多。

学术界一般将逻辑结构标记分为表联合和表偏正两大类。单音节标记仅用于句法层面，不用于词组层面，指称化后均删略。现仅对上述偶举逻辑标记衰减情况进行分析。[1]

（一）联合标记删略

联合关系主要有并列、连贯、递进、选择、取舍、解注六种。联合标记的删留类型包括：任选删略和致联保留。

1. 衰减类

这里主要指任选删略。无论是并列关系还是连贯关系，逻辑结构均退居幕后，主要依靠其他标记或意合法通过线性序列来连接。

1）并列关系

并列标记可以直接连接两个同类的形容词或谓词短语，可以全部或部分删略并列标记，只通过线性逻辑关系来表示［如例（25）］，也可以依靠轻动词或否定标记叠用形成格式化偶标来表示［如例（26）—例（27）］，

---

[1] 逻辑结构删略后辨义保留，导致指称概念转变，将在第五章第三节一"逻辑关系到句法关系"中讨论。

一般来说所连接的结构项目数要相等。

（25）小女儿既聪明又漂亮⇒［Z］既聪明又漂亮的小女儿/聪明又漂亮的小女儿/聪明漂亮的小女儿（例：记得12年前，自己曾经有过一个~。）

（26）某人既有知识又有智慧⇒［Z］既有知识又有智慧的人/有知识又有智慧的人/有知识有智慧的人（例：~，方能成为生活的主宰者。）

（27）小刘德华既不调皮也不爱说话⇒［Z］既不调皮也不爱说话的小刘德华/不调皮也不爱说话的小刘德华/不调皮不爱说话的小刘德华（例：即使是~，也和所有男孩子的童年一样，经常犯下错事被家长批评甚至是挨打。）

2）连贯关系

"一……就"表示顺从连贯，前项事件的发生与后者事件之间是承接关系。指称化后标记删略，通过形式上的先后语序决定事件在时间上先后发生的次序［如例（28）］；也可以通过体标记标示动作的终结点，凸显和强化界限［如例（29）］，已然体标记凸显两种不同情状变化之快，造成强烈反差对比。指称式最终依靠通过时间顺序临摹原则表明动作先后关系，这也是汉语句法配置和信息安排的原则体现。

（28）【前标任选】某人一出生就失明了⇒［Z］一出生就失明的人/出生就失明的人（例：耶稣和门徒在路上行走的时候，看见一个~坐在路旁。）

（29）【全部任选】某人一好了伤疤就忘了痛⇒［Z］好了伤疤就忘了痛的人/好了伤疤忘了痛的人（例：我从来就不是个~。）

2. 非衰减类

这里主要指致联保留。致联保留是使不可联结构成为可联结构的一种标记控制方式，只有标记保留，才能使组合结构合法化或自由化，否则不可联或合法度降低。

1）标记后项强制保留

标记"既……又"表示微递进关系，在指称化之后，框式连词中处于前面的连词"既"删略，不影响语义的表达，后面连词"又"往往用"而"替代，由递进关系向并列关系偏移，否则两个没有语义关联的形容词很难组合到一起。

（30）铜镜既大又薄⇒［Z］大而薄的铜镜（但：*大薄的铜镜）（例：~保留下来非常不容易，世人手上拿的多是出土的，小而厚居多。）

（31）连衫裙领口开得既大又低⇒［Z］领口开得大而低的连衫裙（但：*领口开得大低的连衫裙）（例：她穿一件~。）

两个单音节词在标记删略后，容易使接受者将其判定为词。马清华（2005：399）指出，"一旦这种词化理解定势与单音二项式尚未词化的语言事实相抵触，人们就会勾起对后者的抵触心理，从而将整个句子判定为非法。"这里体现了词与短语之间的势力竞争，合成词排斥短语的势力。

2）标记的前后项强制保留

并列标记在指称式中前后项均须强制保留，动词不能依靠逻辑关系在线性序列上进行组合［如例（32）—例（33）］，有时中心语还会对定语内容进行再次说明［如例（34）］。

（32）范春梅且歌且舞⇒［Z］且歌且舞的范春梅（但：*歌舞的范春梅）

（33）两位客人（一）边抽烟（一）边交谈⇒［Z］（一）边抽烟（一）边交谈的两位客人（但：*抽烟交谈的两位客人）

（34）两面政策是一面调停一面援蒋⇒［Z］一面调停一面援蒋的两面政策（但：*调停援蒋的两面政策）

其中无论是并列关系、递进关系、选择关系、取舍关系，在指称化后标记均须强制保留。表示并列关系的陈述式在指称化之后，并列关系标记删略容易引起理解歧义。选择或递进等意义必须依靠标记才能实现，否则会无法理解。

（35）【并列关系】这块不是竖栽而是横躺的碑（但：*这块竖栽横躺的碑）

(36)【递进关系】既是校友更是朋友的白雪洁（但：*是校友是朋友的白雪洁）｜既有辛酸苦闷更有奋发图强的故事（但：?有辛酸苦闷有奋发图强的故事）

(37)【选择关系】要么创新要么死亡的企业（但：*创新死亡的企业）｜不是雪白就是漆黑的冰原地区（但：?雪白漆黑的冰原地区）

(38)【取舍关系】宁可饿死也不求人的硬汉（但：?饿死也不求人的硬汉）｜与其做了挨骂不如不做的想法（但：?做了挨骂不做的想法）

(二) 偏正标记删略

偏正关系主要包括转折、因果、假设、条件、目的、让步六种。偏正标记连接前后两项，构成有主有从，有偏有正的关系。

1. 衰减类

1）强制删略

首先看转折关系，转折关系的语义重心在后项。指称化之后转折的语义关系蕴藏在定中结构中，一些成分的位置重新调整，定语与中心语之间形成转折关系，定语所表明的是一种预期，但中心语却超出预期之外，结果仍是表示对预期的背反，语义的重心在定语上。如：

(39) 东西虽然好，但是价格贵了一些 ⇒ [Z] 价格贵的好东西

虽然说话人承认这个东西很好，但价格确实贵了些，希望对方能够降价。其中"了一些"是委婉口气成分，色彩义在指称化后被滤除，理性义被保留。逻辑关系通过词语的顺序暗含其中，层层推进，显示了汉语更加重视意合（parataxis）。

其次看因果关系，有因必有果，原因在前、结果在后，构成"因为……所以"偏正标记。指称式中的因果关系通过句法上的逻辑关系体现出来，通过连谓结构反映内在逻辑关系，事理因果先后关系体现在汉语修饰关系的线性语序上，因果结构分置于指称化标记的两边，逻辑清晰。如：

(40) 因为替别人死，所以成了鬼 ⇒ [K] 替别人死的鬼/替死鬼（但：*因替别人死的鬼）

(41) 因为受凉，所以生了病⇒［K］受凉生的病（但：*因受凉生的病）

指称化之后形成的指称式，其内部语义关系符合句法中的顺序象似原则，语言符号的排列顺序与事件的因果关系基本一致，意合法连接映照了所表达的事件发生的先后实际状态，符合汉语使用者的思维顺序和文化习惯。

2）任选删略

首先看因果关系标记，原因发生在前，结果发生在后，这是人们在认知外界事物时所遵循的一般规律。汉语语序的理据是对客观事件的"象似"表达，汉语的表达与人们认识世界的方式和过程密切相关，这也造成汉语的编码机制是对客观有序事件的"临摹"。定中结构在表达时也遵循语言的基本语序规律：原因先说，结果后说。在汉语线性语序上，原因从句在前结果从句在后。逻辑标记的隐现更多受制于时间顺序原则的制约。

(42) 孩子因贫穷，所以失学了⇒［Z］因贫穷失学的孩子/贫穷失学的孩子（例：我想为张卫国等～尽些义务，以弥补我的过错。）

(43) 由于火山喷发，因此引起了地震⇒［K］由于火山喷发引起的地震/火山喷发引起的地震（例：2001年以来该火山平均每月发生31次地震，～多达1279次。）

指称化后为节约表达的空间，因果标记"因为"可缩减为"因"。因果标记反映逻辑关系，定中结构语序反映时间上的先后和客观上的承继关系。所以，外在的语法形式消失，取而代之的是内在的逻辑关系。

其次看条件关系标记，"无论……都"之间构成语义照应关系，指称化之后，"都"可以保留，凸显语义的焦点，也可以两者一并删略，依靠逻辑关系来表示。此外，"什么"与"都"有语义指向关系，"都"删略后"什么"必须删略。如：

(44) 某人无论做什么事，都特别认真⇒［Z］做什么事都特别认真的人/做事特别认真的人（例：曹彬是个～，认为自己既然掌管茶酒，就要按规定办事，不能坏了规矩。）

2. 非衰减类

这里主要指致联保留，包括原因关系、目的关系、让步关系三类。

1）原因关系

"凸显效应"指概念认知上的凸显程度差别会导致其语言表达方式的差别。这里主要指因凸显的语义不同而导致的原因标记保留。

（45）名将杨凌因为有伤，所以错过奥运会⇒［Z］因伤错过奥运会的名将杨凌（但：*伤错过奥运会的名将杨凌）（例：~发挥不佳，在项目中只获得第五名。）

（46）山西以盛产煤炭而著称⇒［Z］以盛产煤炭而著称的山西/以盛产煤炭著称的山西（例：~将通过展览、话剧、歌舞等系列活动鲜活演绎历史悠久的三晋文化。）

指称化之后，例（45）因后接单音节名词，关联标记须保留。为凸显状语位置上的原因，"因为"可缩减为"因"，与"伤"组成一个音步。如果是双音节词"受伤"，则关联词"因果"任选删略，如"〈受伤〉错过奥运会的名将杨凌"。从另一个方面看，如果要凸显结果，那么原因就不需要出现，可删略为"错过奥运会的名将杨凌"，删略后的结构不仅增强了连贯性，也使表达更加精练。例（46）"以……而"中标记"而"删略，"而"作为承接标记，把表示目的、原因、依据、方式、状态的成分连接到动词上面。陈述式的因果关系层次分明，逻辑清晰。指称化之后，表示原因的标记也须强制保留。

2）目的关系

目的关系标记"为了……而/就"，其中前项"为了"指称化后可减省为"为"，"而/就"表示目的关系，舒缓语气，本身可用可不用，指称化后任选删略，结构依靠语序的逻辑关系来表示承接。如：

（47）老兵为了荣誉而奋战⇒［Z］为了荣誉而奋战的老兵/为荣誉奋战的老兵（例：我尊重每一个~。）

（48）酒会为了凯旋而举办⇒［Z］为了凯旋而举办的酒会/为凯旋举办的酒会（例：谁说你主持不了一个~？爸爸我相信你一定能！）

3）让步关系

"即使……也"是表示让步的关联连词，在陈述式中逻辑标记必须出现，否则句子不合法，指称化之后标记须强制保留。

（49）气度是即使挨打也满不在乎⇒［Z］即使挨打也满不在乎的气度（例：吴国桢见了什么人都饴以笑容，甚至和当时气焰很盛的闹学潮的学生，也表示着一种~。）

（50）即使亏损也要捐出"保底款"⇒［K］即使亏损也要捐出的"保底款"（例：主办单位声称入不敷出而无法兑现许诺，原来答应~亦迟迟未捐。）

（三）还原分析

因为表达需要的不同，逻辑标记在衰减的过程会采用不同的策略，我们随机选取了100个含有逻辑关系的指称式，并采用还原的方式还原为相应的陈述式，经考察，衰减情况可以归纳为以下六类，不同策略之间也显示出衰减的不均衡性。

第1组：标记全部保留

（51）这种疯狂而且危险的行为⇒这种行为疯狂而且危险｜漫长而曲折的人生之旅⇒人生之旅漫长而曲折

第2组：标记部分保留

（52）为生存奔波的穷画家⇒穷画家为生存而奔波｜因贫穷失学的人⇒某人因贫穷而失学｜不要官方职位的追求自由的艺术家⇒艺术家不要官方职位而要追求自由

第3组：换用其他标记

（53）【并列"而"→递进"既……又"】我坚固而干净的身体⇒我的身体既坚固又干净

（54）【并列"与"→递进"不仅……而且"】被侮辱与被损害过

的我⇒我不仅被侮辱过而且被损害过

(55)【选择"或"→选择"不是……就是/要么……要么"】热衷科举或利禄的知识分子⇒知识分子不是热衷科举就是热衷利禄｜破产或减产的企业⇒企业要么破产要么减产

第4组：删略后结构标记连接

(56)【并列→递进】一只称职的会思考的马桶⇒这只马桶不仅称职而且会思考

第5组：删略后标点符号连接

(57)【并列→递进】一个知书达理、不多言不寡语的好姑娘⇒这个好姑娘不仅知书达理而且不多言不寡语

(58)【并列→递进】虚伪、卑鄙的老头⇒老头虚伪又卑鄙

第6组：删略后意合连接

(59)【并列→递进】一个年轻漂亮的女人⇒这个女人既年轻又漂亮

(60)【顺承→因果】种苹果致富了的人们⇒人们因为种苹果所以致富了

以上六类方式体现了逻辑结构标记"从有到无"的衰减策略和方式，各种情况在所收集的语例中的比例情况见表4-2。

表4-2　　　　　　逻辑结构标记衰减形式比例

衰减形式	标记全部保留	标记部分保留	换用其他标记	删略后结构标记连接	删略后标点符号连接	删略后意合连接
语例	9	24	8	4	2	53

逻辑结构标记凸显语言的表达，本质上起强调作用，而单标则是普通的表达，无标意合则是衰减的最终表现。指称化之后，定语位置上不能出现过多的判断，偶标衰变为单标，甚至可以完全删略，衰减构成口气强弱

变化形义降等连续统。在形式衰减的背后是意义的衰减。在表4-2中，可以看出完全删略后采用意合连接的占了半数之多，可见这是逻辑结构标记衰减的最主要方式，此外逻辑标记的部分保留所占比例也达到24%，约占1/4。说明逻辑结构标记为降低信息的敏度，采用部分删略的方式。逻辑结构标记删略后采用结构标记和标点符号连接的语例很少，这或许与文体或使用者的个人习惯有关。

衰减方式见图4-1，六种衰减策略形成了衰减的连续统：删略后意合连接（53%）>标记部分保留（24%）>标记全部保留（9%）>换用其他标记（8%）>删略后结构标记连接（4%）>删略后标点符号连接（2%）。

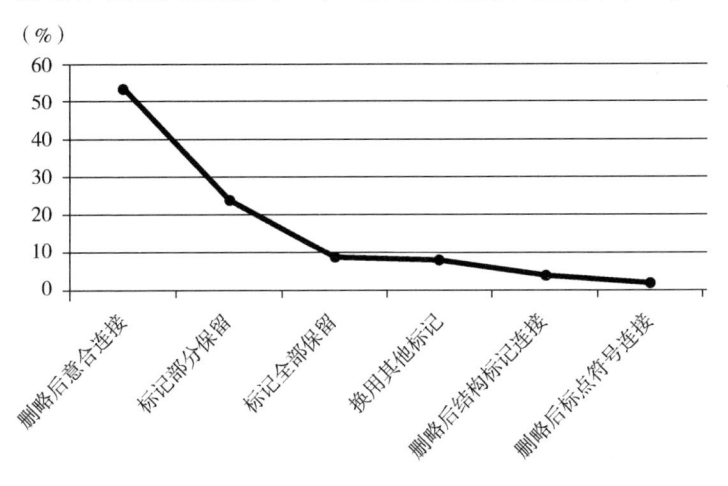

图4-1 逻辑结构标记衰减方式

第二节 缩略

缩略是语言中常见的现象，也是语言在指称化过程中为适应信息变化，满足语言经济性、交际高信息量、表达快节奏的需要而使用的策略之一，被缩略的成分往往是语言中的羡余语义部分，缩略依赖于原有语言符号，原结构与缩略结构之间存在映射关系，缩略后不影响结构的理解，而删略是原有内容被完全删除。缩略要求信息的高保真，尽可能保持原意，减少损意，因此需要对语言表达做更经济和简明的重组，缩略后的成分要能激活听话人对原结构的联想，从而根据一定的工作机制，通过联想和想象来自动补充完整，构成完整的"认知—语义"模式。值得注意的是，缩略后的结构不能与语言中已存在的结构发生冲突。"缩略的最终目的在于以尽量少的言语去传递尽量多的信息，获得最佳的交际效果，因此需要在'省力经济'与'明白易懂'之间达成'平衡'，否则就会影响交际。"（刘玉梅，2012）指称化过程中的缩略并不是任意的、无序的、无条件的，而是经济原则和表达原则之间系统运筹的结果。

一 定语缩略

定语位置的修饰成分缩略既要经济省力，也要最大限度地保留原有信息量。缩略的类型包括：熟语化引起的缩略和词汇化引起的缩略。

1. 熟语化

谓词部分因使用频繁，在指称化后受信息背景化影响而进行相应的缩略。在压缩过程中，首字（语素）具有心理认知上的明显优势，能够迅速建立与原词语的心理联系，因此在缩略过程中一般保留，"首字（词）原则"（马庆株，1988）是汉语缩略的重要原则之一。指称化后信息已知，为表义清晰、表达简洁，谓词部分指称化后压缩为定语，修饰中心语，这些成分部分已经熟语化了。

（1）【直陈】饼干被压缩过⇒［K］压缩过的饼干→压缩饼干｜龙井出产于杭州⇒［Z］出产于杭州的龙井→杭州龙井

（2）【比喻】大口像血盆似的⇒［Z］…→血盆似的大口→血盆大口｜经济像泡沫一样容易破裂⇒［Z］…→像泡沫一样的经济→泡沫经济

陈述式中的谓词部分是表达的重点，因此需要足够的冗余度和更多的鲜明度。指称化之后，陈述式中可接受的冗余在指称式中下降，为顺应表达背景化的需要，指称式的限饰成分会进行一定的缩略。如：

（3）金一趟的身体微微发胖⇒［Z］金一趟<u>微胖</u>的身体（例：~坐在太师椅里，既协调又稳重。）

（4）露天沙场不为别人所知道名称⇒［K］<u>不知名</u>的露天沙场（例：我被塞进了一辆警车，被送到了一个~，在那儿做起了苦力。）

（5）生死关头不是你死就是我亡⇒［Z］你死我亡的生死关头（例：他虽然爱整人，但却不会去害人性命，除非是~。）

（6）老人不但令人尊敬，而且令人畏惧⇒［Z］令人敬畏的老人（例：在外祖母专政的第十九年年底，一辆黑色的灵车带走了这个~。）

（7）母亲生下了我，养活了我⇒［Z］生我养我的母亲（例：我爱你，就像爱着~！）

如例（5）选择关系代表了两种不同的选择内容，但指称化之后，这两个方面往往抽象为一个概念，表现相对稳定的意义，在这其中熟语化也起了推波助澜的作用。删略标记后形成紧缩结构已经熟语化，具有很强的习惯定型性，"你死我亡"成为常规构式不能作谓语，缩略后只能作定语，句法功能弱化。从另一个角度看，陈述式需要用复杂形式，而指称式中只能用缩略式，也说明了形义的衰减。

2. 词汇化

词汇化是在指称化过程中，逐步删略外在标记和非核心论元，将表述事件或内容概括凝练的过程。为符合汉语韵律要求，还会对词形进行相应压缩，以形成特指名词。如：

（8）【V＋N】稿子被修改好了⇒［K］修改好的稿子→修改稿
（9）【N＋N】用木板搭建大棚⇒［K］木板搭建的大棚→木板棚
（10）【VN＋N】用帽子来遮住太阳⇒［F］遮住太阳的帽子→遮阳帽

例（8）中谓词结构进行压缩，保留了动词；例（9）中为凸显材料和来源，形成"名＋名"结构；例（10）中提取工具格，动宾各抽选一个实义语素作定语，中心语词形也相应删略，构成"2＋1"音步特指某些事物，由于这类词语的固化度和规约度较高，更容易被人们接受和理解。

比喻词的形成是词汇化的高级形式，人们熟知的事物可通过相似点形成比喻，在频繁的交际中以隐喻的方式形成比喻，标记删略不影响人们的理解。动词"像"和比况标记"一样"组成框式标记，在指称化后，保留喻体使主体与客体结合得更紧密，通过隐喻成为固定概念，构成"自指—本体属性"模式［如例（11）］，或者"喻指—本体属性"模式［如例（12）］。

(11)【外形相似】像兰花一样的手指→兰花指｜像扫帚一样的星星→扫帚星

(12)【性质相似】像纸一样不堪一击的老虎→纸老虎｜像铁一样坚硬的拳头→铁拳头

此外，成分缩略中我们还发现了一种"假性缩略"或"类缩略"的情况。这类表面上看起来是副词压缩［如例（13）］或者变序压缩［如例（14）］的情况其实有着历时的渊源。上古汉语中单音节向双音节化发展，在现代汉语科技语体中又发生了再缩略现象，如：

(13) 古城早就已经消失了⇒［Z］<u>早就已经消失的古城</u>→<u>早已消失</u>的古城（例：除前瑞典探险家和中国探险家黄文弼外，谁也没有去过这~。）

(14) 印加文明消失已经很久了⇒［Z］<u>消失已久</u>的印加文明→<u>久已消失</u>的印加文明（例：南美洲对中国人"很神秘"，无论是~，还是热情的探戈、精彩的足球。）

同异识别是人类基本的认知能力，指称式在经过初始适应后，由叙事向述物转化，其内部各元素和子系统也要根据求同原理进行语法结构的内部整合，通过语法手段从而不断提高定中结构的模式化水平。

二　中心语缩略

陈述式中的很多成分都能在指称化后充当定中结构的中心语，一些事件甚至复杂事件因所指相同经压缩归同后成为指称式的中心语，这些成分被压缩在中心语狭小的空间内，是缩略的更高层次体现。如：

(15)【句并列→语并列】蒋介石反对共产党，反对人民，反对革命⇒［W］蒋介石<u>反共反人民反革命</u>（例：~，激怒了丁聪，他把讽刺之火再度熊熊点燃起来！）

(16)【兼语结构→动宾结构】他帮助我们解了围⇒［W］他的<u>帮助解围</u>（例：苏亚的同学走了以后，苏亚向立夫道谢，感谢~。）

(17)【状中关系→词汇化】特大自然灾害突然袭来⇒［W］特大

自然灾害的突袭（例：经历了众多~，中国不仅从灾难中总结教训、积累经验，更在深刻思考、积极改进。）

谓词与前后的状语和宾语关系密切，指称化之后，原有谓词结构内部的语义关系发生变化，由句层面向语层面衰变，结构进行优化重组，将谓词部分压缩在中心语位置。指称化必须在形式与功能之间寻求平衡点，以符合表达的需要，否则提取不能顺利进行。

第三节 兼职

兼职，即一身二任或二者合一，包括相同项目的归同、相类论元的融合、相类语素的兼职。指称化之后，为表达更加经济，对陈述式中重复成分或类固定成分进行归同，删除重复部分，以使表达更加简洁，结构更加紧凑，这是另一种形式的衰减。兼职符合汉语表达的经济性原则，在保证完成语言交际的前提条件下，人们会对言语活动中的力量消耗做出合乎经济的安排。但归同的前提是不影响交际的正常进行，指称化过程中的形义衰减必须满足交际中的合作原则。成分的兼职既节省了语言表达空间，又将受话人注意力引入未知信息或焦点信息，为进一步陈述做好句法空间准备和认知准备。

一 相同项目的归同

归同是形义衰减的方式之一。当汉语表达复杂概念和范畴时，会在谓词部分采用重复或凸显的方式来表示，以形成语义上的强调意味。指称化之后信息背景化，句层面的内容会压缩为语层面的定中结构，这种强调的语义需要消失，相同的论元或成分具备了归同的条件，同指概念进行合并，相关概念进行连合。如：

（1）气氛不但令人窒息而且令人紧张⇒[Z]令人窒息令人紧张的气氛→令人窒息紧张的气氛（例：亲爱的老师啊，请你将这样~冲淡一下吧？）

（2）好姑娘不多言不寡语⇒[Z]不多言不寡语的好姑娘→不多

言寡语的好姑娘（例：她是个知书达理、~。）

两个小句中某些成分相同，在指称化之后发生归同运转，压缩成一个指称式。两个小句在线性序列上依靠逻辑关系来联系，其间以结构标记相分隔，分别修饰中心语。相同论元既可以成为提取项［如例（3）—例（4）］，也可以成为定语与中心语共用的部分［如例（5）—例（6）］，如：

(3) 中国人发明了马桶；马桶是用木板铁条箍起来的⇒［K］中国人发明的木板铁条箍起来的马桶（例：我不是~，而是一只抽水马桶。）

(4) 隧道是砖砌的；隧道覆满了青苔⇒［Z］砖砌的覆满青苔的隧道（例：当你循着路标由坡道往上爬，钻进一条~，就可以来到昔日的牢房区）。

(5) 乘客们在公交车上；公交车在运行着⇒［J］［（在运行着的公交车中心语1）乘客们中心语2］（例：~也对这一担忧议论纷纷。）

(6) 一架战斗机在二战时保卫过英国王宫；战斗机变成残骸了⇒［J］［（二战时保卫过英国王宫的一架战斗机中心语1）残骸中心语2］（例：英考古学家宣布，~日前在伦敦出土。）

常识隐藏在语言的背后，维持语言的基本运作并支配语言的形义和可接受度。一些逻辑上不言自明，不需要采用分句形式来表示的语义，可以采用更低的语法结构来表达，指称化有助于结构的衔接和连贯，也带动了结构的复杂化，如：

(7) 她带着身孕，脸色异常苍白⇒［Z］她带着身孕的脸色异常苍白
(8) 粉色花朵绽开了，它的直径不过3厘米⇒［Z］绽开的粉色花朵的直径不过3厘米
(9) 张生民的门牙露着，已经缺了半颗⇒［Z］张生民露着缺了半颗的门牙

如例（7）表达两个命题内容，分别是"她带着身孕""她的脸色异常苍白"，这两个命题的谓词性成分都是前景信息，指称化后，其中一个命题以内嵌句的形式被包装起来，由前景信息变为背景信息，既达到了降低

信息量的要求，也使语篇衔接更加流畅。只是与并立句相比，两者信息权重存在一定差别。

二 相类论元的融合

多个事件中含有相类的成分，它们意义高度缠绕，在组合层面发生归同而集聚，指称化后这些相类论元发生融合。最终两个或多个事件成为新事件的参与者之一。如：

（10）某人因为结了婚，所以有了孩子，成了妈妈⇒［J］结了婚有了孩子的妈妈（例：~还能实现自己的理想吗？）

（11）某人因为多管闲事而被打得面目全非，成了倒霉蛋⇒［J］因多管闲事而被打得面目全非的倒霉蛋（例：看着那个~，我觉得很伤心。）

（12）某人大学毕业后成为教师，但未受过教师培训⇒［J］大学毕业但未受过师训的教师（例：~须尽快修读学位教师教育证书教育文凭课程。）

（13）这个女的是我们夏庄最狠的老师⇒［J］我们夏庄最狠的女老师（例：大家都说她是~。）

例（10）—例（12）的主体均为不定指的人，因为某些原因而变为另一类人，其中例（10）包含三个独立事件，"某人结了婚""某人有了孩子""某人成了妈妈"，它们因动作的参与者相同而发生归同运作，主体和结果压缩为指称式的中心语，可以认为是同时提取主体与客体而形成的指称式。最终，三件事件衰减为新事件的参与者之一。例（13）为指代性成分，在主语位置上有强调意味，指称化之后为凸显动作的结果和对象，主客体之间发生意义整合和紧密化处理，强调语义消失，指称式句法结构的"词汇密度"大于逻辑结构。

三 相类语素的兼职

汉语中以词形"的"表现的有结构标记、句末语气词、比况标记中"的"等，它们出现的位置和指称化标记位置如果相邻，为表义清晰和表达简洁，相邻的标记往往融合为一个标记。相类语素的兼职也是适应信息背景化要求而采取的衰减策略。结构关系标记可被其他同形成分语素临时替补,复指的指示定语与结构标记具有相同的功能基础,因此也具有代偿的条件。此外,位于句末的结构助词和框式结构中的"的"也会在指称化之后与结构关系标记相融合。如:

第1组:同形代偿

(14) 酒红得像鲜血似的⇒[Z] 红得像鲜血似的~~的~~酒(例:她给我倒了一杯~,我喝了一口,感觉很难喝,差点把它吐了出来。)

(15) "满洲国"如同铁桶似的⇒[Z] 铁桶似的~~的~~"满洲国"(例:意想不到"八·一五"炮响,十天光景,这~哗哗地垮了。)

第2组:代词替代

(16) 他的眼睛像那鹰一般⇒[Z] 他~~的~~那鹰一般的眼睛(例:~,搜索着施工现场每处可能出现的失误和偏差。)

(17) 她的舞姿像那精灵一般⇒[Z] 她~~的~~那精灵一般的舞姿(例:你尽可想象~,想象她为四海宾朋留下的倩影。)

第3组:助词替代

(18) 头发湿漉漉的⇒[Z] 湿漉漉的~~的~~头发(例:李宁玉像是刚刚洗过头,正一边埋头看着报纸,一边在梳着~。)

(19) 毛巾脏兮兮的⇒[Z] 脏兮兮的~~的~~毛巾(例:老大爷头上包着~,上穿一件破旧的棉衣,下穿打了补丁的棉裤,脚边还扎了带子。)

第4组:框式结构

(20) 额上皱纹是新添的⇒[Z] 额上新添的~~的~~皱纹(例:我看到的是你布着红丝的双眼,头上增多了的白发和~,还有你骤然苍老了的面庞。)

(21) 马桶是用木板铁条箍起来的⇒[Z] 用木板铁条箍起来的~~的~~马桶(例:我不是~,而是一只抽水马桶。)

元明以后,比况助词"似"由于加了"的",使其也具有了"的"字短语的句法功能,成为类结构助词。指称化之后,因指称化标记和比况标记外在词形相似,标记融合具有了外在的条件和表义的需要。指示标记处于定语与修饰语之间,可以有效地将两者间隔开,指示代词因与结构标记所处位置相同而部分承担了结构标记的句法功能。"这""那"既保留了作为指示标记的指别作用,又兼作领属定语的结构标记。"的"字结构在句末和框式结构中吸收了语气功能,指称化之后仍回归为单纯的结构标记,表结构间的关系。

第四节 语序常规化、单一化

语序和虚词是汉语表达句法和语义关系的主要手段,在汉语指称化的过程中,两者组合运用代表了不同的语法功能。谓词部分表达新信息,需要足够的冗余度和语义强度,指称化之后,信息权重发生变化,语义上由强化到非强化,由主观表达到客观化,都可能涉及语序的变化,指称式语序典型化、常规化、单一化,以最常见的语序出现以降低信息敏度,顺应了后景信息表达的需要。

一 强调的需要丧失导致语序单一

指称化之后为适应信息背景化的要求,谓语部分的强调语义需要降低等级,原陈述式通过变序而获得的强势语义须还原为常规语序才能实现指称化,在此过程中,结构中的一些其他成分也被删略,形义衰减在同一时间进行。

1. 程度副词后置

程度量标记"很、极、多"等置于句末,"好得很"的语义程度比"很好"要高,指称化是一个客观化的过程,前景信息须转变为后景信息,主观表达转化为客观表达,须采用变序的方式使程度量级下降,结构重组,适应信息权重的变化。如:

(1)这本书好得很 ⇒ [Z] 很好的一本书(但:﹖好得很的一本书)(例:这是~,妈妈们不看后悔。)

(2)小说写得好极了 ⇒ [Z] 写得好的小说(但:﹖写得好极了的

小说）（例：看了很多侦探小说，觉得~就那么几本。）

保留式出现需要特别的语境条件，如"夏风说：好好好，好书，〈好得很的一本书〉！"即语境提升了保留式的可接受度，而删略式则比较自由，不需要语境的支持。

2. 主动处置态

陈述式中"把"既是主动处置标记，也是强调标记。提取主体后，语义格关系发生变化，强调语义的外在动力消失，如果删略标记则强调语序要变为常态语序，结构内容需要重组，这是语言系统为适应信息背景化而采取的自适应行为。

（3）匪徒把金佛偷走了 ⇒ ［Z］把金佛偷走了的匪徒→偷走金佛的匪徒（例：我怀疑这个~和我的祖上有某种关联，说不准老外就是冲着这尊金佛来的。）

（4）有人把蛋糕吃了 ⇒ ［Z］把蛋糕吃了的人→吃了蛋糕的人（例：那个~，不但阻碍了你满足欲望，还在关于蛋糕的竞争中超越了你。）

结构在指称化之后受信息背景化的影响，自身语序回归到常规语序，形义关系进行调适，这体现了"求同原理下语法结构的整合"（马清华，2014b），即语法系统根据同异识别的原则，而将内部各元素整合成自然可接受的有机整体，最大限度满足信息结构的调整。标记删略与否造成的保留和删略式也满足了语言多样化的表达需要。

3. 被动处置态

原被动处置态的强调义在指称化后降等，变为一般叙述，否则结构不能实现指称化，结构由前景信息变为背景信息，采用最典型的语序以降低整个结构的敏度。如：

（5）牛奶被打翻了/打翻了牛奶 ⇒ ［K］打翻了的牛奶（例：他们一起清理~。）

（6）烂水果叫人家扔了/人家扔了烂水果 ⇒ ［K］人家扔了的烂水果（例：一个50多岁的妇女经常在站前溜溜达达，旁若无人地捡~吃。）

从例（5）—例（6）可见，指称式可能由被动句或主动句转化而来，信息背景化要求语序由复杂变为简单，它们在指称化后取得了中和，由多源变为单一，由凸显变为常式，这也是语义衰减的表现之一。

二 前景信息背景化导致语序调整

"图形—背景"是认知语言学的一对范畴，"图形"一般是高度完整的、被关注的部分；而"背景"则是结构不太完整、不被关注的部分。据此理解，可将与动作相关的因素分为前景和后景。后景是句子中为其他成分提供参照的成分；前景是根据参照信息而确立的时间、处所、结局等情状。后景往往是先出现、早出现的事物，前景则是后出现、晚出现的事物。朱长波、曾成栋（2014）通过"图形—背景理论"来论述关系化的语用功能，指出"句子是默认的图形，关系从句是默认的背景"，说话人为达到隐藏信息的目的，而选择使用指称化的方式来适应听话人的理解策略。赵元任（1968/1979：49）已经注意到这个现象，"有时候说话的人不愿意突出他的主要信息，故意把它塞在一个不显眼的地方"。在所形成的复杂的"的"字结构中，通过指称化的包装，说话人在一定程度上掩藏了自己的真实想法，从而获得了想要表达的语言效果。协同学的创始人哈肯（1987/2010：33）也认为"一个系统能够通过较多或较少的参数对特定消息起反应而'敏化'或'钝化'"。语言信息敏化即信息凸显，语言信息钝化即信息隐藏，其中变化的参数包括标记参量和序参量。

语法规则和思维模式之间具有内在的映射关系，是对特定心理活动的客观摹写，呈现出语言的象似性特点。定中结构的语序遵循了"语义重心原则"，将背景信息或不重要的内容放在不那么凸显的地方，这也与汉民族注重形式和秩序的思维方式相统一。指称化过程中为降低信息敏度，将一些凸显的语义调整到中心语位置。如：

（7）敌人的地堡因给炮火摧毁而破损了⇒ [J] 给炮火摧毁了的敌人的破$_{结果}$地堡（例：杨军带着洪东才班，占据了一个~，逼近到敌人的身边。）

（8）课桌因被他们用过，所以破旧了⇒ [J] 他们用过的旧$_{结果}$课桌（例：陈列室陈列有著名创办者和邓小平等著名校友的事迹及~、旧黑板及其他实物。）

（9）某人因为受过刑，所以残废了⇒［J］因为受过刑而残废的人→受过刑的残废_{结果}人（例：孙膑忙推辞说：不行。我是个~，当了大将，会给人笑话。）

（10）啤酒瓶因为被砸破，所以成了碎片⇒［J］砸破的啤酒瓶碎片_{结果}（例：车厢内两个旅客突然发生殴斗，~四处飞溅。）

人们在生活中凡发出动作，作用于某种对象就会对其产生影响，产生某种结果或状态，这种"动作—结果/状态"关系在指称化后为适应信息量的调整，平衡定中之间语义分布，隐藏重要信息而进行形义调整，通过定中语序关系来体现。

三　标记手段退化为纯语序手段

语言是信息传递的载体，在传递客观信息的同时，也在传递说话人的主观信息。陈述式属于句平面，表达说话人看待客观世界的主观角度，以及呈现的主观情感、态度等，具有主观性。指称化之后，这些通过语序变化而表达的主观标记信息被删略，语序变得常规化、单一化。

一些作格动词，本身就有致使的用法，具有使宾语发生某种变化的语义，它们和深层结构上的使动义相同，学者称之为"隐性的使动式"（范晓、张豫峰，2003）。作格动词在深层结构上与使动义相同，使主体产生了动作、行为或变化。如：

（11）太阳使冰雪融化⇒［Z］使冰雪融化的太阳→融化冰雪的太阳（但：*冬天冰雪融化的太阳）

（12）飓风使船只沉没了⇒［Z］使船只沉没的飓风→沉没船只的飓风（但：*船只沉没的飓风）

（13）这件事令我感动⇒［Z］令我感动的事→感动我的事（但：*我感动的事）（例：那些~，那些感动我的人。）

（14）这个事令世人震惊⇒［Z］令世人震惊的事/世人震惊的事→震惊世人的事（例：走出监狱的黛薇有些耐不住寂寞了。做一件~，黛薇暗暗盘算着。）

例（11）—例（14）中的作格动词"融化、沉没、感动、震惊"在语义上同时隐含动作及结果两种特征，也即动词的语义包含了内部的状态变化或动作产生的结果。动词所表示的状态变化原因可以是他源的，外力致使，被动发生［如例（11）］，也可以是自源的，自主发生，不需要外力［如例（13）］。宾语是受事对象，陈述式中由使动动词所表达的"使令义"在指称化之后通过句法变换来表达。"使"［如例（11）—例（12）］和"令"［如例（13）—例（14）］在指称化后删略，语序还原为常规语序。

四 有标记构型变为无标记构式

标记理论认为，有标记的构型具有更高的认知显性度，而无标记的构式则具有更高的心理显性度。从出现频率来说，有标记要比无标记出现频率低，心理加工时间更长。如果原被动处置句的强势口气在指称化后变得无关紧要，那么即使被动处置标记在非提取项上，也须强制删略，但删略的前提是改变语序，这种删略叫异序删略。语序和虚词作为汉语语法的主要手段，信息结构改变后，标记删略与语序变化往往协同作用。语言在同一性中也体现多样性，其中主体中心语指称化后可以处于被动标记前或谓语后，语义差别不大，可称之为"位置漂移"。如：

（15）影集被缎面裹着⇒［K］被缎面裹着的影集/裹着缎面的影集（例：她从抽屉里拿出一本~扔给我，自己在桌前坐下。）

（16）伤员被毛毯盖着⇒［K］被毛毯盖着的伤员/盖着毛毯的伤员（例：另一名~躺在地上试图跟美军解释，美军没有向他开枪。）

综上所述，指称化过程中新信息到旧信息的转变，带动了整个指称结构在形式上与原陈述式相比成系统的变化，显示出形式上成系统的衰减，形式衰减的背后是与此相适应的意义衰减。形义的衰减同时带来句法地位的降级，指称式往往以句法上的低范畴等级形式将背景信息进行包装。形式衰减包括：删略、缩略、兼职以及语序的常规化、单一化。删略是从有到无，缩略是从多到少，兼职是双到单，而语序常规化、单一化则是多种语序选择最典型语序的过程。删略是衰减的主要方式，标记删略和语序变化往往协同运作，一定程度上提高了定中模式化水平，表现了语言系统内部的整体控制力和致联力，这也体现了汉语以虚词和语序为主要语法手段的理论根据。

第五章　指称化过程中的
意义衰减

　　形式与意义是辩证统一的。从发生学角度看，意义决定形式；但从认知角度看，形式与意义又有着紧密的联系，有时需要从形式着手来发现意义。语义是语言表达的决定性因素，因为人类有了语义表达的需要，我们才会在形式上进行重组和优化。语言研究的根本目的是研究人类如何通过语言的合适形式来表达意义。从语言信息传递角度看，指称化过程是由叙事向述物转化的过程，带来了结构的降级，语句成分主次凸显，中心语和定语层次分明，结构由离心式向向心式转变，语义中心由整体向局部过渡，实际上也是语义衰减的一种活动。指称化过程中意义衰减符合语言交际中的信息量变化，反映了语言表达的经济性原则。体现背景信息属性是篇章功能的需求，为了满足这个功能需求，将背景信息以句法上的低范畴等级进行包装，从而使句法降级和信息背景化通过句法手段得以实现，在此过程中，形式和意义衰减是衰减的具体体现，两者之间相互协作、相互制约，形式是衰减的表层因素，而语义则是衰减的深层因素（方梅，2008）。

　　语言形式和意义之间的结合不是任意的而是有理据的，形式是意义的"映像"（沈家煊，1999：321）。形式与意义之间除了外在的空间象似性外，还蕴含更抽象的意义象似性，指称式的形成正反映了语言的象似性。指称化过程中新信息到旧信息的转变，带动了整个指称结构在形式上与原陈述式相比成系统的变化，显示出形式上成系统的衰减，形式衰减的背后是与此相适应的意义衰减。指称化过程中意义的衰减包括指称功能的衰变、指称范围的改变和指称概念的转变，谓词附加成分的形式随着意义调整而调整，表现出明显的衰变倾向。

第一节　功能的衰变

指称功能的衰变表现为原有的谓词性成分或标记随着信息量的变化而相应地做出调整，指称式意义发生了淡化、弱化和虚化，整体表现为衰减的趋势。

一　转指类指称式述谓性中心语的功能偏移

转指类指称式是名词性的，述谓性中心语是述谓性的，动词可有限地受否定副词"不"修饰，如"他的不配合"，形容词受程度副词"过分"修饰，如"他的过分谦虚"。但不论谓语还是动词，都只能作主语、宾语和介词短语。这说明句法功能发生了偏移。

转指类指称式"NP 的 VP"被称为一种特殊的结构形式，主要指"这本书的出版""春天的到来""柠檬的酸"等结构，以往研究限于结构中心"VP"的谓词性与结构整体名词性之间的矛盾，学者各自意见并不统一甚至相互龃龉，形成了一个"难题"和"怪圈"。主要存在以下几种争论。

第一，"NP 的 VP"结构到底是名词性还是谓词性，"NP"与"VP"是偏正关系还是主谓关系？传统认为这类名词性结构是"定—中"偏正结构，以朱德熙（1961，1982）、胡裕树和范晓（1994）等为代表。丁声树（1961：51—52）认为这种结构"在形式上是偏正结构，可是论意思却含有一种主谓关系"。另一些学者如陆俭明（2003）、司富珍（2004）、熊仲儒（2005）则运用形式语法学的"中心词理论"（head theory）对该结构进行分析，认为该结构是名词性的"的"字结构，是由"的"插入主谓结构中间所形成的，结构是"的"字结构而非偏正结构。

第二，"NP 的 VP"中的"VP"的性质，是名词、动词还是名词化了？朱德熙（1961，1982）认为"到来"和"出版"仍然是动词，但与传统认为的向心结构（endocentric construction）理论相矛盾，现有的句法语义认知无法调和两者的分歧。施关淦（1988）、胡裕树和范晓（1994）认为其中的 VP 已经名词化了，"出版"和"到来"是名词，不再是动词。陆俭明（2003）反对"名词化"的提法，认为结构中 VP 虽然不能带体貌成分，不能带补语和宾语，但并不能说明此处 VP 已经名词化。项梦冰（1991）认为 VP 仍然是谓词，与传统理论矛盾是因为"汉语词类和句法成分的错综对应关系以及名词谓词和主语谓语同指称、陈述的错综对应关系"，因此传统的理论不需要修改。熊仲儒（2005）从生成语法角度认为 VP 具有双重性，即词库内是动词，句法上是名词。

第三，"NP 的 VP"中"的"的性质？一些学者还运用生成语法理论对"的"字的性质进行探讨，认为"的"是结构的核心，"的"所具有的[＋N]性使整个结构成为名词性结构，即中心词的语类特点会渗透到其所在的母节点。陆俭明（2003）认为"NP 的 VP"结构中的"的"是结构助词。司富珍（2002；2004）认为"的"是一个标句词（complementizer），它插在主谓短语间构成 CP 结构，"的"是整个结构的核心。周国光（2005）对此提出了反对意见，认为结构助词的"名词性"使人无法理解，X 标杠杆理论和中心语理论构造出的 De' 在现代汉语中并不存在，具有强烈的反语感性。熊仲儒（2005）认为"NP 的 VP"是一个以"的"为核心的 DP 结构，"的"是功能范畴 D（determiner）的语音实现形式。周国光（2006；2007）针对熊氏的观点指出，"的"还是后置词，而不是功能范畴 D。

要解决"NP 的 VP"这个难题，我们可以跳出以往研究的语境，注重研究的动态性和系统性，从语言作为一个复杂的自组织系统角度来考察。如果把"NP 的 VP"放在陈述结构指称化的视野中，即句层面到语层面的转化中发生的系列形义衰减，上述种种向心结构理论和句法同构理论矛盾的现象也许就能够解决。

我们认为"NP 的 VP"并不特殊，也不陌生，它与其他指称式一样都是陈述式指称化衰减的产物，与提取主客体所形成的定中结构一样，只不过这里是提取"VP"所形成的定中结构，"的"只是指称化的结构标记。"NP 的 VP"作为一种经验性完形，具有语义赋值和功能固化的作用。在提取过程中，陈述式形义发生衰减，其中的体标记、部分态标记、语气标记等被删略或滤除，中心语位置上"VP"的语义发生衰减，具体表现在：一是 V 后不能带动态助词；二是 V 不具备重叠形式；三是 V 后带宾语的例子非常少，即使能带，从语感上也不自然；四是 V 后出现补语非常少，仅限于结果补语；五是 V 可受定语修饰。（删略所形成的衰减可参见第六章第二节三"谓词性标记删略操作的不平衡"）

从语义关系上看，NP 与 VP 之间关系较复杂，有各种来源渠道，如：

(1)【施事—动作】他离职了⇒［W］他的离职（例：~是塞莱拉公司向制药领域转型的必然结果。）

(2)【受事—动作】研究《红楼梦》⇒［W］《红楼梦》的研究（例：~如一锅粥，熬了二百多年。）

(3)【时段—动作】改造了二十年⇒［W］二十年的改造（例：二十年的坎坷，~，陈杲学会了许多宝贵的东西。）

(4)【时点—动作】昨天吵架了⇒［W］昨天的吵架（例：因为~，所有美好的回忆一下子都没了。）

(5)【方所—动作】在家乡舞龙灯⇒［W］家乡的舞龙灯（例：~是春节中最隆重的活动之一。）

(6)【工具—动作】用小提琴伴奏⇒［W］小提琴的伴奏（例：若是在~下，饭后到书店稍作浏览，挑上几本书，不就显得更"文化"了么。）

古汉语中指称化现象就大量存在，上古汉语中存在无标记的转指化和自指化现象，在自指结构中无标记的指称化比有标记的指称化更常见（宋绍年、鲍楠，2012）。现代汉语中谓词是句子的中心，指称化后结构信息格局发生变化，结构地位降低，此时，提取谓词及相关成分，谓词性成分被因禁在名词性短语的中心语位置，因句法地位的变化而占据了名词的位置，谓词性较弱而名词性增强。核心谓词不能再添加体标记和受绝大多数副词修饰，只能做主语、宾语、介词短语的中心，不能做谓词或动词的中心，这也是指称化形义衰减的方式之一。"NP 的 VP"结构多出现在散文等文艺语体中，主要原因是文艺语体重在叙述与描写，与"NP 的 VP"结构的特征相契合。

1. 单个动词成为中心语

单个动词指称化后做中心语，占据了名词的位置，句法功能发生转移，由述事向述物转变，成为名词化小句。动词本指一个动态动作，在中心语位置变为指称动作整个过程，结构赋予了其中的动词"过程整体"的意味。

(7)【N 是 V 的施事】他成长了⇒［W］他的成长（例：~一直都是充满着成功，从未失败过。）| 贺子珍走了⇒［W］贺子珍的走（例：~给江青提供了乘虚而入的绝好机会！）

(8)【N 是 V 的受事】发现了中子⇒［W］中子的发现［例：~

(1932年)是科学史上的重要事件。]｜改善了职工生活⇒[W] 职工生活的改善（例：他一上任，便召开了抓思想认识的统一、抓~等议程的综合会。）

(9)【N是V的系事】祥子很拼命⇒[W] 祥子的拼命（例：刘四爷也有点看不上祥子：~，早出晚归，当然是不利于他的车的。）｜他很幽默⇒[W] 他的幽默（例：她爱他的帅气，爱~。）

2. 状语做中心语

形容词作状语，提取后成为指称式的中心语，其描述功能减弱，指称功能增强 [如例 (10)]。有时还需要增加比况标记"似的"，以使语义更加凸显 [如例 (11)]。

(10) 轻松愉快地放下了包袱⇒[W] 放下包袱的轻松愉快（例：他越来越感到~，并且像旅行家发现新大陆那样觉得新鲜。）

(11) 胆战心惊地见到阎王爷⇒[W] 见到阎王爷似的胆战心惊（例：每次拍戏，稍微慢一点就被大骂，弄得见了导演都像~。）

3. 谓词做中心语

谓词部分整体做中心语，包括五种类型，在功能偏移过程中，一些结构间语序还会发生变化 [如例 (12) 或例 (20)]，这反映了指称式在有限的线性空间挤压下，句法结构需要做缜密的形义布局，在求同原理下，由初始构型向高级构型过渡。

第1组：谓词和宾语做中心语

(12) 解放战争征战了五年⇒[W] 解放战争的五年征战（例：在~中，林彪指挥大兵团作战。）

(13) 常四爷爱大清国⇒[W] 常四爷的爱大清国（例：~，有他十分具体的爱法，属武装斗争一类。）

第2组：状语和动词做中心语

(14) 托尼匆匆地到来⇒[W] 托尼的匆匆地到来→托尼的匆匆

到来（例：他一想到~，便觉得自己与他有血缘关系。）

（15）黄百韬兵团迅速地撤退⇒［W］黄百韬兵团的迅速地撤退→黄百韬兵团的迅速撤退（例：由于~，解放军未能在新安镇捕捉到其兵团主力。）

（16）灾难突然地降临⇒［W］灾难的突然地降临→灾难的突然降临（例：~，使热爱徐志摩的朋友们猝不及防。）

第3组：状语和谓词做中心语

（17）国民党军在忻口进行了作战⇒［W］国民党军的忻口作战（例：八路军一二〇师开赴抗日前线，主动出击，切断日军交通线，有力地配合了~。）

（18）红军北上抗日⇒［W］红军的北上抗日（例：张国焘取消了他那个"临时中央"，~已成为唯一的选择，大势所趋，不可阻挡。）

第4组：动词和补语做中心语

（19）李雪健塑造了多种角色，很成功⇒［W］李雪健多种角色的塑造成功（例：~，再次说明，表演艺术的根应扎在现实生活的土壤之中，扎在角色的心灵深处。）

第5组：补语做中心语

（20）她穿着军装，英姿勃勃⇒［W］她穿着军装的勃勃英姿（例：~，她那一双明媚而又忧郁的眼睛，在陈墨涵的思维世界里，还是记忆。）

如第2组，指称化过程中提取谓语，状语和谓词被压缩到指称式的中心语位置，原陈述式中结构助词"地"与指称化标记"的"不能同现，因此需要强制删除。

4. 主谓压缩后做中心语

主谓结构向名词性结构偏移，指称化后的定语由陈述式的状语或其他成分承担，由动作行为义转向过程整体义，指称化带来了原有结构的变化。

(21) 突然，枪响了 ⇒ [W] 突然的枪响（例：他满以为这~会把贺龙吓个半死，可是年仅七岁的贺龙处之泰然。）

(22) 在南方，粮食丰收了 ⇒ [W] 南方的粮食丰收（例：~缓解了旱灾对经济的压力。）

之所以出现"NP 的 VP"结构，我们认为还是语言信息变化的结果，主要满足了陈述功能向指称功能的变化。指称化后信息背景化，作为一个黏着格式，"NP 的 VP"是旧信息，并不是语言表达的重心，它的出现往往与一定的语境发生联系，即一定的语境对该结构的可接受性有明显影响。如："今天的新闻联播到此为止，谢谢〈您的收看〉│一二〇师在〈贺龙的率领〉下，进行了黄土岭战斗"。"您的收看"似乎只能出现在该语境中。而"贺龙的率领"也只能出现在该介词框架"在……下"中。我们抽选三种不同语体材料，每种语体考察 3 万字，共有 14 例，从语体考察的情况看，"NP 的 VP"书面语体（包括科技语体和新闻语体）共 13 例，而口语语体仅 1 例；从句法位置上看，主语共 3 例，而宾语有 11 例，宾语位置出现概率远大于主语位置，在宾语位置上更容易成为叙述或描写的焦点成分。朱军（2017：86）也认为，"NP 的 VP"语体分布具有明显的倾向性，在正式语体中出现频率远远高于非正式体，在具体的正式体中也有较大差异，在文艺体中出现频率高，形式也多样。

二 疑问标记的功能衰变

疑问标记表示说话人对某一事物或状况未知，表示的是不定指范畴。吕叔湘（1942/1990）将疑问标记的非疑问用法称为虚指。赵元任（1968/1979）指出疑问标记用于非疑问功能时往往在韵律上是轻声。李宇明（1997）认为疑问标记在一些特殊条件下不负载疑问信息，或不能很好地负载疑问信息，他称这种情况为疑问标记的"功能衰变"。现代汉语中疑问标记有成系统的非疑问用法，疑问标记表虚指具有语言的共性。Haspelmath（1997）详细调查了 40 种语言（外加 60 种其他语言扩充调查），发现在 100 种语言样本中，64 种语言的虚指用法是基于疑问标记的，其中 31 种直接将光杆疑问标记用作表虚指的指代词。Bhat（2004）指出，世界上大多数语言中，疑问标记和不定代词之间具有等同或派生关系，在79种语言样本中，77种语言显示出这种形式等同或派生关系。他将这种现象称为"疑问—不定代词之谜"（Interrogative-Indefinite Puzzle）。

1. 疑问标记表非疑问信息

疑问标记表任指、虚指，作为客体限定项的疑问标记，在指称化后有时不再负载疑问信息，衰变后仅表虚指。如：

（23）你担任<u>什么</u>角色⇒［K］你担任的<u>什么</u>角色（例：［虚指］~他都不满意；［任指］~，只要认真做了就一定有收获。）

（24）<u>哪个</u>北京小伙善良又英俊⇒［Z］<u>哪个</u>善良又英俊的北京小伙（例：［虚指］真希望~，娶了小白姑娘。）

（25）女兵中有<u>谁</u>⇒［K］女兵中的<u>谁</u>（例：［虚指］~被冻得在偷偷地哭。）

（26）下属花了<u>多少</u>钱⇒［K］下属花的<u>多少</u>钱（例：［任指］~他都记录下来，清清楚楚。）

疑问语气范畴属于句层面，指称化之后，整个信息格局发生改变，结构地位降级，疑问标记依托句子层面表达未知内容的做法变得愈加困难，语义作用范围有时只能被囚禁在名词性的短语内部，致使疑问的存在基础消失，其意义发生衰变，变为表虚指的成分。"什么、多少、哪、谁"指代不知道、说不出或者不想说的人或物。指称化之后，疑问标记不能很好地承载疑问信息，疑问信息在转化中被滤除，疑问功能发生衰变，只表示虚指。

指称性疑问代词（代名词）作主体或客体时，直接指称化的难度加大，即使个别能实现指称化，疑问标记的意义已衰变为虚指。如"想当厂长的谁、想发大财的谁"或者"想当厂长的谁谁谁"。但是例（27）—例（28）都分别拥有以下蕴涵"他住在某地方｜某人想当厂长"，这些蕴涵可实现指称化，需要强制删除或滤去其中的疑问信息。

（27）他住在<u>哪儿</u>⇒［K］他住的地方（例：~到处存放的都是推广普通话的宣传材料。）

(28) <u>谁</u>想当厂长 ⇒ [Z] 想当厂长的人（例：镇里的选毛厂登出承包启示后，~很多，关玉山也报了名。）

例（27）疑问代词表示要求在同类事物中加以确指，"哪/哪里"在这里指代处所，指称化之后衰减只保留客观信息"地方"。例（28）指称化后，疑问语气被滤除，只保留表示类别的"人"。

2. 疑问标记衰变表否定

疑问代词在发展中从原型语义向边缘语义发展，既可以用来表示疑问信息，也可以用来表示任指和否定等非疑问信息。赵元任（1968/1979：287）指出："所有疑问代名词，跟别的疑问词一样，都能用于非疑问的场合。"此外，疑问代词由"具体指代"向"抽象指代"甚至"无指代"发展，与客观世界相联系的指代关系减少，发展出否定、感叹等类语气主观范畴，从整体上看是对句式所表达概念的一种确认，这种扩展与特定语境中主体的认知状态和程度相关，表现了主体在建构意义时的心理过程。如：

(29) 宋子文<u>哪儿</u>不高兴了？（意思是：宋子文高兴）⇒ [Z] 高兴的宋子文（例：席间，~又说又笑，一连吃了十几道菜。）

(30) 红卫兵<u>哪里</u>了解情况？（意思是：红卫兵不了解情况）⇒ [Z] 不了解情况的红卫兵（例：郝队长找造反队揭发张队长的罪状，还搬来一些~到村里来吵吵闹闹。）

疑问标记除表示疑问外，还可以表示反问。指称化前需要根据句意判断肯定或否定，再转变为相应的指称式。反问句中虽含有疑问代词，但并不要求对方回复。当句中有否定词时，一般表达肯定的意义；句中无否定词时，一般表达否定的意义。如例（29）陈述式表示肯定意思，指称化后，疑问代词删略，表示肯定概念。例（30）陈述式表示否定意思，指称化后，表示否定概念。

第二节 表达的回归

陈述转化为指称的过程中，与"过程"和"属性"相关的参与者、语气、情态等因素被省略或滤除，掩盖了情态的来源和价值取向，与陈述式相比，指称化将表达和概念固定化，使指称式的表达更加客观公正。这种表达的回归是由指称式表达的背景化和客观化所决定的。

一 迂回表达向非迂回表达回归

在汉语人称代词表达中有一种倾向，即用泛指来代替确指，如用"人家"代替"人称代词"，以将说话人巧妙地包藏起来，使表述更加客观和严谨。指称化后，陈述式中的迂回表达代词要还原为非迂回表达式才能实现指称化，在这其中是情感语义的衰减。

（1）人家都急死了⇒［Z］急死了的我（但：*急死了的人家）
（2）人家"90后"办事利落⇒［Z］那个办事利落的"90后"（但：*办事利落的人家"90后"）

"人家"由指代人的名词发展为旁称代词，指代说话人指定的某人或某些人以外的人，旁称代词也没有确定的所指，要根据指代对象来确定。如例（1）"人家"自指，说话人多为青年女性，话语中带有点撒娇的语气，表面上是"事不关己"的其他人，实际是第一人称代词"我"的迂回表达；例（2）名词性成分前面加"人家"主要增加了指示和区别作用，客观上也使表达更加生动，"90后"是泛指，加上"人家"以后就变成专指，就是说话人和听话人心里都知道的那个人。邵敬敏（2003）指出通过"人家"把专指的一个从泛指的一群中区别出来。这是"人家"用法中最有特色的一种。如"人家'90后'"就是指"那个'90后'"，"人家姑娘"就是指"那个姑娘"，它们都是指代形式的迂回表达，因此指称化之后须变为一般的指代成分，与此同时存在于口语中的情感性也被滤除。

二 情感表达向非情感表达回归

指示标记的复指用法还具有很强的情感表达功能，指称化同时是情感因素滤除的过程，指示性成分处于主体位置，是对主体的复指，具有强烈的情感意味，是语义表达的焦点。删略后陈述式仍能成立，可以认为是类似插入语的"话题标记"。指称化后提取主体，因为修饰成分已对中心语进行限定，未知信息变为已知信息，情感语义在指称化后随着标记删除而被滤除。如：

(3) 你这（个）人虚荣心太强⇒[Z] 虚荣心太强的你/虚荣心太强的人/你这个虚荣心太强的人

(4) 我这（个）人缺点很多⇒[Z] 缺点很多的我/缺点很多的人

奥田宽（1998）指出，在称呼对方时，任意性指示词"这"表明说话者带有一定的主观感情。如果不怀主观感情，单单称呼对方时则不加任意性指示词。"这"不仅具有指代功能，还能表达说话人的不同主观情感和态度，这种主观性在指称化后被滤除。

陈述式中的主体复指现象是说话人主观情感的表达，其加强意味要消除之后才能实现以之为中心的指称化，这也是语义衰减的一种表现。

(5) 我自己竟学会了撒谎⇒[Z] 学会了撒谎的我（但：?学会撒谎的我自己）

(6) 小刘自己驾车过海关⇒[Z] 驾车过海关的小刘（但：*驾车过海关的小刘自己）

但是在对比句或者强调句中，仍会强制保留。如"就连〈作为执行编辑的我自己〉，连他曾经有什么文章都记不起来了"。可见，此时语言主体的强调表达需要超越了句法内在的制约，提高了变则的可接受度，符合语言表达中的语用原则。

第三节　关系的转变

结构标记具有外在的句法"强制性"，陈述式中的一些标记在指称化后被强制删略，删略诱使句法关系从一种类型向另一种类型转化，换言之，标记对结构关系具有定格的作用。

一 逻辑关系到句法关系

定中结构（指称式）反映已知信息，其所处的句法位置需要降低外在的信息权重，复杂的概念往往通过逻辑关系来表达，不需要强化外在逻辑联系的标识。因此，相关的成分在指称化之后被压缩。逻辑结构删略后通过句法关系连接，可造成指称概念的转变，这是语义衰变的表征之一。

1. 递进向并列偏移

指称式中递进关系标记删略后，整个指称式向并列关系偏移。如"不但……而且""既……又"等都可以用来表示微递进关系，语义的重心是后者，如果表示并列关系，语义是"等势"的，则不需要任何外在标记。

(1) 女人既年轻又漂亮 ⇒ [Z] 年轻又漂亮的女人 ≠ 年轻漂亮的女人

(2) 艺术家不但孤独，而且潦倒 ⇒ [Z] 孤独且潦倒的艺术家 ≠ 孤独潦倒的艺术家

关联词"不但……而且"有微递进意义，删略后两个形容词成分作为同等对象组合成整体，共同来修饰中心语。标记删略后语义被磨平，语义由递进向并列过渡，结构项由外在标记连接转向内在逻辑连接，句法强制性消失，语义决定性重新凸显。在进一步的指称化过程中，标记可以完全删略，逻辑标记的递进关系会被磨平而成为并列结构，或依靠逻辑结构表示［如例 (3)］，或依靠动词重复表示［如例 (4)］，或依靠否定副词重复来标记［如例 (5)］。

(3) 一些活不但离家近也不费力气 ⇒ [Z] 离家近也不费力气的活 ≠ 离家近不费力气的活

(4) 朋友不但爱看球，也爱踢球 ⇒ [Z] 爱看球也爱踢球的朋友 ≠ 爱看球爱踢球的朋友

(5) 观众既不知威猛更不谙摇滚 ⇒ [Z] 不知威猛更不谙摇滚的观众 ≠ 不知威猛不谙摇滚的观众

2. 选择向并列偏移

选择义主要依靠逻辑标记来完成，所以标记在指称化后依然需要保留，删略会造成语义差别或结构不能成立。删略标记后形成的紧缩结构已经熟语化，具有很强的习惯定型性。

（6）人生中或孤独或困惑的日子≠人生中孤独困惑的日子｜（一）边唱歌（一）边跳舞的孩子≠唱歌跳舞的孩子

（7）或长或短的信号（但：*长短的信号）｜密度或轻或重的矿物（但：*密度轻重的矿物）

一些不是极性对立义的双音节形容词，在选择标记删略后变为并列关系共同修饰核心名词。如例（6）保留式指人生中有些日子要么孤独，要么困惑，两者之间是任选关系；删略式指人生中有些日子既孤独又困惑，两者之间是并列关系，表示一个整体概念。标记的删略带来语义的差别。但是如果选择关系连词后面所接为单音节正反义形容词，如"大—小、好—坏、多—少、强—弱、轻—重"等，并列标记不能删略［如例（7）］，否则结构无法成立。

3. 递进向承接偏移

指称化之后，联合标记所锚定的递进关系在标记删略后，整个结构向承接关系偏移。

（8）女友结了婚，又有了孩子⇒[Z]结了婚又有了孩子的女友≠结了婚有了孩子的女友

陈述式为递进关系，语义重心在"有了孩子"，指称化之后，标记保留式强调"有了孩子"，删略式变为承接关系，"结了婚"和"有了孩子"有时间先后关系。邓云华（2008）也指出，"语义的距离决定了标记的隐现和具体标记使用，而形式的距离又反过来印证了语义的距离"。指称化之后，逻辑结构向句法结构转移，结构由并列义转变为承接义，这也是语言整体结构变化的结果。

二　正反论证到正面阐述

陈述式中取舍关系是从正、反两面谈同一内容，属于凸显度高的表达

式。取舍关系中，正面论述是语义表达重心，而反面论述则为冗余信息。如：

(9) 原则是党指挥枪<u>而不是</u>枪指挥党⇒［Z］党指挥枪的原则（例：我们始终坚持～，坚持政治委员行使最后决定权。）

(10) 这块碑<u>不是</u>竖栽<u>而是</u>横躺着的⇒［Z］这块横躺着的碑（例：～见证了那个动乱的年代。）

取舍关系指两个部分表示不同的事物，说话者经过慎重选择，必取一舍一，其中例（9）是取前舍后，例（10）是舍前取后。指称化之后，指称式并不表示复杂的判断，更多表示抽象的概念。因此，指称式只需选择其中正面观点指称或者用更抽象的概念表达即可。

第四节　范围的缩小

指称特征是传统名词研究中的重要概念，历来受到形式语法和功能语法的重视。陈平（1987）、张伯江（1997）、刘顺（2003）等均从不同的角度对名词的指称进行分类。一般可分为有指与无指、定指与不定指、实指与虚指等几组概念。前贤注重于静态条件下的研究，为我们从动态视角考察指称范围变化打下基础。陈述式由陈述一个完整事件变为新事件的参与者，由叙事向述物转化，结构由离心式向向心式转变，语义中心由整体向局部过渡，形成了降级的述谓结构，其中指称式由不定指向定指转变，指称范围受到限制而缩小。指称化后提取对象与其他成分构成修饰—被修饰关系，从而导致被提取项由不定指向定指变化，这种变化也是衰减的表现。此外，陈述式中指代标记强制出现，在指称式中变为任选删略，也可以认为是一种衰减。如：

第1组："某/某些"删略

(1) 某人与家禽密切接触⇒［Z］某（些）与家禽密切接触的人/与家禽密切接触的人

(2) 某些地区发生了疫情⇒［J］某些发生了疫情的地区/发生了

疫情的地区

　　（3）八一队的某些地方需要改进⇒［Z］八一队需要改进的地方（但：?八一队需要改进的某些地方）

第2组："有/有些"删略

　　（4）有人想巴结区长⇒［Z］想巴结区长的人（但：*想巴结区长的有人）
　　（5）有些人总爱挑人毛病⇒［Z］总爱挑人毛病的人（但：*总爱挑人毛病的有些人）

第3组："∅/一"变为"这/那"

　　（6）金一趟有句口头禅⇒［K］金一趟的这句口头禅
　　（7）他送我一束花⇒［K］他送我的一束花/他送我的那束花
　　（8）南京人心中悬着一块石头⇒［K］南京人心中悬着的一块石头/南京人心中悬的（那）块石头①

第4组：疑问代词转化为相应的上位名词

　　（9）谁把窗户打破了⇒［Z］把窗户打破了的人
　　（10）身上哪里不舒服⇒［F］身上不舒服的地方

　　陈述式中，主体中心语有无法指明或者不愿指明的人或物等，往往用不确定成分充当，指称化之后，陈述式中的不定指成分受定语修饰转变为定指成分，即新定语的定指作用使原不定指的存在必要性丧失，指称范围缩小，修饰语表示核心名词所具有的性质状态，定语成分限定性越强、越具体，定指性就越强。有些不能接受的指称式，在变序或添加其他变量后也变得能够接受，如"某个与家禽密切接触的人、某些发生了疫情的地区"。

　　此外，一些指称式如"人称代词+指示代词+名词"［如例（11）

————————

　　① 我们发现体标记的保留与否也会影响指称范围，具体的原因尚不清楚。

或"领有成分+指示代词+名词"[如例（12）]，它们有不同的来源，陈述式中宾语位置体现为无定性，但指称化之后，指称式中心语表现为有定性。即在此过程中形义都发生了衰减，意义上由无定向有定衰减，形式上由多源结构向单一结构衰减。

（11）你们是一些乖孩子 ⇒ [K] 你们这些乖孩子
你们收养了一些乖孩子 ⇒ [K] 你们收养的这些乖孩子
你们教育出了一些乖孩子 ⇒ [K] 你们教育出的这些乖孩子
……
}→你们这些乖孩子

（例：我喜欢<u>你们这些乖孩子</u>。）

（12）他有一副象棋 ⇒ [K] 他的那副象棋
他买/借了一副象棋 ⇒ [K] 他买/借的那副象棋
他收藏/祖传了一副象棋 ⇒ [K] 他收藏/祖传的那副象棋
……
}→他的那副象棋

（例：他收拾旅行包的时候，发现<u>他的那副象棋</u>里丢了一颗黑炮。）

在上述两式中，"领有成分＞指示代词"的语序基本固定。吕叔湘（1985b：209）指出："与领属性的定语同用，这、那无例外在后。同时，这个领属性定语之后大多不用'的'字，尤其当那个定语是三身代词的时候是这样；从语言的节奏看，很像是这、那代替了'的'字。"其中，例（11）指称式中删略人称代词后，结构依然成立，而删略指示代词后则不能成立。例（12）领有成分和指示代词可任选删略，如"偏你〈这〉耳朵尖，听的真｜瞧〈我〉这记性"。

第五节 区分的模糊

语法规则和思维模式之间具有内在的映射关系，它是对特定心理活动的客观摹写，陈述式中的因果关系具有象似性特点，原因发生在前，结果发生在后。因果逻辑标记在指称化后可任选删略，可通过定中之间的线性序列呈现。我们发现一些表示因果关系的指称式，其中"动作—结果/状态"关系可在定中之间互换位置而意义基本没有差别，也就是说指称式中原有的逻辑关系逐渐淡化，鲜明度降低，表现为语义区分的模糊，这也是意义衰减的表现之一。如：

(1) 青年因<u>失足</u>而被劳教过 ⇒ [K] 因失足而被劳教过的青年/失足_{原因}被劳教过的青年→被劳教过的失足_{原因}青年（例：油田内部的人陆续调进稠油厂，40多个坐过牢或者~混杂其中。）

(2) 军官因为受伤，所以被<u>俘</u>了 ⇒ [K] 因受伤而被俘的军官→受伤的被俘_{结果}军官/被俘_{结果}的受伤军官（例：红四军送来一名~，请医院赶快抢救。）

(3) 眼窝因陷下去而变<u>深</u> ⇒ [J] 深_{状态}陷下去的眼窝→陷下去的<u>深</u>_{状态}眼窝（例：清早起床后，姑母忽然发现道静灰黯的脸上有了一双~。）

在指称化的连续过程中，指称式还会根据语境进行内部整合，将背景信息置于不起眼的中心语位置，而把定语位置留给凸显的位置。如例(1)，说话人想要强调的是"被劳教过"，与此前的"坐过牢"相呼应。例(2)中强调送往医院的是一名受伤的军官，需要抓紧抢救，而被俘的事实不是强调的重点。例(3)中"陷下去"是通过视觉首先发现的事实，而达到的状态信息则被置于中心语位置而隐藏起来。我们还可从下面一段话来体会指称式中定语项模糊的表达，如：

(4) 苑霞把选择配偶的要求概括成一句话："一个<u>高个</u>的诚实青年"。并在家里公开宣布，非此不依。气得爸爸质问："你还要不要政治标准第一？"姑娘执拗地说："那就说成一个<u>诚实</u>的<u>高个</u>青年，你不反对吧？"（崔应贤等，2002：44）

从上例可以看出，虽然"高个"和"诚实"都是修饰性因素，但苑霞凸显的是"高个"，而爸爸则强调"诚实"，为了满足爸爸的心理，苑霞不情愿地调整了定中之间的语序，把自己的择偶标准"高个"隐藏在最靠近中心词的位置，采用了一种模糊的表达方式来满足父亲的要求。

综上可见，功能的衰变体现为句层面标记衰变为语层面标记；偶举标记衰变为格式化标记；疑问标记指称化后不再表示疑问范畴，转而表示虚指或否定；提取谓词性成分形成的指称式中心语位置是谓词性的，但整个结构却是名词性的，中心语谓词性一定程度上减弱，这都是功能衰变的体现。指称化后，结构语义中心由整体向局部偏移，中心语受定语修饰，导致了指称范围的改变。陈述式中原有的强化概念和主观化表达在指称化后须转变为一般的客观表达，形式改变的背后是意义的调整。

第六章　指称化形义衰减的原理与特征

指称化是人类语言的普遍现象之一，语言结构中的多个层面都具有指称的功能。指称的陈述化和陈述的指称化都可以是共时平面上的变换关系，但唯有陈述的指称化，才具有历时层面上的发生学关系。定中结构形成过程的最初环节是陈述式的指称化，即叙事向述物转变，因为所述之物隶属于所叙之事，意味着语义中心从整体转向了局部，本质上是一种语义衰减活动。指称化节省了语言表达的空间，使人们可以将更多的注意力放在未知信息或焦点信息上。以往对其的研究主要是静态的，没有从系统角度动态考察形义衰减的具体表征、制约形义衰减的动因，衰减中的干涉因素等，从而也就不可能对指称化过程中的动力和机制做出合理解释。

语法研究的终极目标是揭示语言运作的本质规律，其中最基本、最核心的任务就是揭示语法活动的内在原理。语言中任何存在、运作和发展都是动因上必要、条件上有备、方式上有据的，用公式表达就是：需要（N）×基础（B）×策略（T）⇒目标（A），这四种要素的交互作用构成了语法活动乃至一切语言活动的动力装置，语言就是在给定的基础条件下，为满足一定的语言效果而积极寻找达到预定目标的策略或解决方案。陈述式向指称式的转变，带动了语言内部各机制的活动，机制和机制之间并非孤立的存在，而是成体系地互相纠缠着存在，指称化过程中的形义衰减就是在言内的自组织力量和言外他组织力量双重作用下形成的。

第一节　功能驱动及系统运筹

功能语言学认为"选择就是意义"，说话人对不同语言形式的选择本身就具有意义，所做出的不同选择可能受多种动因影响，包括说话者的角色、态度、场合和关系等。这些形式也可以反过来帮助我们分析动因，更好地理解说话人的会话意图和会话环境，形式是语义的重要载体，分析语言现象应从功能到形式。形式体现意义，意义则是形式与功能的结合。形式与意义之间并不存在完全对应的关系，一种形式可以表示多种意义，一种意义也可以由多种形式来体现。形式的选择受到语言交际意图的制约，由于表述的目的不同，话语意义在多次选择中动态变化，体现为多次选择的结果。这种目的就是左右语言运转"看不见的手"，指称化过程中的形义衰减是顺应语言信息结构调整而产生的结果。

一　衰减的需要

语言的基础不同，需要不同，所选择的语言策略也就不同。基础属于条件分析，策略属于方式分析，而需要则是动因分析，任何事情的发生都有原因，世界万物都因需要而存在。需要是主导指称化过程中形义衰减的语言行为动因，指称化过程中形义衰减需要包括以下四种。

1. 信息背景化需要

指称化的过程是句法的降级过程，语义上由述事到述物，由传递新的信息转变为新信息产生的起点，往往带来句法地位的降级，降级的同时往往造成句法成分的缺失，其中一部分只能出现在句层面的完句标记如语气标记、能愿标记等必然首先会被滤除，而那些语句并现成分在指称化过程中也会因为所在句法位置、语用表达的需要不同而有不同的衰减表现。

结构最简单的小句通常表示一个事件，一些结构复杂的小句可能表示一个以上的事件，可称为复合事件。学者将"事件"作为一个变元应用到语言研究中（Davidson D, 1967），事件结构理论认为，动词的句法表现在很大程度上是由对动词进行编码的事件结构决定的，事件结构在我们的认知结构和语言之间起着中介作用。将"事件"引入语义逻辑分析可以解决谓词负担过重、句子蕴涵关系等传统以动词为核心的投射观的理论缺陷，从而将一些非核心论元排除在动词控制范围之外，纳入"事件"背景中（周长银，2010；樊友新，2011）。形式上，陈述式中动作和动作的主体都是表述事件的主动参与者，指称化后指称式没有办法陈述一个完整的事件，只能陈述一个事件的参与者或一个状态的参与者，原有的主体与动作变为背景信息，由事件的完全参与者变为事件的参与者之一，表现事件进程中的时间［如例（1）］、处所［如例（2）］、身份［如例（3）］、性质状态［如例（4）］、伴随事件［如例（5）］等外围因素，如：

（1）1978年，<u>刚从山东工业大学毕业的他</u>，在设备极端简陋的条件下，和同伴们搞出了辉光离子氮化设备工艺。
（2）尽管人们都瞒着老刘，但<u>躺在病榻上的他</u>还是在大家的脸上读懂了一切。
（3）<u>当过乡长的三大爷</u>，因为怕婆子，一辈子毁在了媳妇手里。
（4）<u>一向口讷的张忠仁</u>执著地牵着我的手向昔日牛棚走去，如同当年接我回家一样。
（5）<u>正患病卧床的王同星</u>，不顾别人劝阻，亲自带着一个工作组，翻山涉水步行十几里来到东村乡东坪村，挨家挨户走访灾民，组织群众帮助"全倒户"搭起了临时住棚。

信息可以分为已知信息和未知信息。已知信息是说话人认为听话人已经知道的信息，未知信息是说话人认为听话人不知道的信息。意义上，指称式将一些未知信息转化为已知的、固定的、为大家所共同接受的背景信息，而将谓语空间留给了未知的前景信息，留下了继续表述的空间。屈承熹（2006：164）认为信息结构由两个层次组成：信息来源和信息处理，"信息来源即信息源于何，它决定了已知信息或信息的状况；而信息处理则确定一个词语所带信息值的高还是低"。指称式所表达的信息虽然是第一次引进话语中，从其来源看应该属于新信息。但说话人可通过指称化的语法手段降低其信息值，这就是信息处理。指称式表示后景信息，不参与主事件的构建，句法上采用了内嵌的形式，其作用是为事件的展开设定场景，尽管其信息为新信息，听话人也不会将其解读为句子交际的重点，随着事件不断展开，指称式所表示的信息逐渐成为理解后续信息的基础，信息值越来越低。陈述式从前景信息变为背景信息，信息的强度和权重得到弱化与衰减。

2. 表达概念化需要

人们交际的需要和对事物的熟悉度是进一步指称化的前提，越是能凸显语义内容的语素，越容易被概念化而被保留。概念化的表达降低了信息值，适应信息权重变化的需要。概念化的过程是逐步删略外在标记和非核心论元，将表述事件或内容概括凝练抽象的过程。为符合汉语韵律要求，还会对词形进行相应压缩，以形成具体的特指名词（第1组）和比喻词（第2组）。

第 1 组：特指名词

（6）稿子被修改好了⇒［K］修改好的稿子/修改稿
（7）用塑料做盆⇒［K］用塑料做的盆/塑料盆
（8）龙井茶出产于杭州⇒［Z］出产于杭州的龙井茶/杭州龙井

第 2 组：比喻词

（9）【外形相似】像兰花一样的手指/兰花指｜像扫帚一样的星星/扫帚星｜血盆似的大口/血盆大口
（10）【性质相似】像纸一样不堪一击的老虎/纸老虎｜像铁一样坚硬的拳头/铁拳头｜像泡沫一样容易破裂的经济/泡沫经济

如果说特指名词的形成是概念化的初级形式，那么比喻词的形成则是概念化的高级形式，人们熟知的事物可通过相似点形成比喻，在指称化后，保留喻体使主体与客体结合得更紧密，通过隐喻成为固定概念。社会的需要则是指称式进一步删略的动因，如果有表达上的需要，指称式可进一步删略为特指名词；如不需要，指称化过程会暂时停止。如：

（11）拿棍子来打小孩⇒［F］拿来打小孩的棍子/打小孩的棍子
（例：~可不好买了，棍子上面要钉上钉子。）
（12）拿棍子来打狗⇒［F］拿来打狗的棍子/打狗的棍子/打狗棍
（例：杨沫曾计划出走四川，投奔绿林英雄。连~和讨饭的碗都备好了。）

例（11）该结构没有进一步缩略，是因为社会没有要求出现此类专指"打小孩的棍子"的词语；例（12）因表达的需要，指称式在频繁使用中进一步压缩，形成"打狗棍、烧火棍、杀威棍"等专指名词。

3. 语篇连贯化需要

语篇的连贯和衔接是话语理解的重要因素，衔接关系能够表示话语中两个部分之间的理解关系（冉永平等，2006：251）。指称式能够为话语衔接提供背景信息，因为任何事件都是在特定的时间、地点、原因等产生的，事件参与者的年龄、职业、性格特点等跟事件密切相关。如果不知道事件发生的这些因素，则无法准确地理解事件表达的内容，指称式可以提供这类事件线索，与主事件所述事件形成衔接，从而正确地理解话语内容。这种主事件提供的衔接包括：时间衔接［如例（13）］、处所衔接［如例（14）］、年龄衔接［如例（15）］、身份衔接［如例（16）］和状态衔接［如例（17）］。

(13) 刚完成学业的王东宁马不停蹄地回到祖国。

(14) 久居城市的我们走上吊桥，晃动中一个个洋相百出，桥上桥下一时笑声朗朗，人未过河，先载了一河的笑声送进寨子。

(15) 后来走路愈发困难，33岁的他不得不过早地拄上了拐杖。

(16) 或许有人以为，王士范只是个行动型的企业家，殊不知，作为高级工程师和专家的王士范更是个思考型的儒将。

(17) 进了我住的楼房的院子，一向不爱声张、不苟言笑的他，像是掩饰不住内心极度的喜悦，居然一反常态，在院里高声喊起了我的名字。

指称式形义衰减与话语衔接互为因果。频繁变动的话题会降低语篇的连贯度，而连续的话题则是语篇衔接的基础，保证了语域的一致性，如：

(18) 周桂花老了，老了的周桂花喜欢戴着老花镜，拉着我的手唠些旧嗑。

(19) 他们说树也会成精，成精的树妖同人一样也都怕痒，你只要用棍子去凿那树洞，整棵树就全身会笑。

指称化将直接命题变为隐含命题，承载新信息的指称结构就以隐含的方式来表达命题，通过这种句法手段，我们不仅可以描写简单词项所无法描写的复杂结构，而且可以使核心名词不对主话题产生影响，保证话题的连续性。同时，语义压缩也使指称式具有语篇衔接与连贯的作用，使语言信息的组织更加流畅，表达更加灵活。不断简化的指称式在文中重复出现，具有承上启下的作用。

4. 句式严整化需要

指称化过程中形义衰减在符合语言交际中的信息量背景化、句法语义制约条件下，还要受语用原则的限制，以使表达保持形式统一、对称和谐。指称式标记形义衰减是多变量系统运筹的结果。

第1组：保留

（20）我对<u>我选择的</u>信仰至死不渝，我对<u>我走过的</u>路无怨无悔。
（21）他就不能对迎面而来的<u>其他的人</u>或街上的<u>其他事物</u>产生言语觉知。

第2组：删略

（22）前几天骑着它去走亲戚，<u>路上的它</u>四蹄生风，<u>骑着的他</u>春风得意。
（23）金融是国际垄断资本玩弄的<u>扑朔迷离</u>、<u>眼花缭乱的万花筒</u>。

例（20）"我走过的路"中体标记保留不仅有凸显语义作用，而且与"我选择的信仰"产生对仗关系。例（21）为形式和谐对称，在"其他人"之间增加结构标记，与"其他事物"产生明显的平行关系，句法限制最终屈从于表达需要。例（22）"骑着的他"与"路上的它"句式相对，一般表述应为"骑着马的他"，则不符合对仗要求。例（23）受前面四字格的影响，"令人眼花缭乱的万花筒"删略为"眼花缭乱的万花筒"，句式整齐要求是删略的外在需要，上下文语境提供可删略的内在条件。

二 衰减的基础

衰减是指称化过程中的倾向性行为，但由于各陈述式的基础不同，表达需求不同，导致了不同的结果。如果陈述式的基础不能满足指称化的需要，那么无论采用何种策略都很难指称化或不能指称化。在我们的考察中发现，大部分陈述式均能自由完成指称化；少部分陈述式指称化较困难，须先句法分解后才能实现；极少部分句层面的陈述式因基础不足而无法完成指称化。

1. 陈述式是衰减的起点

陈述式是指称化过程中形义衰减的起点，为指称式提供所必备的基础条件，衰减的终点是形成无定裸名词。句子直接反映现实语用层面的新信息，可以通过各种不同策略和形式来强化表达复杂概念，但是很多句层面结构无法实现短语层面内容（如第1组），有些句层面标记必须强制删略才能实现指称化（如第2组），只有语句并现层面的标记可以在指称化后删略，指称式语义在此过程中由述事到述物，语义重心由整体向局部偏移，由传递新的信息转变为新信息产生的起点，往往带来句法地位的降级。

第1组：句层面的结构不能出现在语层面

(24)【紧缩句】西瓜如果不甜，就不要钱/西瓜不甜不要钱⇏[Z]*不甜不要钱的西瓜

(25)【动词拷贝句】李四抄书抄了两遍⇏[Z]*抄书抄了两遍的李四

(26)【是否问句】你去不去看电影？⇒[Z] 去看电影的你/不去看电影的你

(27)【选择问句】小王明天去看电影，还是去游泳？⇒[Z] 明天去看电影的小王/明天去游泳的小王

第2组：句层面标记的强制删略

(28)【能愿标记】合作要以资金为基础⇒[Z] 以资金为基础的合作（但：?要以资金为基础的合作）

(29)【语气标记】牛肉面味道不错呀⇒[Z] 味道不错的牛肉面

第3组：语句并现层面标记的删略

(30)【体标记】她在上海用激光做了手术⇒[K] 她在上海做的手术（但：?她在上海做了的手术）｜敌人狡猾着呢⇒[W] 敌人的狡猾｜妇女生过孩子⇒[K] 妇女生的孩子（但：?妇女生过的孩子）

(31)【态标记】那个妇人把头发烫成鸡窝似的⇒[Z] 那个把头发烫成鸡窝似的妇人/那个头发烫成鸡窝似的妇人｜美军士兵被俘虏了⇒[K] 被俘虏的美军士兵/俘虏的美军士兵

(32)【比况标记】胸怀如同大海一样宽阔⇒[Z] 如同大海一样的胸怀/大海一样的胸怀

地位降级往往会造成原有结构的裂解和句法成分的删略，如果其中的

一些句法结构不能发生信息衰减，即不能通过句法手段完成形义衰减，那么也就无法完成指称化，这从反面说明了指称化的过程往往是信息衰减的过程。此外，一部分只能出现在句层面的完句标记如语气标记、能愿标记等必然会被滤除，而那些语句并现成分在指称化过程中也会因为所在句法位置、语用表达的需要不同而有不同的衰减表现。形义衰减与信息地位变化、句法地位变化有本质的联系。

2. 结构标记是衰减的产物

结构标记是指代标记衰减的产物，是陈述式向指称式转换过程中，语言为满足表达需求而进行的自适应行为。上古汉语定中之间以意合无标方式存在，为了表义条理性和表达明晰性，语言呼唤出现结构标记。指示代词"之、厥、其、者"常用于定语之后中心语之前复指定语，因所处语法位置逐渐虚化为结构助词。宋绍年、鲍楠（2012）指出，古汉语中的指称化标记也比现代汉语丰富，"所""者""其""之"等均有作为指称化标记的用法。甲骨文中定中之间不用"之"来连接，"之"在甲骨文中虽然常见，但却没有结构助词的用法。

上古汉语中结构标记"之"的来源，学者曾有不同看法，高名凯（1948：303）认为来源于动词"之"；王力（1958/1980：277）认为源自指示代词"之"；唐钰明（1998）认为是原生的结构助词。大多数学者赞同王力先生的观点，认为结构标记来源于指示标记，因为虚词来源于实词，结构助词作为语法标记是由指示代词虚化而来。石毓智、李讷（2001：341）根据结构助词与指示代词的共性特点，以及不同时期或者不同地域使用过的助词都有指示代词的用法这个事实，认为结构标记来源于指示标记。也就是说指示代词自身的语义特征适合发展为结构标记，这种语法标记的演化具有语言的普遍规律。从功能上看，"之""底""的"之间存在共性，"位于名词前连接定语的'的'，其前身是'之'，而后是'底'"（殷国光等，2011：224）。在现代汉语中，指代词还具有领格的用法，是一种正在发展中的语法现象。

3. 能否衰减是实现指称化的保证

原有陈述式能否通过句法手段使信息得到衰减，适应信息背景化的需要，是指称化能够正常实现的保证。一些陈述式中的强化表达方式和表达句式，无法实现结构语义的衰减，强制删略导致意义的丧失，前后意义不一，这些表达只能存在于陈述式而不能存在于指称式。

我们着重考察了动词拷贝结构，发现绝大多数都无法采用句法手段实现信息衰减，也就无法实现指称化。动词拷贝结构中的两个动词重复是同一动作的两次表述，实际上只有一个动作。如：

(33)【$V_1+O+V_2+得+C$】他写文章写得很快 $\Rightarrow$ [Z]* 写文章写得很快的他/*文章写得很快的他/*写文章很快的他

(34)【$V_1+O+V_2+C+了$】学生打球打累了 $\Rightarrow$ [Z]? 打球打累了的学生/?球打累了的学生/?打球累了的学生

(35)【$V_1+O+V_2+C+了+N$】某人喝酒喝红了脸 $\Rightarrow$ [Z]? 喝酒喝红了脸的人/?喝酒红了脸的人/喝红了脸的人

(36)【$V_1+O+V_2+到+N$】老王读书读到深夜 $\Rightarrow$ [Z]* 读书读到深夜的老王/*读书到深夜的老王/*读到深夜的老王

陈述式中为了凸显语义，保证交际正常进行，需要一定的句法冗余，指称化之后，这种语义冗余的存在基础消失，整个结构的信息格局发生变化，一些陈述式无法通过句法手段实现结构的语义衰减，指称化过程被抑制。

三 衰减的策略

具体语句的基础条件决定了它可接受哪些手段的调节，表达目标又决定了将从中择取哪些调节手段加以实施（马清华，2008）。指称化过程中形义衰减策略的选择受制于表达的需要和结构的基础，具体的策略包括以下几类。

1. 成分删略

删略是指删去表达中的部分信息，换言之，是去掉不必要或者双方已知的信息，以句法中的不足形式表达完整形式所负载的信息，它使表达更加简练、紧凑、清晰。成分删略是语言缺省（default）现象的具体体现，可以出现在言语交际的各个环节，并且与"零形式""成分缺失""空语类"等概念相混杂。指称及其限饰成分的"删略"是顺应信息背景化而采取的方式之一，形义衰减的方式包括：删略、缩略、兼职等。删略涉及概念层面和句法层面，信息重组与信息传递，言语交际和言语互动等多个层面，它既是形式问题，更是意义问题，与认知主体的交际环境、言语投入和认知方式密切相关。

语言结构中的多个层面的信息都具有指称的功能,陈述式中的"强制性论元"和"任选性论元"成分都可以被提取,以起到指称的功能。这些论元和谓词以及结构标记在指称化过程都可以被删略,删略后保留的成分正是说话人想表达的语义中心,次要的信息或背景信息往往被删略,这既提高了语言表达的概念化,也提高了语言表达的实际效果。

2. 语序变化

汉语中,语序和虚词是表达语法意义的主要手段。指称化过程中,语序有助于降低信息的敏度,是通过句法手段实现信息背景化的策略之一,指称式也在寻求满足限制条件下达到语言表达效果的最优解。语序和标记之间存在互动性、适配性,采用何种策略表现指称化结果既受语法规则制约,还受语体特征形塑。

陈述式中,语序有常式和变式,与表达精细化、话语主题的选择和信息焦点的安排密切相关,多样化的语序满足了各种表述的需要。指称化之后,这些外在的表述需要消失,语序更加常式化、典型化、单一化。多种语序的回归为常式语序正是为适应信息背景化而做出的选择,以最常见的方式进行表达,从而让听话人把更多的精力和焦点放在其他的信息上。

3. 语义衰变

语义衰变主要是指形式没有发生变化而语义发生弱化。古汉语中,指称化现象已大量存在,上古汉语中存在无标记的转指化和自指化现象,在自指结构中,无标记的指称化比有标记的指称化更常见。

第1组:无标记的指称化

(37) 寡君闻君亲举玉趾,将辱于敝邑,使下臣犒<u>执事</u>。(《左传·僖公二十六年》)

(38) 一箪<u>食</u>、一瓢<u>饮</u>,在陋巷,人不堪其忧,回也不改其乐。(《论语·雍也》)

(39) 请欲固置五升之饭足矣。(《庄子·天下》)

(40) 人有置<u>系蹄</u>而得虎。虎怒绝蹯而去。(《战国策·赵策三》)

第2组:有标记的指称化

(41)【所】召而见之，则所梦也。(《左传·昭公四年》)

(42)【者】男女授受不亲，礼也，嫂溺援之以手者，权也。(《孟子·离娄上》)

(43)【其】风之积也不厚，则其负大翼也无力。(《庄子·逍遥游》)

(44)【之】今令尹之不信，诸侯之所闻也。(《左传·昭公元年》)

（姚振武，1994；宋绍年、鲍楠，2012）

第一组中"执事""饮""饭""系蹄"本来是谓词性的，在句子中意义发生转指，没有采用外在的形式标记，但词性已转为名词。如执事＝执事者；饮＝所饮；饭＝所饭；系蹄＝所以系蹄，与相应谓词性成分加上"者""所"所指对象相同。第二组中，谓词性成分借助"所""者""其""之"等指称化标记完成指称化，如所梦＝所梦之人，其负大翼＝负载的巨大翅膀。

不仅汉语中存在无标记的转指现象，在其他语言中也存在无标记转指现象，以英语为例，如：【谓词性成分转指施事】cook（做饭 v. →厨师 n.）；【谓词性成分转指结果】cry（苦 v. →哭声 n.）；【谓词性成分转指动作的工具】cover（覆盖 v. →盖子 n.）。

现代汉语中，提取谓词和相关成分可以实现语义功能的转指，指称式中心语位置上的谓词动词性减弱而名词性增强，整个结构表现为名词性。一些疑问性成分指称化后，疑问的存在基础消失，疑问依托句层面表达未知信息的做法愈加困难，语义作用范围被困禁在名词性短语内，发生衰变，变为表虚指成分。还有一些指代成分的定指性在指称化后消失，变为纯粹的语用功能标记。

陈述式中谓词和宾语为满足表达的需要，还可以通过重新分析的手段以意合无标的方式形成指称式。如：【同序】"烤_{动词}面包_{宾语}⇒烤_{定语}面包_{中心语}｜出租_{动词}汽车_{宾语}⇒出租_{定语}汽车_{中心语}"或【异序】"学习_{动词}汉语_{宾语}⇒汉语_{定语}学习_{中心语}｜栽培_{动词}水稻_{宾语}⇒水稻_{定语}栽培_{中心语}"。结构由叙事向述物转变，语义中心从整体转向局部，意义发生衰变。所形成的指称式已经丧失了动宾结构的典型特征，结构不能受副词修饰，不能带动量补语，不可重叠，也不能带时体助词，具有典型的名词性特征。

四　衰减的模式

由于衰减的不同需要，各指称式的基础不同，所采用的衰减策略各异，也就造成指称式在指称化过程中不同的衰减模式，其路径和方式不同造成了不同的结果。设 X 为提取项，a、b、c 等为提取后剩余项，▭ 为陈述式，▭ 为指称式，大致可分为以下四种模式。

1. 链式模式

一个完整指称式的各项构件理论上都存在可删略的情形，因而指称式须存在相应的删略模式，指称项构件逐一删略后，最终可以只剩下裸名词，甚至零形式，由此形成了一个衰减的连续统，如：

$$\boxed{\text{xabcd}} \Rightarrow \boxed{\text{abcdx}} \rightarrow \boxed{\text{abcx}} \rightarrow \boxed{\text{abx}} \rightarrow \boxed{\text{ax}} \rightarrow \boxed{\text{x}} \rightarrow \emptyset$$

（45）司机喝多了酒 ⇒ ［Z］喝多了酒的司机/喝多酒的司机/喝多的司机

（46）炮弹被糖衣裹着 ⇒ ［K］被糖衣裹着的炮弹/糖衣裹着的炮弹/糖衣炮弹/糖弹

2. 辐式模式

同一指称化在演变过程中沿不同路径进行链式衰减，最终形成多个指称式变体，这些指称式的连续变体适应了语言表达复杂化的需要。如：

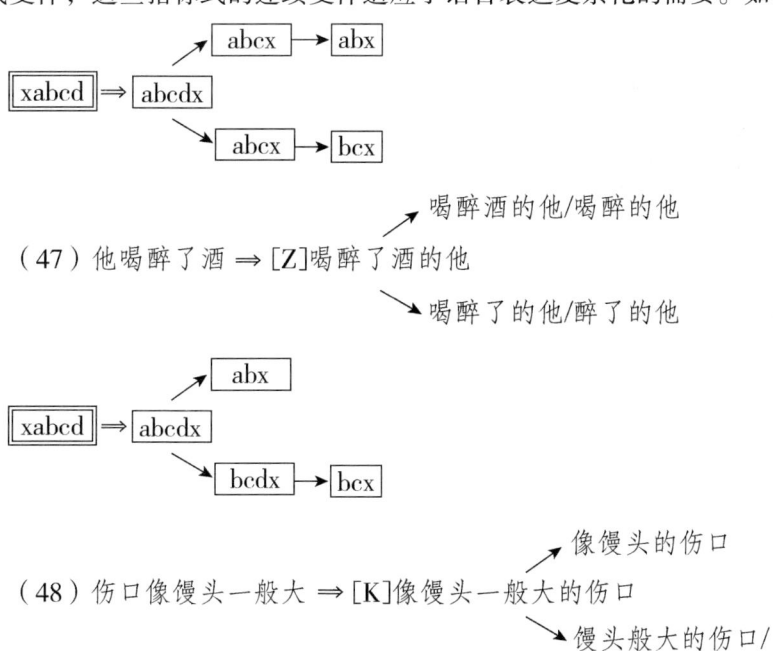

$$\boxed{\text{xabcd}} \Rightarrow \boxed{\text{abcdx}} \begin{array}{c} \nearrow \boxed{\text{abcx}} \rightarrow \boxed{\text{abx}} \\ \searrow \boxed{\text{abcx}} \rightarrow \boxed{\text{bcx}} \end{array}$$

（47）他喝醉了酒 ⇒ [Z]喝醉了酒的他 ↗ 喝醉酒的他/喝醉的他
↘ 喝醉了的他/醉了的他

$$\boxed{\text{xabcd}} \Rightarrow \boxed{\text{abcdx}} \begin{array}{c} \nearrow \boxed{\text{abx}} \\ \searrow \boxed{\text{bcdx}} \rightarrow \boxed{\text{bcx}} \end{array}$$

（48）伤口像馒头一般大 ⇒ [K]像馒头一般大的伤口 ↗ 像馒头的伤口
↘ 馒头般大的伤口/馒头大的伤口

3. 混合模式

混合模式是上述两种形式的结合，在指称化过程中，辐式和链式模式混合在一起，具体采用何种方式受到语境和使用者自身因素的制约。

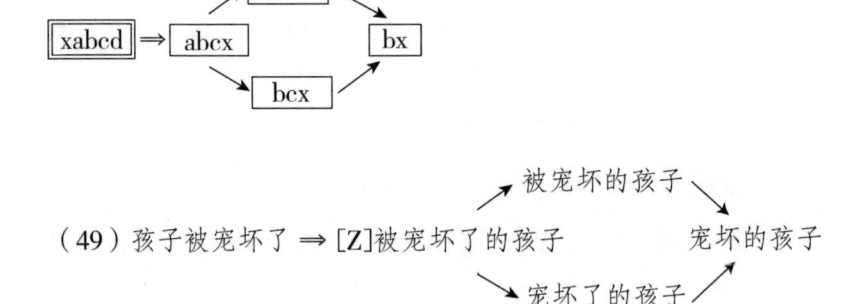

```
           ┌→ abx ┐
[xabcd] ⇒ abcx    → bx
           └→ bcx ┘
```

（49）孩子被宠坏了 ⇒ [Z]被宠坏了的孩子 ⇒ 被宠坏的孩子 / 宠坏了的孩子 → 宠坏的孩子

4. 漏斗模式

最简指称式来源于不同指称式，这些来源指称式互相之间意义各异，在衰减后归一，最终取得了中和。不同的指称式形如漏斗中的沙粒，最终汇集为一个指称式。这种指称式的模糊表达也是指称化形义衰减的表现之一。

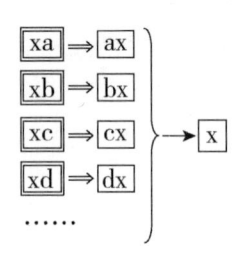

```
xa ⇒ ax ┐
xb ⇒ bx │
xc ⇒ cx ├→ x
xd ⇒ dx │
……      ┘
```

（50）我吃了饭 ⇒ [K] 我吃了的饭
　　　我吃过饭了 ⇒ [K] 我吃过的饭
　　　我正在吃饭 ⇒ [K] 我正在吃的饭 → 我吃的饭
　　　供我吃饭 ⇒ [K] 供我吃的饭
　　　……

　　例：~里的肉比你多。
　　例：~不多，可身体却越来越胖？
　　例：~比你吃的盐还多。
　　例：炊事班已经把~做好了。
　　……

此外，由于习以为常，一些动词经常在指称式中删略，为人们所接受，受名词性定语的影响，产生了强大的类推效应。"NP1 +（的）+ NP2"格式中隐含了一个适配的谓词（群），这个隐含的谓词（群）通过结构助词来连接。NP1 和 NP2 之间存在领属或支配关系，通过上下文语境和常识我们可以在一定程度上激活这个谓词（群）。如：

(51) 鲁迅写了书 ⇒ ［K］鲁迅所写的书
　　 鲁迅拥有书 ⇒ ［K］鲁迅拥有的书
　　 鲁迅捐出书 ⇒ ［K］鲁迅捐出的书　→鲁迅的书
　　 鲁迅收藏书 ⇒ ［K］鲁迅收藏的书
　　 鲁迅出版书 ⇒ ［K］鲁迅出版的书
　　 ……

在上例中，删略式"鲁迅的书"会造成理解的多样化，在不同的语境中有不同的理解。从上下文语境来说，动词所承担的语义往往在语境中有所体现，激活并确定被隐含的谓词，成为我们进行语言表达和语言理解的重要环节。

第二节　衰减的不均衡性

"不均衡性"反映的是事物内部的差异性和非均质性，可以表现为形式的有无、数量的多寡，也可以表现为意义的区别和性质的差异，还包括分布的不对称性和不均匀，等等。在指称化过程的衰减不平衡诸要素中，语义起着决定性作用，其他因素均受其支配。

一　标记与轻动词衰减的不均衡性

我们统计了汉语中的 15 个标记和轻动词，具体数据来源于第一章至第三章指称化过程中的形式衰减各部分表格内容的汇总，我们发现，不仅不同标记间的删略与保留比例差别明显，就是同类标记，如体标记中已然体标记、持续体标记、经历体标记之间可删略比重也差距较大，详见表 6-1。

表 6−1　　　　　　　指称式标记/轻动词删略保留比例对比

		删略率（%）	保留率（%）
体标记	已然体	89.17	10.83
	持续体	50.05	49.95
	经历体	44.66	55.34
态标记	主动处置态	40.8	59.2
	被动处置态	40.8	59.2
比况标记	比况标记	11.67	88.33
格标记	方位格	48.17	51.83
	工具格	62.25	37.75
	原因目的格	32.5	67.5
	与格	14	86
轻动词	判断动词	62	38
	存现动词	32	68
	关系动词	30.5	69.5
	趋向动词	19.5	80.5
	使动动词	33	67
	平均率	40.74	59.26

其中比例最高的为已然体标记，可删略率为 89.17%，最低的为比况标记 11.67%，表现出各自衰减的不均衡性，可见，删略比例与各自的语法功能和语义关系密切相关。经最终统计，删略率与保留率之间的比值为 4∶6，体现出比较高的衰减倾向。

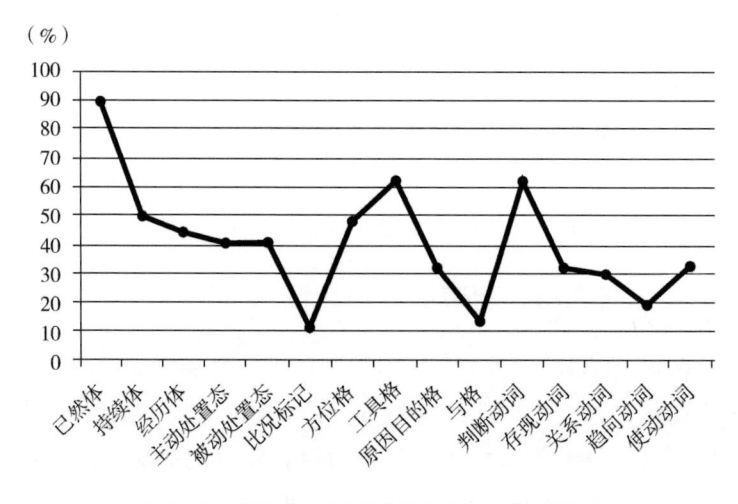

图 6−1　指称式标记/轻动词可删略比例统计

从图6-1可以看出，任何标记均可在指称化后被删略，谓词、论元和结构标记都可被删略，只不过各自的可删略比例存在差异而已。除已然体标记外，其余14个标记和轻动词大多集中在10%—60%，可见，衰减体现了指称化过程中的一种倾向性规律而非绝对性规律。

二 叠加标记到单一标记衰减的不均衡性

陈述式中谓词为保证一定的鲜明度和冗余度，可以采用叠加标记，这种语义的强化满足了语言表达的需要。指称化之后信息背景化，语言强化表达的需求消失，强化的语义在表达上显得多余，因此定语位置上的叠加标记倾向于删略，但在衰减过程中表现出不均衡性。

我们以比况范畴为例试作说明，比况范畴由比况动词和比况标记构成。"像、好像""仿佛""如同""好比""犹如"等比况动词，经常和"一样""一般""似的"比况标记连用，组成"像……一样""好像……似的""像……一般"等构式，两者叠加使用。指称化之后，比况范畴的衰减可以形成叠加标记式、前置标记式、后置标记式，形成以下三种衰减类型。

第1组：叠加标记式、前置标记式、后置标记式均能成立

（1）感情像兄妹一样⇒［Z］像兄妹一样的感情/像兄妹的感情/兄妹一样的感情

（2）小人儿像拇指一般大⇒［Z］像拇指般大的小人儿/像拇指大的小人儿/拇指般大的小人儿

第2组：叠加标记式与后置标记式能成立

（3）难民如同潮水一样⇒［Z］如同潮水一样的难民/潮水一样的难民（但：?如潮水的难民）

（4）洪水像猛兽一般⇒［Z］像猛兽一般的洪水/猛兽一般的洪水（但：?像猛兽的洪水）

第3组：仅后置标记式能成立

（5）房屋像蜂窝一样⇒［Z］蜂窝一样的房屋（但：?像蜂窝一样

的房屋/[?]像蜂窝的房屋）

(6) 弹雨如同冰雹似的⇒［Z］冰雹似的弹雨（但：[?]如同冰雹似的弹雨/[?]如同冰雹的弹雨）

这三类不均衡性主要由本体和喻体间的心理联想度和指称式使用的频度所决定。第一组本体和喻体之间距离较远，因此指称式中标记可以叠加使用。而第三组因指称式使用频繁，已经熟语化了，这种类固定的用法也使其他的两式成为非法。第二组的衰减正好介于两者之间。

此外，我们还发现在衰减过程中，叠加标记保留式、前置标记保留式和后置标记保留式存在衰减不均衡性，序列描写为：前置标记式＞叠加标记式＞后置标记式，即出现前者必然出现后者。指称式中比况动词处于结构的最外层，因此在衰减过程中更容易被删略而形成后置标记保留式。而比况标记处于结构的内层，删略较困难，因而此种删略情况最为少见。

三　谓词性标记删略操作的不均衡性

陈述式提取谓词后可形成转指类定中结构，学者一般称为"NP 的 VP"结构，虽然在整体功能上相当于名词，但又不同于一般的名词。一般"名词"所指称的是"事物"，而"NP 的 VP"所指称的是"事件"，由陈述事件到指称事件，本身就显示出衰减。指称化之后 VP 位置上的谓词的附加成分是否还能保留，哪些能够保留引起了我们的兴趣。我们对谓词的附加标记，如体标记、态标记、情态量标记、能愿标记、比况标记、否定标记、语气标记进行全面考察，发现各种谓词性标记与谓词一起被提取后，标记显示出衰减的不平衡，主要表现为以下几点。

第一，标记类型显示出衰减的不均衡性。有些谓词性标记与谓词结合不紧密，中间被其他成分所间隔开，不能被提取。如比况标记，"大口如同血盆似的⇒［W］*大口血盆如同似的｜某人像疯狗似的⇒［Z］*男人疯狗像似的"。有些谓词和谓词性标记能够被提取，但提取谓词后标记须强制删略。如体标记［例（7）—例（9）］：

(7) 他迟到了⇒［W］他的迟到（但：*他的迟到了）

(8) 敌人狡猾着⇒［W］敌人的狡猾（但：*敌人的狡猾着）

(9) 这本书出版过⇒［W］这本书的出版（但：*这本书的出版过）

此外，标记内部也显示出衰减的不平衡型，如态标记，主动处置态标记不能与谓词一起被提取，"把道理讲出来⇒［K］*道理的把讲出来"，而被动处置态却能够提取，如"李庆贵被免职了⇒［W］李庆贵的被免职（如：～与当下加强党风廉政建设的总体形势有关）。"同样是副词，情状副词（如：苦心、随手、大力）、否定副词（如：不、没）能够出现在 VP 位置上，但时间副词（如：已经、曾经、正在）、范围副词（如：全、都、仅）、语气副词（如：难道、大概、也许）等均不能出现在 VP 位置上。

第二，标记句法位置显示出衰减不均衡性。句法位置制约功能的实现，句法位置不同的指称式受到的句法规则约束也不相同。所有标记保留的指称式中标记均为前置成分，后置的标记均须被删略。这是因为指称化之后外层的标记容易被压缩和删略，而内层的标记因为处于指称式内部而容易被保留。

第三，标记的语义也影响衰减不均衡性。能够保留的标记主要表示判断和否定［如例（10）—例（11）］，以及表程度的情态量标记［如例（12）—例（13）］。

(10) 他<u>不</u>理智⇒［W］他的不理智（例：安倍会为～付出代价。）

(11) 他<u>没</u>良心⇒［W］他的没良心（例：他的朋友们看不惯～，替他担下他没去尽的义务。）

(12) 他<u>过分</u>礼貌⇒［W］他的过分礼貌（例：李东海奇怪于～但依旧是喜欢他的笑颜。）

(13) 医护人员<u>全力</u>进行抢救⇒［W］医护人员的全力抢救（例：经过～，小女孩已经安全脱险了。）

否定标记不仅可以出现在中心语位置，还可以受其他副词成分修饰。如"〈这本书的迟迟不出版〉给作者带来了很多困扰"。同样是情态副词，"很""非常"均不能出现在同形结构中，如"*他的很礼貌、*他的非常礼貌"。标记时间概念的范畴均不能出现在 VP 位置，不论是前置标记还是后置标记，如"*他的来了、*他的已来"。

第四，谓词词义也影响标记的衰减。能够进入 VP 位置的动词都是非动作动词，不具有强动词性，试比较"*他的没来—他的没迟到"，如"那天儿子伴着铃声闯进了教室，他用发了疯似的奔跑换来了〈他的没迟到〉"。

"来"具有强动词性，因此出现受到限制，而"迟到"具有弱动词性，因此可以出现在该结构中。

四 自指类和转指类中心语删略操作的不均衡性

朱德熙（1983）指出，"从语义的角度看，谓词性成分的名词化有两种，一种造成的名词性成分与原来的谓词性成分所指相同，称为自指；另一种造成的名词性成分与原来的谓词性成分所指不同，称为转指"。从此，自指与转指就成为语言研究中的一对重要概念。学界一般将指称式能够指称原谓词性成分所表达的事件或行为称为自指，指称式能够指称原谓词性成分所表达事件或行为有关的人或物称为转指。沈家煊（1999）指出，汉语"的"字结构转指中心语的现象本质上是一种"语法隐喻"（grammatical metonymy），在此基础上提出了转喻/转指的认知模型，发现处于同一认知框架内的"VP的"有些可以转指，而有的则不可以。自指与转指在执行中心语删略操作后确实存在不均衡性，具体语例表述如下。

第1组：转指

（14）某人个儿高⇒［Z］个儿高的人→个儿高的（例：【主语】打篮球，~占优势。｜【宾语】表妹选男朋友非要选~。）

（15）小王开车⇒［K］小王开的（那辆）车→小王开的（例：【主语】~是国产的车。｜【宾语】那辆红色的车是~。｜【谓语】那辆车，~。）

（16）他给我写了信⇒［K］他给我写的信→他给我写的

（17）我借给那个人钱⇒［Y］我借钱的那个人→我借钱的

（18）用刀来裁纸⇒［F］裁纸的刀→裁纸的

第2组：自指1类—名词中心语

（19）开车有技术⇒［K］开车的技术→?开车的（例：我在职业学校里学了好几门技术，还就~最有用。）

（20）什么时间火车到站⇒［Z］火车到站的时间→?火车到站的（例：你到问询处问下我们火车开车的时间，~也一并问下。）

（21）孩子们在那块场地上开车⇒［K］孩子们开车的（那块）场

地→[?]孩子们开车的（例：游乐场里有几块活动场地，~有围墙围着。）

第3组：自指2类—谓词中心语

（22）这本书出版了⇒［W］这本书的出版→[*]这本书的
（23）狐狸很狡猾⇒［W］狐狸的狡猾→[*]狐狸的

指称式删略中心语操作后，可以在以下几个方面构成不均衡性。

第一，转指类与自指类删略中心语具有不均衡性。陆俭明（2003）认为转指可以表示与谓词相关的某个事物，而自指只能表示"名词语+谓词语"这个事件。转指类删略中心语后所形成的"VP 的"与其后的空位同指，如"开车的"转指人，"我开的"转指"车"，而自指一般不能删略中心语。

第二，指称式的中心语既可以是名词性［如例（14）—例（21）］，也可以是谓词性［如例（22）—例（23）］。在删略谓词性中心语后，自指2类不管给予何种条件，都不能成立。自指1类在删略名词性中心语后，转指类可以转指相应的人或物，但需给予一定的语境，才能完成转指，即句法位置具有强制性赋予指称功能，否则容易与转指类混同。如"开车的"，没有语境的提示，我们默认为转指"开车的人"。

第三，在转指类内部，删略中心语后也显示出衰减的不均衡性，提取主体与客体所形成的"VP 的"的转指能力要大于提取附加体所形成的指称式，除此之外，语境也是不均衡性的制约因素之一。王玲玲（1995）、朱景松（1997b）等指出"VP 的"结构可以转指动作的施事、受事、与事、工具、材料等，但在具体的语境中，"VP 的"转指的概率并不相同。洪爽（2009）运用 Dowty（1991）的"原型角色"理论，具体描写了施事、受事、工具、处所、结果等五种题元角色的特性，并得到了一个题元等级：结果＞受事＞工具＞处所＞施事，不同的题元等级充当宾语的能力不同，也即可提取能力不同，从而造成了删略后的不对称现象。他以汉语中的"互易"句式为例，即"NP1 + V + NP2"与"NP2 + V + NP1"均能成立，来说明"VP 的"在转指时具有对称和不对称现象，如①：

---

① 具体例句根据陈述式指称化框架进行相应改写。

(24) a.（用）红纸包喜糖⇒［F］包喜糖的红纸→包喜糖的
　　 b.（用）红纸包喜糖⇒［K］（用）红纸包的喜糖→红纸包的
(25) a. 喜糖（外）包（有）红纸⇒［Z］包（有）红纸的喜糖→包红纸的
　　 b. 喜糖（外）包（有）红纸⇒［K］*喜糖（外）包（有）的红纸→*喜糖包的

洪文所提出的题元等级对这种不对称现象具有一定的解释力。如果将其放在陈述结构指称化的模型中，我们可以更清楚地看到不对称产生的原因。陈述式中我们既可以说"红纸包喜糖"，也可以说"喜糖包红纸"。在表层结构中两者可以互易，但在深层结构中，两者句式并不相同。例(24)提取附加体后，工具格标强制删略；提取客体，工具格标可以任选删略。例（25）a提取主体后，附加在主体上的方位名词强制删略；例（25）b中客体"红纸"无法被提取，进而导致删略中心语所构成的"VP的"结构也不能成立。

第三节　干涉要素的多重性

标记理论认为，"形式单位及其相应意义之间的象似法是语义上无标记的单位要比有标记的单位在形态上的符号化过程更简单"（哈杜默德·布斯曼，2003：321）。有标记指称式的意义和内容之间关系是确定的，形式与内容之间距离较为直接；无标记指称式的意义和内容之间关系是模糊的，之间的距离较为疏远。有标记指称式在最大限度上缩短了两者的距离，而无标记则扩大了距离，给人留有解释和想象的空间，使意义和内涵更加丰富。有标记符号表现准确性原则，无标记符号则体现了经济性原则。制约指称式标记形义衰减是多变量系统运筹的结果。

一　句内成分

陈述式中句内成分之间的关系对衰减有支配作用，待提取项自身语义、前后成分、所在句式等都会对衰减情况产生影响，我们以体标记衰减为例，说明标记的衰减受有界—无界等相邻特征制约，同时标记也制约结构中的其他成分。衰减的最终情况受制于各相关成分之间的系统运筹。我们以已然体标记为例来说明句内成分对标记衰减的制约。

第一，动词自身语义。汉语中体标记均来源于动词，其与动词之间由最初的句法关系转变为形态关系，联系由"疏"变"紧"，体标记在指称式中的删略依然受到其原有动补结构的影响。在已然体陈述式中，损耗消失义动词、完成义动词、获得义动词、趋向义动词、状态义动词和持续义动词都可以使无界事物有界化，这与已然体标记的句法功能相同。陈述式中需要一定的句法冗余，指称化后结构进行压缩，体标记作为冗余的外在标记趋向于删略，它的语义功能由动词等成分来承担。

第二，动词前成分。动词前成分包括副词和时间名词。上古汉语中主要依靠副词表示体范畴，而现代汉语中则优先使用体标记表示时体范畴。指称式添加副词变量后强化了性质处于事实的状态，定语的描写性提高，语气变得舒缓，可接受度提升。动词前面可以出现时间副词，如"已、早已、已经"等，表示状态在说话时间前出现并延续到这一事件，或者表示动作或变化的完成，往往与后面的体标记"了"形成互补关系，组成固定的构式。动词前时间成分主要指时间名词，表明动作的有界。

第三，动词后成分。从广义上看，体标记是一种动词补语，是动词的附着成分，所以学者又称为"动态助词、动词词尾、状态补语"等，它的产生受动补结构发展影响。状态补语、数量补语、时间补语均能使无界成分有界化。"数量词和'了'有相同的作用，都能使无自然终止点的动作变为自然终止点（如'吃饭'变为'吃一碗饭'和'吃了饭'）或使动作的自然终止点变为实际终止点。"（沈家煊，1995）

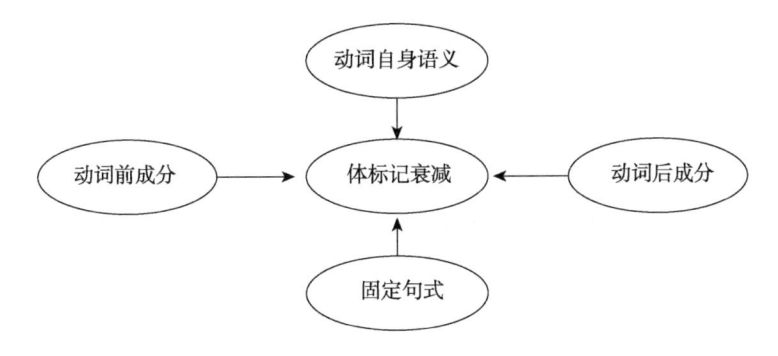

图 6-2 体标记衰减句内制约情况

第四，固定句式。一些句式如"被动句、存在句、比拟句、介词短语句"等,在长期使用中形成构式义,已经产生思维定势,形成固定表达方式。由构式而产生的构式义会强制要求标记存在或删略。

二 提取对象

汉语是 SVO 型语言,主体和客体分居谓词两端,指称化只能选择其一做中心语,其余成分则成为定语。在没有使用其他句法手段的前提下,最直接的方式就是采用直接分析法,主谓结构语义衰减而裂变为定中结构,这就是"客体导入式"。客体导入式所形成的指称式语序模型又会对以主体为中心语的指称式语序产生影响,促使对方只能采用逆行方式"类化"构成指称式。(马清华,2014a)

表 6-2 指称化提取对象类推分化

	初始模式	类推模式	优化模式
客体导入式	$S_主 \cdot VO_谓 \rightarrow SV_定 \cdot O_中$	$S_主 \cdot VO_谓 \rightarrow VO_定 \cdot S_中$	$S_主 \cdot VO_谓 \rightarrow SV_定 \cdot 结构标记 \cdot O_中$ $S_主 \cdot VO_谓 \rightarrow VO_定 \cdot 结构标记 \cdot S_中$
主体导入式	$S_主 \cdot VO_谓 \rightarrow S_中 \cdot VO_定$	$S_主 \cdot VO_谓 \rightarrow O_中 \cdot SV_定$	$S_主 \cdot VO_谓 \rightarrow S_中 \cdot 结构标记 \cdot VO_定$ $S_主 \cdot VO_谓 \rightarrow O_中 \cdot 结构标记 \cdot SV_定$

不同的导入方式形成不同的语序关系,初始模式依靠语义手段完成,类推模式依靠语序手段完成,而优化模式则依靠标记手段完成,标记和语序的确立提高了定中模式化水平,标志着定中作为一种句法结构的形成。其中客体导入式以汉语为代表,而主体导入式以马来语为代表,同时采用两种方式以英语为代表。

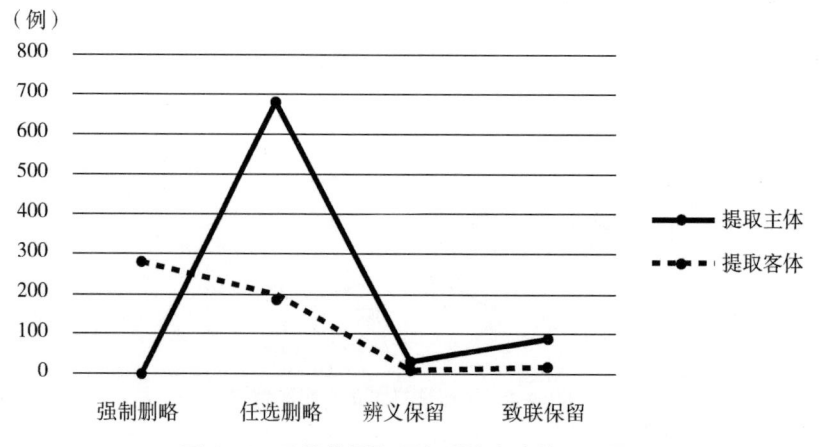

图 6-3 已然体提取项和删略方式关系配置

汉语 SVO 型语序一经确立，提取客体所形成的指称式与陈述式则以同一个角度在叙述，因此不需要角度转换，而提取主体时则需要变化角度，因此需消耗更多的工作记忆能量和操作动力，从消耗时间的角度看，提取主体比提取客体更难理解。提取项的不同也会影响指称式的衰减度。提取对象不同也会造成标记删略不同，提取客体所形成的指称式是限定性的，提取主体所形成的指称式则是描写性的。我们统计了体标记中提取主体与提取客体所形成的指称式的衰减情况。

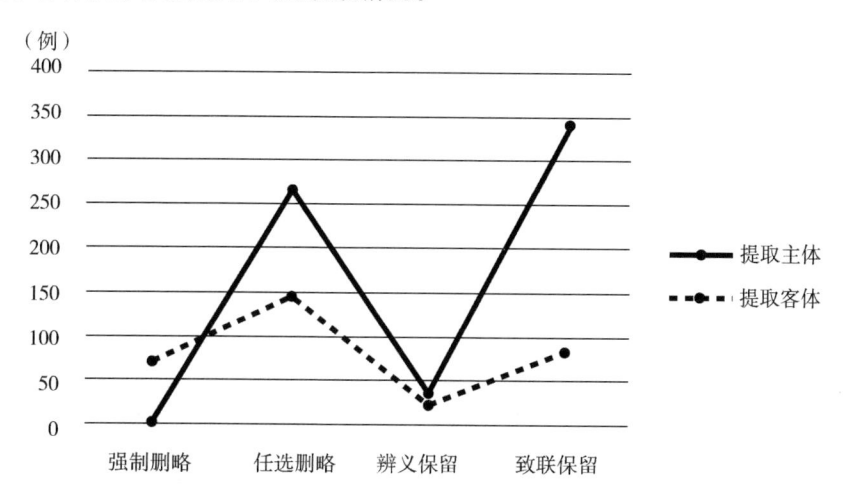

图 6-4　持续体提取项和删略方式关系配置

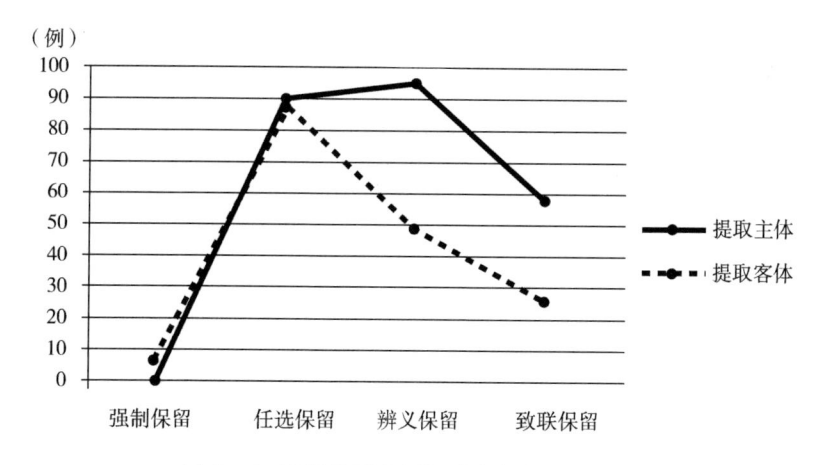

图 6-5　经历体提取项和删略方式关系配置

从上述三图，我们可以发现提取项与指称式衰减间存在一定的互动关系。提取客体比提取主体在强制删略上要高，但在其他三种删略类型上要低。这点在已然体和持续体删略上更加明显。对比发现，提取客体，灵活空间小，强制删略多而任选删略少；提取主体，灵活空间大，强制删略少而任选删略多。这可能是因为提取主体后，谓词和宾语作为一个整体被前置到定语位置，它们之间的语法关系得以保留，体标记保留与否比较灵活。而提取客体后，指称化标记强制插入谓词和宾语之间，原有的语法关系被裂解，体标记所处的位置更为尴尬，因此强制删略多。

从分布的态势上看，提取项与删略类型之间有内在的关系。除了在强制删略上，提取客体超过提取主体外，在任选删略、辨义保留、致联保留三种删略类型上，提取主体的语例均超过提取客体的语例。提取主体与提取客体比例分别为：已然体 793∶490；持续体 642∶321；经历体 243∶169。总比例为 1678∶980，约为 1.8∶1，即在指称化过程中，提取主体比提取客体更加容易。这个结论也与 Keenan & Comrie（1977：63—69）对五十余种语言的调查研究结论和王亚琼、冯丽萍（2012：6—14）对汉语的研究结论相一致。

三 句法位置

句法位置也是衰减的变量之一，指称式和句法位置存在协调问题。主语位置表达已知信息，不需要通过体标记来凸显焦点；宾语位置表达未知信息，形式上可接受一定冗余信息。任选删略的指称式，因所处句法位置不同，而会采用不同的删略策略。试比较：

(1) a.【主语】损坏的机器已恢复正常使用（但：[?] 损坏了的机器已恢复正常使用）

b.【宾语】他把损坏的机器修好了/他把损坏〈了〉的机器修好了

(2) a.【主语】一位坐轮椅的残疾人来到故居/一位坐〈着〉轮椅的残疾人来到故居

b.【宾语】为坐轮椅的残疾人提供了便利的交通环境（但：[?] 为坐〈着〉轮椅的残疾人提供了便利的交通环境）

(3) a.【主语】已经修复的太阳金字塔撩开了神秘面纱（但：[?] 已经修复过的太阳金字塔撩开了神秘面纱）

b.【宾语】"死亡大道"的东侧是已经修复过的太阳金字塔/

"死亡大道"的东侧是<u>已经修复的太阳金字塔</u>

指称式虽可任选删略,但在句中存在使用的倾向性。主语和宾语位置因信息表达的不同而对指称式有外在的形式要求。在已然体任选删略语例中,我们选择了 100 个不同的任选删略语例,经统计,已然体保留式所在句法位置主语和宾语比为 39:61,然后以同形的已然体删略式在 CCL 语料库中进行搜索,以所搜到第一个语例为准,统计已然体删略式所在的句法位置,见表 6-3。

表 6-3　　　　　　标记保留式和删略式句法位置分布

指称式＼句法位置	主语	谓语	宾语	定语	状语	补语
已然体保留式	39	0	61	0	0	0
已然体删略式	35	0	57	2	6	0
总计	74（37%）	—	118（59%）	2（1%）	6（3%）	—

从表 6-3 可见,无论是体标记的保留式或是删略式,出现在主语和宾语位置的概率大致相同。宾语位置占比约为六成,说明宾语位置更容易出现指称式,而主语因为位置已知,可出现指代形式或裸名词。

以上数据显示了宏观倾向,我们还进行了微观分析。选择了两组已然体、持续体任选删略式进行考察,结果显示语法位置与指称式确实具有一定的选择关系。在北京大学 CCL 语料库中以关键词进行检索①,去除语义无法理解和不属于指称式的语例,统计如下(见表 6-4)。

表 6-4　　　　　　指称式句法位置分布统计

语例＼句法位置	主语 语例	主语 占比（%）	宾语 语例	宾语 占比（%）	定语 语例	定语 占比（%）
喝醉了的 $X_{施事}$	14	35	22	55	4	10
喝醉的 $X_{施事}$	16	51.6	11	35.5	4	12.9
吃饱了的 $X_{施事}$	6	46.15	7	53.85	0	0
吃饱的 $X_{施事}$	4	57.14	3	42.86	0	0
戴着眼镜的 $X_{施事}$	16	44.44	20	55.56	0	0
戴眼镜的 $X_{施事}$	27	57.45	20	42.55	0	0

---

① 关键词所搜索到的语料超过 50 例的考察前 50 例,少于 50 例的全部予以考察。

续表

句法位置 语例	主语		宾语		定语	
	语例	占比（%）	语例	占比（%）	语例	占比（%）
穿着军装的 X$_{施事}$	5	33.33	9	60	1	6.7
穿军装的 X$_{施事}$	13	48.15	12	44.44	2	7.41

从表6-4可以看出，体标记保留式出现在宾语位置上的概率更大，而删略式出现在主语位置上的概率更大。这是因为主语位置上是已知信息，因此其中的体标记更倾向于删略，而宾语位置上是未知信息，因此体标记更倾向于保留（从图6-6更容易看出），以保持一定的语义冗余和语义凸显。两者之间更多的是一种选择倾向性而非绝对性。此外，宾语位置的未知和指称式的已知之间也存在运筹关系，近七成的宾语位置出现保留式，说明在两者运筹过程中，句法位置对标记的保留制约更大。

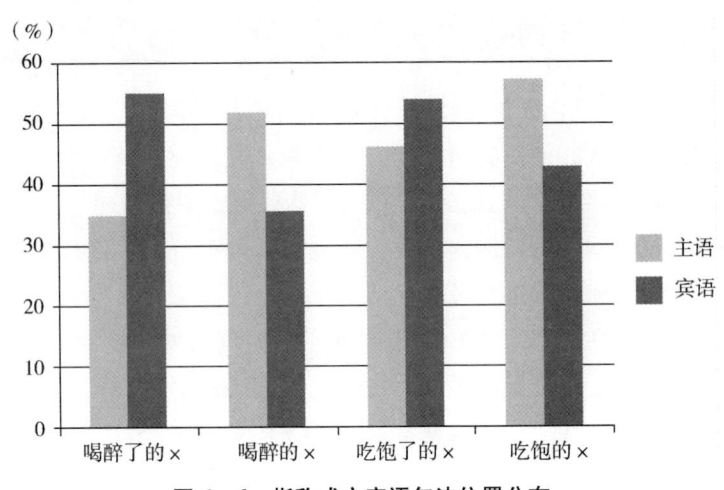

图6-6 指称式主宾语句法位置分布

处于宾语位置上的指称式还受到主句动词的影响，动词如"看、见、看见、感觉、听见、觉得"等被称为感受动词，指通过某种动作、现象施加作用或影响于人，使人在生理和心理上产生某种感受。人们感受到的往往是事物存在的状态，此类句子中，宾语常常使用体标记保留式。如：

（4）我看到了<u>一个赤裸〈着〉上身的男人</u>。
（5）看见不远处有<u>个穿〈着〉西装、腰上挂〈着〉手机的男人</u>。
（6）她注视着眼前<u>这个笨拙拙〈着〉烟的女人</u>。

主句中的动词"看"后接持续体标记指称式,表示动作持续相当长时间。从认知角度分析,"看见、看到、注视"都是强式的无界成分,因此在句中也往往要求宾语是无界成分,而持续体标记"着"正是强式的无界标记,两者可以共现。

四 语体差异

语言作为人类交际的工具,其结构是在交际使用中选择、磨合而形成的,是言内因素与言外因素共同作用的结果。指称化过程本身就是一种意义的选择,指称化对小句的内部结构功能进行重新排列,通过所选择的表达形式进一步增强语义特征。指称过程中的抽象化满足了精确表达的目的,符合汉语正式语体的需要,因此,越是正式语体,指称越多;越是口语语体,陈述越多。朱军(2017:90)也在讨论语体与语法(构式)时指出,"一方面是语体的性质和特征部分取决于语法(构式)的表现,另一方面语法(构式)的表现和形成也部分受制于语体"。即语体与语法之间相互作用,语体不同,指称化的要求和动力也不同,不同的交际需要导致指称式采用不同的表达策略。指称式包括陈述式指称化的直接结果(即陈述式的变换式)和该陈述式指称化的其他结果(即继发环节的指称式,参见第八章余论第一节"指称化继发环节的衰减")。这里我们统计对象是前者,即陈述式的变换式。

沈家煊(1993)指出"语言结构的象似性就是语言结构直接映照人的概念结构,而不仅仅是一般的体现概念结构"。张敏(1998:143)也指出,语言的象似性可定义为"语言表达式在外形、长度、复杂性以及构成成分之间的关系上平行于这一表达式所编码的概念、经验或交际策略"。语言单位所负载的信息量与其所占据的句法位置和长度成正比,我们通过定量语料库,对不同语体主宾语位置上的指称式进行全面考察,设置了三个指标来考察不同语体中指称式衰减情况的差异。

表6-5 指称式句法位置衰减情况

指标 语体	语例数 主语	语例数 宾语	语例数 总计/平均每万字	语符数 主语	语符数 宾语	定语层级数 主语	定语层级数 宾语
法律语体	19	53	72/24	12.95	13.66	2.89	3.3
科技语体	22	87	109/36.33	11.22	11.46	2.52	2.72

续表

指标\语体	语例数 主语	语例数 宾语	语例数 总计/平均每万字	语符数 主语	语符数 宾语	定语层级数 主语	定语层级数 宾语
政论语体	17	25	42/14	10.61	11.85	2.44	2.5
新闻语体	19	61	80/26.67	10.84	11.49	2.53	2.85
文艺语体	39	106	145/48.33	8.38	9.45	2.1	3.08
口语语体	12	31	43/14.33	5.75	9.06	1.33	2.55

法律语体中，由于列举条文的形式而具有一定的程式化用语，导致了大量相同或者相似的结构存在，所以指称式的语符数和定语层次也是最多的。法律语体中指称化压缩了冗长的法律表述，成为更有意义的概括和陈述。

科技语体中，指称化经常与"定义"和概念的"复指"紧密地联系起来。指称式具有抽象性、逻辑性、客观性的特点。科技语体中的指称式无论在主语位置还是宾语位置，语符数都较多，定语层级性也较多。

政论语体中，指称化可以实现各种事件逻辑关系在句子内部的内在化。一方面以透辟的分析和严谨的论证让人信服，另一方面又以生动的话语和形象的描绘打动人们的感情。因此，政论语体中要求通俗易懂，更接近口语语体，指称式出现的频率较少，每万字只有14个。

新闻语体中，指称化创造了很多新颖的表达，简洁明了，通俗易懂，成为介乎口语语体和书面语体之上的特殊语体。特别是新闻语体的标题，因为特殊的表达空间而对指称式产生强烈的衰减需要。

文艺语体中，指称式运用形象思维来刻画各种典型的艺术形象、描绘动人的场面和情节、艺术地再现生活，使读者如临其境。因此，文艺语体中的指称式数量最多，每万字达到48.33个。

口语语体中，指称式简短明了，多用来表现日常生活、具有实体意义的概念，表现抽象概念的指称式较少。在随意的口语交际中，对话双方可依赖动作、表情等非语言方式表情达意，对指称的表达需要不高，因此出现在主语位置的"的"字结构多为省略式，它们有的是承前省略有的是承后省略。与口语语体相比，书面语体表达者可经过内省方式，从容不迫地对语言进行修饰润色，而接受者也有足够的时间慢慢体会文章的所有信息，因此口语语体中指称式衰减情况最为明显，无论是语符数还是定语层级数都是最少的。

与此同时，我们也看到，虽然语体不同，主语和宾语对指称式的衰减要求不同，但两者表现出惊人的一致性，从图6-7—图6-9中可以明显看出：

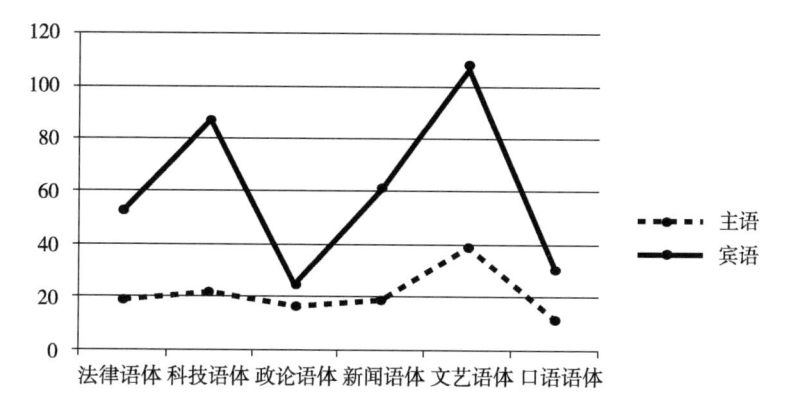

图6-7　指称式语体句法位置分布

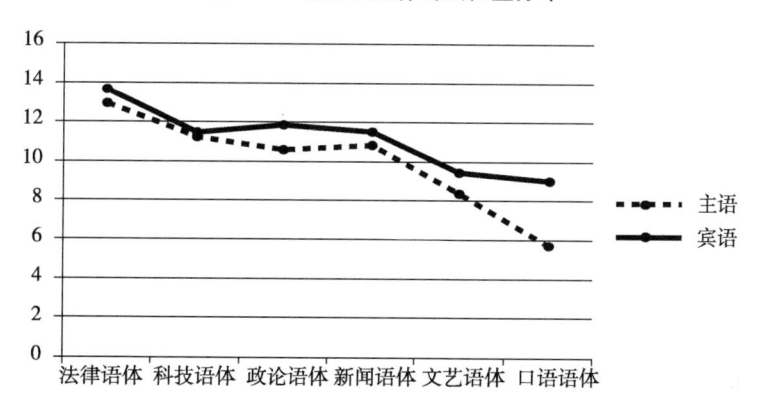

图6-8　指称式语体语符数分布

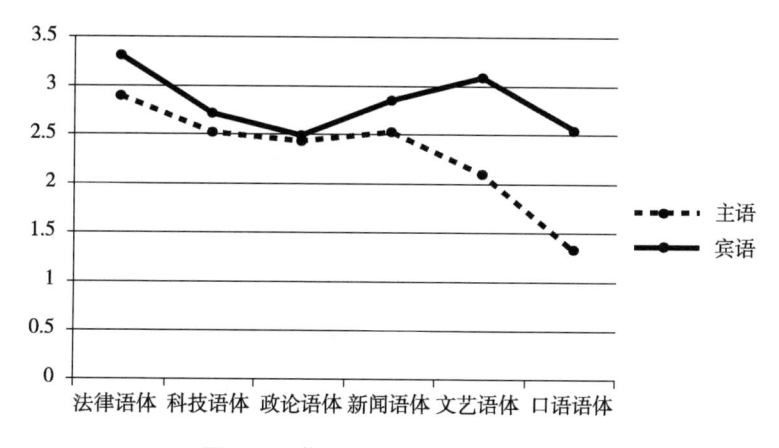

图6-9　指称式语体定语层级数分布

即无论语例数、语符数还是定语层级数,宾语位置均高于主语位置,主语位置因信息已知,对指称式的冗余表达可接受度低,衰减动力强,而宾语位置表达未知信息,对指称式冗余表达可接受度高,衰减动力弱。虽然指称式在不同语体所呈现的差异性有其交际需要的动因,但语法内在的约束性则是指称式衰减的根本动因。对于具体指称式的衰减,我们需要综合考虑语法、语体及其互动因素,从而达到更充分的描写和更准确的解释。

综上可见,形义衰减中一些外表看来错综复杂、纷繁歧异的语言现象实际上都遵循一定的严格规律。指称化表达受功能驱动,具体语言的基础条件决定其可以接受何种调整策略,表达目标的实现决定了结构采用哪些策略。衰减形成了指称式表达的连续统,满足了语言多样化和复杂化的需要。指称式在衰减过程中体现出不均衡性和不对称性,表现在标记和轻动词各自衰减率的差异;叠加标记在向单一标记衰减过程中形成了衰减的连续统,显示出各个指称式之间的不均衡性。谓词性成分被提取成指称式的中心语,谓词性标记的删略与否与各自语义、句法位置和语境密切相关。自指类和转指类中心语在实行删略中心语操作后,有些能够自由转指,有些需要在一定的语境中才能实现转指,而有些只能自指。转指类和自指类删略中心语的不均衡性不仅体现在两者之间,在各自内部也存在不均衡性。指称式衰减在多个层面上体现出不均衡性和不对称性,制约形义衰减的多重因素相互缠绕,共同决定了衰减的方向和采取的策略,衰减最终体现为协同作用下的最优化结果。

第七章 共变视角下的指称化衰减

共变（covariation）是语言的系统运作机制之一，其本质是两个或多个看似无直接联系的变量都与某个共同的现象有关，同时发生同向或者反向变化。共变典型表现为语言体在系统某一个界面的特征变化，往往伴随着其他界面上特征的联动变化。共变在心理学中作为一种寻求因果联系的归因方法，在逻辑学中作为一种因果论证方法，在数学中作为观察不同变量间共同变动因素的一种计量模式。语言学界虽有对共变术语的沿用，却基本未将它跟共时平面上一般的二元互动关系区分开来（社会语言学对它的处理即是）。从这个意义上说，实际仍未深度触碰到语言共变机制的系统性本质，更不用说将它有意识地惠及方法论层次，因而限制了对语言中众多微妙而广布的系统关联特征的挖掘。学界对指称化现象的观察还仅停留于功能类属区分（朱德熙，1983；陆俭明，2003）、中心语能否省略（朱德熙，1983）、移位限制（贾光茂，2015）及空位（寇鑫、袁毓林，2017），对其众多特征归向衰减的共变均视而未察。指称化过程中的形义衰减体现了语言共变现象的本质特征、运作规律及基本原理。

第一节 指称化衰减共变的类型

同一共变类型的不同共变次类间存在层次性。有的共变涉及所有界面，有的可能只涉及部分界面。在系统内具有重要、深刻意义的分界和鸿沟处，共变往往涉及所有界面（语言化处于最深的鸿沟）。而共变界面少的往往发生于较低的常规层级。如陈述式被指称式所嵌套（深度嵌套）和陈述式被另一陈述式所嵌套（浅度嵌套）（马清华，2017），都是交际单位降级为备用单位，但前者是指称化活动，共变的界面周延，变化也深刻得多。

共变的多界面变化共起，虽看似不直接相关，却并非无内在的因果关系，相反，正因有这样或那样的理据关系（如目的、条件、方式、结果等），共变才具有必然性。严格地说，共变都是某个界面的特征变化触发了其他界面特征及本界面内部的连锁变化，是语言各界面产生联动效应的一种系统组织模式，它体现了语言的协同整合和自适应关系。值得注意的是，这种因果联系和连锁反应是共时意义上的，而非历时意义上的。共变的起因即触发因素，至少有功能转型、方式转型、语域转型三种。

一　功能转型

功能转型有成分的和结构的两种类型，其功能广义地涵盖了语用功能、句法功能和语义。

1. 成分的功能转型

成分由语用功能转型引起的共变，如叹词和拟声词在感性直白还是理性描述上的语用差异，决定了它们各自采用何种理据方式（生理的还是物理的），也由此决定了其语义上是否传递知识并建立在联想关系上，句法上可否进入组合关系，语音上能否形成连续的语流因而是否受音系约束（见图7-1）。从叹词到拟声词是语言化的过程，即第一符号系统向第二符号系统或类语言向真正语言的初级环节的过渡（拟声词肇始于拟声叹词）（马清华，2011；2013）。

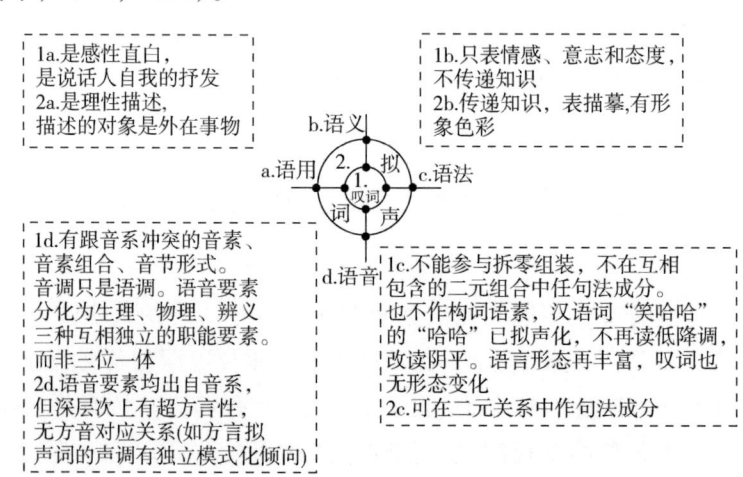

图7-1　叹词—拟声词的特征共变

又如，语用礼貌原则的委婉动机推动了"有V"型双音节动词（"有伤｜有失｜有请｜有劳｜有赖"等）这种构词方式的形成，前提条件是其意义上既有表贬义或非礼貌行为（说话人获益而听话人受损的行为）的语素V，又有该语素对客体论元的必有需要。构词和意义特征导致"有V"型动词不像一般动宾型动词跟带宾语相冲突，反而呈黏宾特征，有跨层递归能力，并带书面色彩。共变还跟言外社会因素联动，年青一代对等级观念相对淡薄，所以该年龄层作家的作品很少甚至不用这类动词，老一辈作家作品里使用相对多些（统计见伍文英，2002）。

成分由句法功能转型引起的共变，如实词标记化活动常表现出各界面的弱化：句法上定位黏着、语用上表次要信息、语义上虚化、语音上弱化或轻化等。以动词"了（liǎo）/着（zhuó）/过（guò）"的语法化为例，它们首先是句法上定位于主要动词之后（即次要位置固化），失去了部分的句法自由性，语用上相应传递次要信息，致使原语义弱化，直至虚化，转表主要动词的情态意义，语音上发生轻化。成分意义转型引起的共变，如频度副词中，描写性频率副词（"一再｜再三｜频频｜屡屡"等）的主观性高于判断性频率副词（"经常｜时常｜常常｜往往｜通常"等），因此语法形式上，前者能加"地"，后者能加"是"；在语体分布上，前者与后者的频率比在文艺语体约为1∶2，科技语体约为1∶44（统计见邹海清，2006）。由于功能冲突，描写性频率副词在科技语体中分布极少。

2. 结构的功能转型

结构由功能转型引起的共变，如陈述结构向指称结构的转化。发生学上先有陈述结构，后才衍生出表指称的定中结构（马清华，2014a）。指称化出于内容和形式两方面的动因。

其一，信息结构调整。其信息权重降低，前景退为背景，主要信息降为次要信息，一定程度上实现了信息的降维和压缩。

其二，句子复杂化的深层次需要。两个因素看似无直接相关，但协同作用，触发了语义、语法、语音各界面的适应性衰减：1）语义上由表完整事件转表事件参与者之一，由整体的叙事转表局部的述物，由命题表达转为复杂概念。2）句法上动用结构的多样化处理手段，由句单位降级为语单位，由交际层降为备用层。因此指称化也意味着"关系化"（relativization）。3）语音上句末停顿删除，尾调消失。虽然两种动因都推动了指称化的形成，但唯有信息结构调整，跟所触发的共变都指向衰减这同一种结果,因而是诱发共变的主因。

又如,人称代词引导的同位结构("我孔捷|咱当兵的|你这么个人")在意义上有冗余性,其第一人称的使用频率最高,该特征更突出了冗余性,显然是基于补偿原理来表达强烈情感(马清华,2008)。语用上,其信息分布呈强烈的话题倾向,分布于口语体,在言外,绝大多数见于说听双方的平等地位关系(统计见韩蕾,2009;张旺熹,2010)。

二 方式转型

方式转型广义地涵盖了表达方式、语法形式或语音形式的转型。

1. 表达方式的转型

表达方式转型引起的共变,如语言可在不改变功能的前提下,选择不同的处理策略,实现对陈述结构的指示(deixis)。可以采用彻底的删略方式,也可采用称代方式,均构成指称化的适应性衰减。删略在处理前后,形成实与空的变化,称代在处理前后,形成本与代的变化[比较例(1)a和例(1)b]。本体方式与称代方式之间,或与删略方式之间,均各处于纵横相交的两个不同维度,其各界面都存在显而易见的差异。

(1)你知道那支笔好用吗⇒a. 你知道∅吗;b. 这你知道吗

2. 语法形式的转型

语法形式转型引起的共变,如动宾型动词(如"签名")自身的构词特征使其语义上蕴含了动作行为所支配关涉的事物,意义相对自足,句法上跟汉语 SVO 型语序在结合能力方面形成同性抑制,很少能带宾语,光它就占了不及物动词的近八成,它带宾语的能力随语用上频率降低而变得更弱(统计见吴锡根,1991;郭锐,2001)。其语音上的双音节特征为动宾型构造的存在提供了条件,但并非直接触发共变活动的因素。

3. 语音形式的转型

语音形式转型引起的共变,如动词音节数(长度)跟它作句法成分的能力、语义上的动作性和自主性、语用上的语体分布,都有某种程度的联动关系(一般不易觉察)。语法上,能以光杆形式作谓语的单音节动词是双音节动词的近一倍(王健,2001)。单音节动词带宾语的能力远高于双音节动词,前者与后者在无宾语动词中的比为 1∶7.55(汪洪澜,1996);

单音节动词内部可直接作状语的占比，明显高于双音节动词内部的相应占比（朴正实，2003）；单音节动词作定语的能力远低于双音节动词，直接带名词定语的能力也远低于后者，几乎呈不能与能的对立（郭锐，2001）。具体地说，前者99.70%以上不能以光杆形式进入"NP + 的 + VP"格式，后者则多数可以（詹卫东，1998）。语义上，单音节动词在自主动词中的比例远大于双音节（林华勇，2005），且多为动作动词（李晓琪、章欣，2006）。语用上，单音节动词的使用频率很高，多用于口语，双音节动词多用于书面。在该共变的导因中，动词长度可能是跟功能互为因果的条件因素。

三　语域转型

语域转型除一般的语域转型外，还广义地涵盖了语体转型。

语域转型引起的共变，如言语三个基本区间（常规、超常、过常）的切换，导致其相应的语言表达式在语法、语义、语用等界面表现为不同的特征。常规区间呈语法的常规性、语义的现实性、语用的广域性（如叙实的常规句法通见于各语体）。超常区间呈语法的变则性、特异性，语义的非现实性和主观性，语用的异常性（如诗歌语体中违实的变则语法）。过常区间呈语法的压缩性、变形性、熟语化，语义的经济性，语用的局域性（如菜名中的凝缩句法）。

又如，动宾型动词本来很少能带宾语，但它在新闻报道的标题中，句法上转而可带宾语（如"亮相上海｜落户台州｜现身音乐节｜有缘奥斯卡"），并占据不及物动词带宾语的六成以上（统计见匡腊英，2004），所带宾语在语义上为非客体论元，其宾语也不能是单音节的。它首先在书面里形成突破，跟新生语法现象通常首先形成于口语的情况不同，显然是受了该语域条件下的结构复杂化需要的影响，即由语域转型和方式转型协同作用所致。

第二节　指称化衰减共变的层次性

结构由成分和关系构成，因此结构功能转型和成分功能转型相比，前者引起的共变要复杂得多。对蕴有重要系统意义的结构特征变化来说，更是如此。在同一复杂共变活动的内部，可出现逐层跟进的分层共变。指称化过程中的形义衰减,是复杂共变的典型。结构的功能转换所分析的共变式衰减处于较显著、易体察的高层。在显著程度降低的中层和不易觉察的低层,指称化还引发了结构系统各界面形义特征更丰富的适应性共变。

一 指称化过程中语用衰减的深入

指称化后的语用意义呈有定化倾向,该倾向反映指称范围的缩小,从而表现为语用衰减的深化。已知是说者认定说听双方共知的信息,背景则相对于前景而言,因此背景未必已知,前景未必未知［比较例(1)］。虽然如此,背景仍是传递已知信息的优势方式。信息背景化和已知化的结果便是有定化。

(1) 那只大船(已知背景) | 一本好书(未知背景) | 喜鹊在叫(未知前景) | 你也知道前面有路(已知前景)

信息流中新信息不断转换成旧信息,旧信息虽非注意焦点,但置于下一句前部作主语(或其一部分),可唤起记忆,成为新信息推进的基础或起点［比较例(2)］。

(2) 我昨天买了一些书$_a$,那些书/书/它们/∅$_{b\ =\ 我昨天买的那些书}$都很重。

统计 163.66 万字的语料(法律语体 24 万字、科技语体 36.33 万字、政论语体 14 万字、新闻语体 26.67 万字、文艺语体 48.33 万字、口语语体 14.33 万字)发现:主语和宾语位置指称式都是有定者居多,前者的有定占比均高于后者,但不如想象的悬殊,而后者的例数却远高于前者(多者 4 倍,少者 1.5 倍);后者的长度及定语层级数也都大于或多于前者。表明宾语凸显度高于主语。由此推定,指称式的语用衰减多见于主语位置而非宾语位置。统计还表明,指称式在每种语体里同等重要,各语体平均每万字的例数相等。但复杂程度不同,语体的指称式平均长度(以平均字数计)及在主语位置上①定语层级数,从大/多到小/少呈"书面语体 > 混合语体 > 口语体"序列。

---

① 指称式长度在宾语位置上呈复杂波动。

表 7-1 语体与指称式句法位置衰减关系

语体		主语位置 A	B	C	无定D 总例次	有定 例次	有定 占比(%)	宾语位置 A	B	C	无定D 总例次	有定 例次	有定 占比(%)	总例次	语料(万字)	平均例数	平均长度 主语	平均长度 宾语	定语层数 主语	定语层数 宾语
书面	法律	19	0	0	0	19	100.00	52	0	0	1	52	98.11	72	24	3	12.95	13.66	2.89	3.3
	科技	9	3	3	7	15	68.18	48	0	6	33	54	62.07	109	36.33	3	11.22	11.46	2.52	2.72
	政论	13	0	4	0	17	100.00	17	0	1	7	18	72.00	42	14	3	10.61	11.85	2.44	2.5
	新闻	14	0	2	3	16	84.21	36	1	3	21	40	65.57	80	26.67	3	10.84	11.49	2.53	2.85
混合	文艺	29	2	5	3	36	92.31	62	2	8	34	72	67.92	145	48.33	3	8.38	9.45	2.1	3.08
	口语	10	1	0	1	11	91.67	21	2	1	7	24	77.42	43	14.33	3	5.75	9.06	1.33	2.55

注：A. [陈述类定语]（"醉人的绿"）；B. [陈述类定语+有定指示定语]（"那醉人的绿"）；C. [陈述类定语+有定指示定语+数量定语]（"那一队运物的骆驼"）；D. [陈述类定语+数量定语]（"一队运物的骆驼"）。

二 指称化过程中语义衰减的深化

语义衰减主要表现为主观性程度降低。指称化时须滤除反映说话人情感类主观内容（第1—7种）或认知类主观内容（第8—9种）的句层面交际信息，导致后者的主观性程度降低。滤除方式有九种。

1. 标记删略。语气/口气标记删略（详见第三章第四节"语气标记删略"）。

2. 标记替换。含语气或口气义的融合标记（马清华等，2017：8）"真$_{感叹—程度}$｜往往$_{估测—频度}$"须替换成剥离了语气/口气义、仅有客观义的同义标记，如例（3）。

3. 词义变化。指称化时，结构丧失了传递疑问信息的条件，疑问代词若要继续留存，只能依托其无定指特征和代词意义含混、弹性大的特征之便，转表虚指（李宇明，1997），如例（4）。

4. 概念变化。疑问代词不大带述谓性定语，须改成它的上位词，结构才能实现指称化，如例（5）。

5. 迂回表达的直白化。追求情感效果的迂回表达，往往须还原为直白表达，如例（6）。

6. 结构语法意义的退化。靠结构表达疑问语气的是否问句、选择问句，能以转指方式指称化，转表周延两面的与/或。但不以自指方式指称化，因其退化意义分布的偏离程度加大，如例（7）。

7. 冗余度降低。人称代词接同位成分构成的复指短语是表强烈情感的冗余组合。指称化时，原同位结构须解除，或局部删略，或将陈述项嵌于指代词和中心语间，降低冗余度，如例（8）。

8. 非现实性意味消除。句子交际层面的非现实性意味若不滤除，往往难以指称化。只要将表虚拟假设标记替换为表超然（马清华，2012）的条件标记，从而由非现实性意味转为现实性意味，便可实现指称化，比较例（9）。

9. 凸显意味消除。旨在引起对认知类内容注意的凸显手段若无法消除或消淡，有时便不能指称化，如例（10）。同理，转折关系的单标"但"可内嵌于定语，但凸显的偶标"虽然……但是"却很难嵌入①。

---

① 当然，消除只是倾向，并非绝对，有时也可在变则语法中有条件地保留，如"*抄书抄了两遍的学生"可依托跟"都"的语义共振（马清华，2008）重新被接受，可以说"抄书都抄了两遍的学生"。

指称化按中心语提取方式分客体（受事或成果等）中心式［例（3）a、例（6）a、例（8）a、例（9）a、例（10）a］、主体（施事或当事等）中心式［例（3）b、例（4）b、例（5）b］、附加体（处所或工具等）中心式［例（5）c、例（9）c］、谓词提取式中心式［例（7）d］。

（3）老人往往缺的钙⇒a. 老人常缺的钙（*老人往往缺的钙）｜感情真深⇒b. 很深的感情（*真深的感情）

（4）下属花了多少_疑问_钱⇒b. 下属花的多少_虚指_钱~他都记录下来，清清楚楚。

（5）谁把碗打破了⇒b. 打破碗的人（*打破碗的谁）｜身上哪里起泡⇒c. 身上起泡的地方（*身上起泡的哪里）

（6）人家_年轻女性撒娇指自己_都急死了⇒a. 急死了的我（*急死了的人家）

（7）老师去（还是）不去？⇒d. 老师的去（还是）不去~都与你无关［*去（还是）不去的老师了］

（8）你这个人虚荣心强⇒a. 虚荣心强的你/你这个虚荣心强的人（?虚荣心强的你这个人）

（9）大爷如果买东西就去市场⇒a.（只有）买东西才去市场的大爷（*如果买东西就去市场的大爷）；c. 大爷（只有）买东西才去的市场（*大爷如果买东西就去的市场）

（10）西瓜如果不甜，就不要钱/西瓜不甜不要钱⇒a. *不甜不要钱的西瓜

三　指称化过程中语法衰减的深化

语法衰减包括句法层的衰减和逻辑层的衰减。

（一）句法层的衰减

句法层的衰减见于意义和形式两个方面。句法意义的衰减表现为它的含混化，包括句法范畴的含混化和句法成分意义的含混化。前者如认知类情态的标记删略，导致无法从形式上区别体、时、态等范畴的次类型；后者如中心语删略形成"的"字短语，导致中心语意义含混，轻动词删略造成潜在谓词意义的含混。句法形式的衰减表现如下。

1. 标记删略

标记分情态标记、指量标记、结构标记和话语标记（马清华，2017）；

或分交际层标记、备用层标记和跨层标记；或分语法性标记（虚词）和词汇性标记（如副词、助动词等实词）。标记删留方式有：1）组联删略，即强制删略，不删就不成话；2）任选删略，删是为经济性，留是为凸显，基本意义不变；3）辨义保留，删与留表达的基本意义不同；4）组联保留，即强制保留，删略就不成话。正好构成标记衰减度从大到小的序列。下文分析时分别用"X̶、(X)、X̲"中的画线表强制删略、任选删略、（强制或辨义）保留。

指称化时，交际层标记（含话语标记、话题标记_{属语用结构标记}、语气/口气标记_{属情态标记}）须强制删略，如例（11）。因它专属句子层面，降级为备用单位后，不再需要专职标记明示交际信息。其词汇性标记有少数（如表强势口气的语气副词"并｜的确"）能嵌入指称结构（统计见杨德峰，2005），但绝大多数仍须强制删略。跨层标记（含估测/时标记_{属情态标记}、逻辑结构标记）中，语法性标记强制删略，词汇性标记辨义保留，如例（12）。

（11）他据说工作了五年→他据̶说̶工作了五年⇒他工作的五年｜质量很高啊→质量很高啊̶⇒很高的质量｜领导竟然没到会→领导竟̶然̶没到会⇒没到会的领导

（12）他会来吧→他会来吧̶⇒他会来的原因｜司机刚喝酒来着→司机刚喝酒来̶着̶⇒司机刚喝的酒/刚喝酒的司机

备用层标记［含多数情态标记_{判断（比况/否定）/能愿/范围/程度/频度/情貌/体、态}、指量标记、句法结构标记_{结构助词}、语义结构标记_{介词}、逻辑结构标记_{连词}］常删留互见，并因中心语提取方式不同，而有不同的删留策略。备用层的情态范畴中，有标记删略倾向的是体、态范畴。[①]

常见的体范畴有进行、持续、已然等。取旧版 HSK 词汇大纲的甲级动词（必要时从更高级中增补），考察纯净动词所带后置体标记在指称化中的删留情形。通过广泛例证，归纳发现，体标记在客体及附加体中心式中的删略规则相似。其中，进行体标记的衰减度最大。在客体中心式（a）或附加体中心式（c）里，进行体标记强制删略，如例（13）；已然体标记

---

① 仅观察自指类指称式中的单用标记。叠加标记复杂性大增，暂不论。转指类指称式中，除否定、程度和被动态（如"小贩的不明智｜他的过分谦虚｜小贩的被罚"）外，备用层的其他情态标记一律删略。

强制删略，如例（14）；持续体标记任选删略，如例（15）。在主体中心式（b）里，进行体标记任选删略，如例（13），但已然体、持续体标记删留的规则性减弱。

（13）学生在教室里看着书⇒a. 学生在教室里看的书／b. 在教室里看（着）书的学生／c. 学生看书的教室｜懒汉做着事⇒a. 懒汉做的事／b. 做（着）事的懒汉／c. 懒汉做事的方式

（14）孩子在食堂吃了饭⇒a. 孩子在食堂吃的饭／c. 孩子吃饭的食堂｜秘书写了文章⇒a. 秘书写的文章／c. 秘书写的时候

（15）手里握着剑⇒a. 手里握（着）的剑｜墙上贴着画儿⇒c. 贴（着）画儿的墙

被动态标记有专职的（前附助词）和兼职的（介词），在客体或附加体中心式里，均任选删略［如例（16）］。主动态标记均以论元标记（介词）兼职，在附加体或主体中心式里，均可任选删略［如例（17）］（主体和客体均为指人名词时除外）。

（16）肉被酱腌过⇒（被）酱腌过的肉｜利润被乡镇拿走了⇒（被）乡镇拿走的利润｜木箱被厂方描了字⇒（被）厂方描了字的木箱｜酒被刺客下了毒⇒（被）刺客下了毒的酒

（17）贸易场所把中国与世界连接起来⇒（把）中国与世界连接起来的贸易场所｜燕子把窝筑在河堤上的⇒（把）窝筑在河堤上的燕子

备用层的非情态标记在指称化时同样表现出系统性衰减。主体或客体中心式里的介词只要前面没有论元干涉，便任选删略（除有歧义之虞外）［如例（18）］。作为状中标记的结构助词"地"在客体或主体中心式里，有定中标记"的"近距离同音干扰时，强制删略，干扰力度可因中心语地位降级（附加体中心式）或距离增大而降低，改为任选删略，但更倾向于删略［比较例（19）］。指称化时，原本强制出现的定指标记，转为任选删略［如例（20）］。①

---

① 定中标记"的"是指称化的条件，指称化并不直接造成对它的删略。

(18) 工厂从东北迁来⇒（从）东北迁来的工厂 | 小伙在牛街工作⇒（在）牛街工作的小伙

(19) 警察仔细盘查行人⇒警察仔细盘查的行人/仔细盘查行人的警察/警察仔细（地）盘查行人的时候 | 司机反复地试了五遍⇒反复（地）试了五遍的司机/司机反复（地）试了五遍的原因

(20) 那个人偷了钱包⇒偷了钱包的（那个）人

2. 成分删略

成分删略含中心语删略和类标记删略。"的"字短语是指称化以后中心语删略的结果。把意义虚灵、高频易删、表语法性关系的类标记动词叫轻动词①。它按在指称化时的必要性等级，从低到高分为四级：1级（"是"），在客体或主体中心式里强制删除，或借等同关系形成同位结构，或由前者的复杂式形成定中结构［例(21)］。跟典型陈述结构指称化比较可知，它们经过了指称化这个虚拟的中间环节。2级（"在 | 属于 | 如同"），在主体中心式里任选删略，客体无法作中心语［例(22)］。3级（"有"），在客体中心式里强制删除，主体中心式里强制保留［例(23)］。4级［领有掌控类（如"拥有 | 具有 | 率领"）、代表演出类（如"代表 | 饰演"）、制作产出类（如"制作 | 提出"）等半动词］，在客体中心式里任选删略，主体中心式里强制保留［例(24)］。

(21) 导游是小偷⇒导游是的小偷/是小偷的导游 | 学生看书是事⇒学生看书是的事（比较：学生看书⇒学生看的书/看书的学生）

(22) 钱在银行⇒（在）银行的钱（*钱在的银行）

(23) 男人有钱⇒男人有的钱/有钱的男人

(24) 他率领五个军团⇒他（率领）的五个军团/率领五个军团的他 | 景德镇制作了瓷器⇒景德镇（制作）的瓷器/制作瓷器的景德镇

语用意义的有定化可导致指称化以后形式的连环衰减：陈述类定语经称代，沦为有定的指示定语；经定语省略，中心语沦为光杆名词；光杆名词再经称代，沦为代词形式；代词再经省略，最终沦为零形式。

---

① 形式语法将介词视为轻动词，模糊了谓词与论元标记的界限，徒增不必要的纷扰。

3. 句法分布能力下降

句法分布能力下降主要见于转指类指称式。后者的中心语是述谓性的，但结构的整体功能是名词性的，只能作主语、宾语、介词宾语，不能作谓语或动语，表现出述谓性功能的衰减。（参见第五章第一节一"转指类指称式述谓性中心语的功能偏移"）

4. 语序常规化和单一化

陈述式比指称式更接近或直接分布于句子层面即交际层面，主观化程度高于指称式，相应拥有更多的变序表达。指称化后，伴随着主观化水平降低和客观化水平提升，语序还原成唯一的常规语序形式，以降低信息敏度。

(25) 这本书很好/这本书好得很⇒这本很好的书｜销售员去了一趟山东/销售员去了山东一趟⇒去了（一）趟山东的销售员｜匪徒偷走了金佛/匪徒把金佛偷走了⇒偷走金佛的匪徒

（二）逻辑层的衰减

逻辑层的衰减表现为逻辑标记的删略，逻辑意义的退化以及逻辑关系的句法化及其成分多样性的减少。

1. 逻辑标记删略

逻辑标记一般在句层面连接分句，但由于表认知内容，可在指称化时随结构降级而转入备用层，由于信息权重降低，多可任选删略，有时甚至须强制删略，例 (26) 的因果标记。

2. 逻辑意义的退化

指称化时逻辑标记删略导致的凸显意味消除，可由此带动逻辑意义退化或逻辑关系的典型化，非典型联合复句转成纯粹的并列关系，如例 (26)，偏正复句转成连谓关系，如例 (27)。

(26) 女人既年轻又漂亮_递进_⇒年轻漂亮_并列_的女人｜人生中的日子有时孤独有时困惑_交替_⇒人生中孤独困惑_并列_的日子｜女友结了婚，又有了孩子_递进_⇒结了婚有了孩子_承接/并列_的女友

(27) 某人因为受过刑，所以残废了⇒（因为）受刑（而）残废的人｜战士因为经过训练，所以能完成任务⇒战士经过训练（所以）

能完成的任务/经过训练（所以）能完成任务的战士

3. 逻辑关系的句法化及其成分多样性的减少

复句指称化后的中心语一般只能是前分句的主语或后分句的宾语。有时，也可以是后分句小主语中心式，如例（28）。当复句两分句的主语及宾语均迥异时，须先改为主语或宾语相同，如例（29）。若前分句的宾语和后分句的主语相同，指称化时归并为中心语，如例（30）。也可将分句论元化，如例（31）。逻辑关系句法化是结构紧密化的表现，该环节中成分多样性的减少，是形式衰减的表现。

（28）她穿着军装，英姿勃勃⇒她穿着军装的勃勃英姿｜她带着身孕，脸色异常苍白⇒她带着身孕的脸色异常苍白

（29）因为工人没修机器，所以工厂发生了事故⇒工厂因为工人没修机器而发生了事故⇒工厂因为工人没修机器而发生的事故/因为工人没修机器而发生事故的工厂（因为工人没修机器，所以工厂发生的事故/*因为没修机器，所以工厂发生事故的工人）

（30）他一叫那人，那人就来⇒他一叫就来的人

（31）厂长一到工厂，人们就举起了标语⇒人们在厂长到工厂后举起的标语

四 指称化过程中语音衰减的深化

语音衰减深化到本领域更深的层次，并波及语汇界面，表现为句中停顿取消和结构紧缩（语汇成分删略、音节缩减等）。它合并同言成分，删除修饰或补充成分，将两个分句压缩重组到同一定中结构中，如例（32）—例（34）。以转指方式指称化时，原谓语成分压缩在中心语的狭小空间，更须紧缩处理。处理后，句缩为短语，短语缩为词，短语由长变短等，如例（35）—例（37）。

（32）母亲生下了我，养活了我⇒生我养我的母亲

（33）隧道是砖砌的，隧道覆满了青苔⇒砖砌的覆满青苔的隧道

（34）乘客在公交车上，公交车在运行着⇒运行着的公交车上的乘客

（35）蒋介石反对共产党，反对人民，反对革命⇒蒋介石的反共反人民反革命

（36）李健塑造了多种角色，很成功⇒李健多种角色的塑造成功

（37）他帮助我们解了围⇒他的帮助解围｜特大自然灾害突然袭来⇒特大自然灾害的突袭

第三节　指称化衰减共变的复杂性

衰减共变的复杂性包括：序列化、规则化和耗散性、缠绕性。衰减共变的序列化、规则化现象往往发生在中层。耗散性是一种反共变势力，它与序列化、规则化对立共存，便更多见于低层。缠绕性则体现了内部分层间的特征因果关系。

一　序列化

该环节出现了多项序列，以指称化时的情态标记删略为例。

序列1：指称化时，强制删略的作用面由大到小呈"交际层标记＞跨层标记＞备用层标记"序列，显然是执行了与语法降级活动相应的标记退出机制。

序列2：备用层情态标记可按删略强制性和无删略情形，归纳出两条动态衰减序列：

ⅰ. 体（有强制删略）＞态（有任选删略）＞判断比况/判断否定/能愿（无删略）

ⅱ. 范围（有强制删略）＞频度/程度（无删略）

范围标记"只"指后，在客体中心式（a）里强制删略，在主体中心式（b）里辨义保留。"都"指前，在客体中心式（a）里任选删略；在主体中心式（b）里，它原先若指向主体，则强制删略，若指向主体以外的成分，则辨义保留［比较例（1）］。

（1）人们只讲关系⇒a. 人们只讲的关系/b. 只讲关系的人们｜和尚都吃豆腐⇒a. 和尚（都）吃的豆腐/b. 都吃豆腐的和尚｜同学们行

李都准备好了⇒b. 行李都准备好了的同学

指称化时，能愿、否定、比况、频度、程度标记均辨义保留［比况除以同位方式命名外，如"李逵黑旋风似的→黑旋风（似的）李逵"；频度除与口气融合的标记"往往"外；程度除最高频标记"很"作纯粹完句成分外，如"水平很高⇒（很）高的水平/水平（很）高的原因"］。

把交际层情态和跨层情态考虑进来，并从强制删略的影响面来观察，情态标记的衰减序列 i 可改写成"语气/口气＞估测/时＞体＞态＞判断_{比况}/判断_{否定}/能愿"。这与 ii 构成两条动态衰减序列。它们跟一级情态的静态统辖序列"语气＞口气＞时＞体＞判断＞能愿＞态"和情态量的二级情态的静态统辖序列"范围＞频度＞程度"① 大致吻合。

序列 3：体标记的衰减序列"进行＞已然＞持续＞曾然＞未然/变化"大致呈由近至远、由动至静、由典型到非典型的复合象似模式。曾然体标记一般辨义保留，只是在遭受、经历义动词的客体中心式［例（2）a］或出现义动词的主体中心式［例（2）b］里任选删略，在中心语为抽象论元的附加体中心式［例（2）c］里强制删略。

(2) 挨过饿⇒a. 挨（过）的饿｜经历过……事情⇒a. 经历（过）的事情｜城市出现过酸雨⇒b. 出现（过）酸雨的城市｜工人在……时候学过技术⇒c. 工人学技术的时候｜懒汉用……方式做过事⇒懒汉做过事的方式

未然体、变化体标记辨义保留。惯常体本为零标记，无所谓衰减。始现体涉及复杂纠缠的"了$_1$/了$_2$"，暂不论。序列 3 跟体的二级情态的静态统辖序列"曾然＞已然＞进行＞未然＞变化＞持续"相差很大，后者采用如同旁观者的过程象似模式（马清华，2017）。

二 规则化

一些规则也在该环节应运而生。仍以指称化的衰减为例，后置的体标记

---

① 范围、频度、程度三者在统辖结构中的位序稳定性差，按其分布区间的起点排可得此序列（马清华，2017）。

在客体或附加体中心式里整齐删略，表现出较强的规则性，如例（3）—例（4）。

（3）学生在教室里看着书⇒a. 学生在教室里看的书/b. 在教室里看（着）书的学生/c. 学生看书的教室
（4）懒汉做着事⇒a. 懒汉做的事/b. 做（着）事的懒汉/c. 懒汉做事的方式

语言作为人类创造使用的一种交际工具，有其相对独立的系统和规则。语言意义与结构的形成受制于人类的集体无意识，受制于潜在的认知规律。指称式不同提取项在指称化后也须遵循这些内在的规则。

三　耗散性

深层次动态关系中的影响变量增多，可加大规律的不确定性，导致规则性减弱，越到低层，无序化的表现也越多，尽管它们的存在都是有据的。另外，相关性、典型性及突出程度越小的变量，共变参与度也越低，甚至不参与共变。这些都是共变关系的耗散性表现。耗散性划定了共变活动的区间。若不是循着共变的线索去观察，很难注意到系统末梢上的这些动态特征。以指称化的情态标记删略为例，已然体、持续体标记在主体中心式里的删略，规则性减弱，内部差异较大，常因动词及物性、后接论元类型、动词意义类别、中心语句法来源而异。已然体有三种处理方式，适用情形不同：1）强制删略［不及物动词的主体来自宾语，如例（5）］；2）任选删略［不及物动词的主体来自主语且谓项双音节或谓项跨层，如例（6）］；3）保留［动词及物；或不及物动词的主体来自主语且谓项单音节，如例（7）］。

（5）宾馆里住了游客⇒宾馆里住了的游客｜车间来了领导⇒车间来了的领导
（6）狗瘫痪了⇒瘫痪（了）的狗｜他工作了五年⇒工作（了）五年的他｜队伍停在了山沟里⇒停在（了）山沟里的队伍
（7）同学看了书⇒看了书的同学｜年轻人会了手艺⇒会了手艺的年轻人｜球滚了十分钟⇒滚了十分钟的球

持续体有两种处理方式，适用情形不同：1）任选删略［不及物动词的主体来自宾语，或动作动词及物，如例（8）］；2）保留［不及物动词主体来自主语，或状态动词及物，如例（9）］。

（8）房子里住着人⇒房子里住（着）的人｜心中悬着石头⇒心中悬（着）的石头｜男孩穿着T恤衫⇒穿（着）T恤衫的男孩
（9）宝宝睡着⇒睡着的宝宝｜姑娘爱着个呆子⇒爱着呆子的姑娘

以下因素都可在复杂语义关系中影响指称化时情态标记的删留。

一是非毗邻成分。如从"市民们吃掉的大米"到"吃掉（了）的大米"，已然体标记由强制删略变任选删略，从"男孩穿（着）的T恤衫"到"穿着的T恤衫"，持续体标记由任选删略变强制保留。

二是韵律音素。如被动兼职标记"被$_{介词}$"在客体中心式里一般任选删略，但在"白薯被人瞧不起⇒被人瞧不起的白薯（*人瞧不起的白薯）"中因韵律需要而强制保留。

三是结构变换的切口。指称化时，标记在结构变换切口处的稳定性最差。客体中心式里，谓词紧邻定中结构切分处，所以其进行体或已然体后置标记的稳定性低于主体中心式（后者因有宾语相隔），须强制删略，前者若用补语隔离，同样能支撑体标记的稳定性，得以强制保留，如"会计买了三次本子⇒会计买了三次的本子｜乞丐踢了一下烟盒⇒乞丐踢了一下的烟盒"。

四是交际层意义的遗存。语气/口气范畴的语法类标记（语气词）一律删除，词汇类标记（语气副词）虽绝大多数删除，但有些仍可在"准指称化"结构中得以保留，如例（10）的指称结构只能单独作感叹句或作判断句宾语，但不作主语或介词宾语。准指称化结构仍可适度传递原交际层某种残存的意义。

（10）孩子好乖！⇒好乖的孩子/他是个好乖的孩子/*那个好乖的孩子来了/*把好乖的孩子教会了

四 缠绕性

复杂共变活动不仅存在内部分层，而且其特征间的因果联系存在渗透与缠绕关系。不同共变层级的特征之间，不是各孤立界面内部的直接派生关系，而是在同层或异层间，以及同界面或不同界面间缠绕交错，因此下一层共变特征无法简单地从上一层共变特征中推导出来。分层共变中出现的很多复杂情形和适应性运作，从深层次上反映出共变向系统末梢的渗透，以及系统内部牙磕牙般高度复杂的协同关系。

比如，指称化在特征共变时，以不同程度和方式，在高、中、低不同层级及系统不同界面上，发生了联动式形义衰减。其特征的分层渗透序列和缠绕关系（如图7-2所示）：高层诸元的共变关系（a、b、c）。句层面降级为语层面（即交际单位降级为备用单位），导致：其一，协助述谓性表达的各种语法意义弱化或含混化以及主观性程度降低、逻辑意义退化（牵连高低两层的d）；其二，逻辑关系句法化（e）；其三，意义虚灵、表抽象语法关系、具有类标记性质的轻动词删略（e*f）。信息已知，导致语用意义有定化（g）。语法意义的弱化/含混化需要，或语用信息后景化，导致标记删略、语序常规化和单一化等（f）。顺应信息结构调整后的省力需要，导致结构紧缩（h），而结构紧缩的需要，导致内部语音停顿的取消（i）。

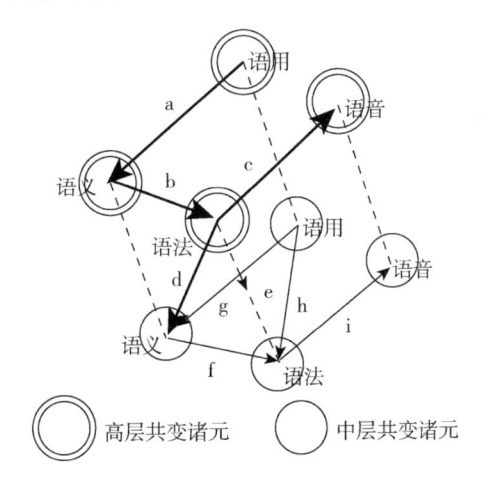

图7-2 指称化特征共变的分层缠绕

综上可见，指称化过程中衰减的语言共变机制的实质内涵是两个或多个看似无直接联系的变量都与某个共同的现象有关，同时发生同向或者反向变化。言内共变也可导因于或影响到言外因素，导致共变规模扩大。典型表现为语言体在系统一个界面的特征变化，往往伴随着其他界面上特征的联动变化。通过对指称化过程中形义衰减等共变现象的深入剖析，从理论上揭示了语言共变的本质、运作规律及基本原理，如共变的类型、层次性、序列化、规则化、耗散性、共变特征间的因果联系及缠绕渗透关系等，深化了对语言复杂系统问题的认识。

第八章 余论

我们在对语言进行系统的观察和分析时，既要能看到言内系统的自组织活动，又要能看到言外系统对语言的他组织作用；既要能看到该系统内部的运作机制，又要能看到复杂系统之间的相互缠绕和协作。衰减既发生在指称化的初始环节，也发展在继发环节，形成了衰减的连续统，需要我们辨析两者的区别，进而有效对研究对象进行聚焦。语言的使用过程就是选择语言的过程，指称化过程中形义衰减所采用的策略就是顺应信息背景化的需要而做出的选择。我们只有通过对指称化过程中形义衰减众多语言事实分析的基础上，才能进行相应的理论探索和概括，不断厘清语言内部的动力机制与实现途径，从而加深我们对语言运作机制和语言本质的认识。

第一节 指称化继发环节的衰减

指称式是陈述式衰减的产物，但衰减本身未必都是指称化的结果，衰减不仅会发生在指称式的初始环节中，还会在指称化之后的继发环节，即一个指称式到另一指称式的过程，这个过程不是言内言外因素的直接相加，而是各种因素彼此支持交互融合所呈现的连续状态。继发环节是初始环节进一步衰减的结果，它们处于指称化适应链过程中的不同适应环节。如果说初始环节属于句法运作层面的话，那么继发环节则属于语言运用层面。Langacker（1990）指出："语言主观化程度的高低与语言编码形式的多少成反比，主观化程度越高，在语句中呈现的语言形式就越少。"语言内部因素往往是制约形义衰减的驱动因素，而社会表达需要则是制约形义衰减的决定因素。表达的需要驱动指称式形义进一步衰减，所形成的指称式需要有一定的语境和百科知识才能够识解。进一步的衰减与语言的主观性密切相连，主要表现为指称标记进一步衰减为结构助词，指代标记在语境中的含混表达。衰减的最终表现为无定裸名词的出现，这是信息衰减到最后的表现，裸名词也为语篇的衔接和连贯创造了条件。

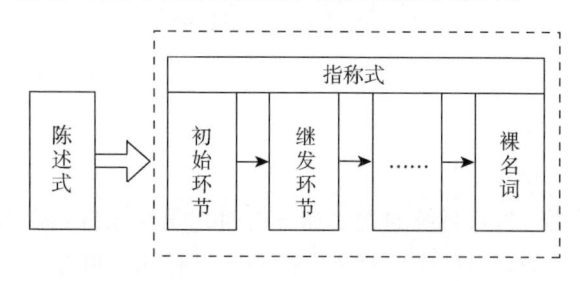

图 8-1 陈述结构指称化的波次

一 指代标记含混表达

指称代词有三种作用：指示、区别和替代（吕叔湘，1942/1990）。如果其中指示的对象是虚指，不能很好地起到区别作用，即"去对象化"，可以称为含混表达。何自然（1988：19）指出，"我们把表示语言指示信息的词语称为指示语，归入语用学的范畴，因为指示语是一些不能单用语义学的真假条件衡量的词语，它们的意义只有结合语境才可能得到正确的解释"。这种不能用真假条件衡量的词语主要是指代标记的含混表达，它是指称化继发环节形义衰减的重要表现形式。如"坐在长凳上的人⇒那人｜偷车的贼⇒那个贼"。此外，定指代词"那"和不定指代词"什么"结合构成了固化结构"那什么"，在句中可以指代时间、空间、事物甚至是抽象的动作、性质、时间等，指代范围相当广泛。如：

（1）李厂长：这孩子，什么毛病！（再次欲下）
　　漂亮姐儿："（着急地）哎呀！<u>那什么</u>……<u>那什么</u>，<u>那什么</u>……"
　　李厂长：行了，有什么话发完奖再说！（急向左门走去）（话剧《王建设当官》）

（2）圆圆：肯定得熬到爷爷……
　　志国：啊？
　　圆圆：……<u>那什么</u>了以后呗……

志国：圆圆别胡说啊！（电视剧《我爱我家》）（朱军，2017：169—171）

在对话中，说话人因为没有准备好要说的内容，只能采用含混表达的方式敷衍应答，保证了话轮的转换，如例（1）。对于一些敏感的话题，说话人往往采取避讳的方式，不直接说出所要表达的意思，用"那什么"来委婉应答，避免引起不必要的麻烦，如例（2）。

在"领有成分＋有定/无定标记＋量词＋名词"格式中，"有定/无定标记＋量词"似乎显得多余，有定标记与无定标记之间的区别似乎消失了，删略后对结构影响不大，因为结构中人称代词已表明了领有范畴，定指/不定指向语用义衰变。语言的表达需要决定了其外在的形式，"定指/不定指标记"的存在自有其存在的必然性，在这里它们并不仅仅表示为限定性，实际上是语用功能的承担者，"是出于标示主观意义的目的而出现在人称代词后边的，它们本身也就容易成为主观评价语义的载体"（张伯江，2010）。

(3) 林师轩将<u>他的（一/那）颗爱心</u>无私地献给了他的学生们。
(4) 李四爷听到了这件事，而不肯发表任何意见。<u>他的（一/那）对老眼睛</u>看过的事情，好的歹的，善的恶的，太多了。
(5) 在鲁迅的刻薄的表皮上，人们只见到<u>他的（一/那）张冷冰冰的青脸</u>，可是皮下一层，在那里潮涌发酵的，却正是一腔热血。

上述例（3）—例（5）中的"一/那颗、对、张"后接评价性定语"老、冷冰冰"等，评价性定语前面也倾向于带"个体性"（individduality）标记，从认知角度看，名词的个体性与形容词的评价性也密切相关，它们都是无界的范畴，在结构中更容易组合在一起。Chen（2004）指出，"汉语的名词性成分并不强制要求标记为有定或者无定。光杆名词和数量短语的可辨识性并不完全取决于它们的句子位置，其可辨识性甚至可以是模糊不定的，从这个意义上说，汉语名词表达的有定与无定的特征并不是唯一和明确的"。从这里可以看出，指称化过程中的语义衰变和含混表达具有一致性，只是两者的侧重点不同而已。

二 指称标记衰变为结构标记

指示定语在多项定语中用来复指定语,作指示定语的指代词,衰变后即成为定中标记。"之"是上古汉语中最常用的结构标记,王海棻(1996)《古汉语虚词词典》统计有 10 种用法,最主要的还是做指代标记和结构标记。甲骨文中"之"既承担人称代词功能,也承担指示代词的功能(张玉金,2001:30);指示代词"之"可以做定语,起指示作用,如例(6);或者作动词宾语,如例(7);或者做介词宾语,如例(8);还可以做谓语,指代上下文出现的内容,如例(9)。如:

(6) 贞:不唯冥人?唯之人?不唯之人?(合集 7851)
(7) 贞:勿曰之?(合集 18865)
(8) 王其呼卫于(上四下大),方出于之,有杀?(合集 28012)
(9) 祖先不唯之:不若王多祊于唐?(合集 1285)

甲骨文中"之"还不是结构标记,但是在今文《尚书》[①] 中,"之"共有 233 见,主要充当定语与中心语之间的语法标记,"之"字结构的定语包括普通名词[如例(10)]、专有名词[如例(11)]、时间名词[如例(12)] 和方位名词[如例(13)],还包括少数的代词[如例(14)] 和短语[如例(15)]。如:

(10) 乃纳册于金縢之匮中。(《金縢》)
(11) 其克诘尔戎兵,以陟禹之迹。(《立政》)
(12) 昔之人无所知。(《无逸》)
(13) 以二干戈虎贲百人,逆子钊于南门之外。(《顾命》)
(14) 若尔三王是由丕子之职于天,以旦代某之身。(《金縢》)
(15) 惟文王德丕承无疆之恤。(《君奭》)

今文《尚书》中,"之"可置于主语和谓语之间,取消结构的独立性。

[①] 今文《尚书》是我国现存最早的史书,内容以记言为主,也有叙述和描写的内容,语言形式既有口语,也有书面语,能够比较全面系统地反映商周的语言风貌,真实反映了一种过渡状态的语料样本。今文《尚书》作为文献语言的源头语言材料,语料价值无可替代。

(16) 乃话民之弗率。(《盘庚》)
(17) 鞠人谋人之保居。(《盘庚》)

例(16)中"民之弗率"即"弗率之民"。《白话尚书》:"集合了那些不服从的臣民,用至诚普告他们。"例(17)《白话尚书》:"对于那些能养育民众并能谋求他们安居的人,我将以此敬重他们。"《盘庚》为可信的殷商中期文献,两例定语后置均见于此篇,说明殷商时期正是汉语定语语序形成的早期。"之"用于其中取消了主谓语之间的独立性,间接承担了两者之间的联系成分,为结构标记的产生创造了条件。定语后的"之"最早是复指前面出现的定语,起强调作用,由于与定语的距离不远,并不是必有的成分,在长期使用中,指代义逐渐消失,最终衰变为结构标记。

《尚书》中的结构助词有"之、其",用在定语与中心语之间表示一种修饰性或限制性的关系,结构助词的使用使语义表达更为准确、细致,为结构的复杂化提供了条件。

(18) 我乃明致天罚,移尔遐逖,比事臣我宗多逊。(《多士》)
(19) 尔不啻不有尔土,予亦致天之罚于尔躬!(《多士》)
(20) 王若曰:孟侯,朕其弟,小子封。(《康诰》)

《尚书》中"天罚"与"天之罚"意义相同[比较例(18)—例(19)],"天罚"共2见,"天之罚"共6见。此外,尚有"天命"15见,"天之命"6见。可见,用不用结构标记在当时尚处于一个交替过程中,此时的标记化水平还不高。定中结构中无标式与有标式长期共存,张霁(2010)统计了先秦《论语》《老子》《墨子》《孟子》《庄子》《战国策》六部代表性文献,其中"VP$_{定}$+NP$_{中}$"与"VP$_{定}$+之+NP$_{中}$"两者的平均比为1:2.9。此外,《尚书》中还使用结构助词"其",例(20)"其"字用法相当于"之",用于修饰语和被修饰语之间,表示修饰与被修饰的关系。《经传释词》云:"其,犹'之'也。"天其泽即"天之泽"也。《孔传》:"周公称成王命,顺康叔之德,命为孟侯。五侯之长,谓方伯,使康叔为之。言王使我命其弟封。"西汉孔安国为《尚书》作传中,明确指出"其"为指示代词。"其"字用法还可从西周金文中得到印证,《井人妄钟》:"前文人其严在上……降余厚多福无疆。""前文人其严"义为"祖先的英灵"。

管燮初先生认为"'其'指它前面的前文人,起加强语气的作用"。这里"其"与现代汉语中的结构助词"的"相似。

语言的发展是一个渐变的过程,只有在历史的漫长演变中我们才能更好地认知到这种变化。因此,我们将《尚书》文本置于汉语史变化发展的轨迹之中,既与同义文献①进行比较,也与后世注疏②进行比较,来探寻结构标记产生演变的轨迹,揭示语言简单化与复杂化的一般规律。

(21) a. 古我先王暨乃祖乃父胥及逸勤(《盘庚》)
　　　b. 昔高后成汤与尔之先祖俱定天下(《史记·殷本纪》)
(22) a. 呜呼!天明畏,弼我丕丕基。(《大诰》)
　　　b. 叹天之明德可畏,辅成我大大之基业。言卜不可违也。(《孔传》)

从例(21)—例(22)中可以看出,属于商周语料的《盘庚》《大诰》等篇还未见标记的使用,定中之间通过意合法来连接,至西汉时期,无论是撰写《史记》的司马迁,还是为《尚书》做传的孔安国,都用当时语言为《尚书》做同义解释,从这些同义文本中,我们不难发现此时结构标记已大量使用,它不仅使原本采用意合法的定中结构在形式上变得更加明晰,成为结构竞争中的重要辅佐力量,而且可以缓解语言韵律的不均衡,美化节奏。通过结构助词加强了定中之间的紧密度和关联度,通过标记化扩张延伸了语言的表现力,为更复杂的定中结构的出现提供了条件保证。

结构标记往往来源于其他词类,同型结构在语言中负载了过多的语法

---

① 由于年代久远、记录载体匮乏等,上古史料大量消亡、散佚,至西汉司马迁时已出现"《尚书》独载尧以来"的现象,为后世史书珍贵史料来源。司马迁著《史记》很大程度上参考了《尚书》,或直接注明史料源自《尚书》。因此,《尚书》是《史记》的源文献之一,两个文本间具有很大的相似性和可比性,具有引用与被引用的关系。为消除时代和地域所造成的语言隔阂,保持《史记》的整体语言风格,司马迁引《书》多用通俗易懂的西汉通用语对所引《尚书》原文进行改写。

② 《尚书》为群经之首,自古即有"佶屈聱牙"之说。汉代"罢黜百家,独尊儒术",儒家经典的传习成为当时最主要的文化教育内容。至汉武帝时设立五经博士,包括《书》在内的传世经典就成为士人修身立业的工具和依托。他们或遍治群经,或专于一经,客观上起到传承经典的作用。为《尚书》作注自然成为重中之重,西汉孔安国所著的注释,即为《孔传》。《孔传》是对《尚书》经文的训诂,其方式多种多样,有一种方式是对经文的讲解,即把经文翻译成当时的语言,这在一定程度上也形成了同义语言材料。

功能，为使语言表达准确，定中结构中往往有两个结构助词叠加使用。王引之《经传释词》认为"所"为"指事之词"，"所"字组成的定中结构是一种较为特殊的名词性结构，兼有指示和称代的作用，"所"字结构所指称的是谓词性词语所表示的对象。《尚书》中的"所"字常写作"攸"。《尔雅·释言》："攸，所也。"《尚书》中"所"与"攸"的语法功能大体一致，往往构成"名+所+动"结构。如《盘庚》中"先王不怀厥攸作，视民利用迁"。攸作，即所作，指所作之居邑。《诗经》中亦有相似的语例，如"召伯所茇""天子所予""奚斯所作"。"之所"的作用与"所"的作用基本相同，"之"字前面一般为定语，这个定语从语义上看，也是"所"字后面谓词性词语的主语。

(23) 汝不忧朕心之攸困，乃咸大不宣乃心。(《盘庚》)
(24) 无或敢伏小人之攸箴！(《盘庚》)

例（23）"朕心之攸困"指盘庚自己内心的困苦。这里的"之所"与"所"字等同。《诗经》中亦有相似语例，《诗经·小雅·吉日》："兽之所同，麀鹿麌麌。"例（24）"小人之攸箴"指上文所引不欲迁徙之言。《孔传》："言无有敢伏绝小人之所欲箴规上者。"孔安国用"者"字结构来标识此为定中结构，并补充了所箴之内容，使表达更加明晰，提高了定中结构的模式化水平，从而使定中结构从低级有序向高级有序变化。

第二节 理论探索

系统运筹语法认为，语言是在给定的基础条件下，为满足一定的语言效果而积极寻找达到预定目标的策略或解决方案。语言的使用过程就是选择语言的过程，指称化过程中形义衰减所采用的策略就是顺应信息背景化的需要而做出的选择。这种选择主要体现为以下几种原则。

一 经济性原则

语言的经济性原则又称"省力原则"，指在保证完成语言交际的前提条件下，人们会对言语活动中的力量消耗做出合乎经济的安排。Quirk 等

(1985：270) 在此基础上提出了"尽量缩减"原则,即"不管任何特定情况中,人们关于最清楚的表达持有什么样的理由,一般总是强烈地倾向于采用最经济的变体,即那种表现最大限度缩减的变体,在其他情况相同时,语言使用者总是遵循'尽量缩减'的准则"。语言表达的复杂度与使用频率成正比,使用越频繁,形式越简单。

语言发展有两方面的要求,一是听话人的要求,语言要尽可能地详尽,必须能够听得懂,满足交际的需要;二是说话人的要求,语言要尽可能地简练,以便用有限的材料和模式传达无限的意义和关系。因而,听话人希望繁化,说话人希望简化,语言在繁化和简化之间的矛盾中曲折发展,由繁趋简是语言发展的主流。

二 竞争性原则

陈述式是述事,指称式是述物,在此转变过程中自然存在信息的衰减。而在衰减过程中,句法、语义、语用等因素相互制约、相互竞争,有什么样的内容就选择与此相适应的句法表现形式,句法结构受语义制约,在一定程度上又反作用于语义,对语义形成句法约束。句法是表层的制约因素,而语义则是深层的制约因素,语用原则最终决定了对标记的选用与否。其中,因为基级的句法作用,导致标记在指称化之后强制保留;决定指称化后保留式和删略式之间差异的则主要是语义;标记的任选删略受语用表达的制约;而是否需要强制删略,则是多种句法因素共同作用的结果。因此,我们认为,制约指称式标记形义衰减是多变量之间竞争的结果。

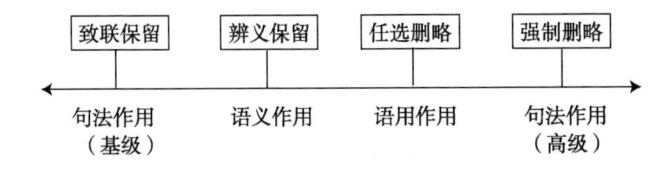

致联保留	辨义保留	任选删略	强制删略
句法作用 (基级)	语义作用	语用作用	句法作用 (高级)

图 8-2　指称式存在的类型竞争

三 合作性原则

语言是人类知识的载体,使用语言的目的是表情达意,语法是语言的内部组织规则,是语言在表达思想、传递情感时所遵循的结构规则。基于会话合作原则,在言语交际中出现新信息时,我们往往会予以凸显,增加重复信息，保证一定的信息冗余，以便让听话人更好地理解新信息。新信息的冗余程度与新信息的使用频率成正比，与新旧信息的分配成正比。指称化之后信息重新调整，陈述式中新信息成为指称式中的旧信息，为保证交际正常进行，避免出现冗余信息，标记和其他一些成分往往衰减。但前提是必须能让听话者顺利还原说话者所要表达的意思，过分删略会带来信息传递的不足，造成语言交际的失败，指称化过程中的形义衰减必须满足交际中的合作原则。

四　系统性原则

语言是一个以系统形式而存在的有机整体，体现了有序性、动态性、层次性、目的性、开放性和组织性等特点。语言系统内部各子系统和结构之间高度协调，有条不紊地进行有序运动，通过信息的传输、接收、处理、转换，产生信息的新质，荡除信息的旧质，在系统的不同部分之间和不同层次间进行交流。语言系统各部分之间相互依赖，其中某一部分被破坏，就会引起语言系统整体的变化。

指称式向简单化发展，信息传递的常量和变量发生变化。在简单化发展到一定阶段后作为陈述式的基础条件，开始再度扩展的历程。指称式中各成分相互作用、相互补充，形成了一种结构效应。指称式和指称标记的形成都是陈述式语义衰减的结果，并最终通过语义结构而涌现出来。即句法可被看作一种语义复杂性的涌现特征。当语言系统脱离原先的平衡状态，系统会通过自身调节，从周围的环境中吸取能量，使系统从原先的无序状态走向有序状态。从而完成从稳定到不稳定，再到稳定的结构演变过程。这种"自繁殖—自稳定—自组织"的控制功能是在语言系统与社会系统相适应、相协同的过程中显示出来的。汉语指称化的形义衰减过程只是语言作为复杂自组织系统发展过程中的一个片段，但即使是这样，我们也需要以系统的眼光来分析指称化过程中的形义变化。

五　策略性原则

语言中的各成分在指称化之后存在竞争与协调关系，言有所为，人类语言的任何行为都有具体的目的，为了获得想要的表达效果，我们需要在指称式各成分和标记间进行系统运筹，背景化的目的引发了不同衰减的策略，指称化就是在满足限定条件下的策略选择过程。

第一，自律。系统不能无限生长和衰减下去，到了一定规模就稳定下来了。语言系统也是这样，具有自繁殖和自抑制功能，自抑制即系统自我衰减的过程，包括构式抑制和惯性抑制，两者共同作用，使语言系统能自我创造、维持和更新。陈述式包含一定的冗余信息，它们是语言交际中的积极因素，是语言为更好保证交流进行、取得交际效果的积极因素，交际双方均接受这种冗余。指称式往往表达已知信息，为顺应信息背景化要求，避免重复表达和臃肿，尽可能用最经济的方式表达信息，指称化是句法结构的衰减过程，虽然也有为语言表达而采用的强化手段（如指称式中增加"所"等），但总体表现出衰减的趋势。删略、缩略与语序变化叠加使用，成为指称化过程衰减采用的主要策略。

第二，选择。语言通过句子来表达事件，句子中的各个成分对标记的删略均会产生影响。由于主体观察事物的角度和目的不同，对信息的侧重和选择就会存在差异。在指称化之后，我们会根据人们的交际对象和表达需要，立足交际双方共同认可的常识，有选择地凸显和强化某些信息，自觉不自觉地隐现和删略某些信息，以达到自己的交际目的。在正常交际中，体标记具有提示核心信息作用，或者在一定语境中，本身就代表核心信息。主语或宾语位置上的体标记删略有助于降低指称式的敏感度，为陈述式中重要信息的表达创造条件。

第三，代偿。代偿是生理学上的一个概念，本义指生物体的某个器官发生病变失去了作用或功能发生退化，而生物体还继续存在，那么发生病变器官的功能，则由其他器官来替代补偿。语言中，结构内成分之间或各种结构规则之间也存在功能替代补偿现象，学者们称为"代偿机制"。在陈述式向指称式转变过程中，结构中某些成分的功能在陈述式中被隐藏起来，在指称化之后，原有句法手段被删略，结构中某些成分的功能被唤醒，进而对缺位的功能予以代偿或补偿。人类语言的一个共性原则是，语言成分在某种范畴内的经济或缺省，如果有必要的话，会在其他相关范畴内得到补偿。

第四，优化。陈述结构指称化后，为获得合法的指称式，符合语言表达背景化需要，往往会对指称化后的原始结构形义进行调整。包括增加和重组两种方式。

在衰减的大背景下，有时为了表义明晰，指称式也会增加一些标记，增强语义之间的协同作用，抵消语言的积极面，提高结构的控制力，提升结构的辨识力。其中第1组为必加，即不增加结构往往不能成立；第2组为可加，增加是为了获得更好的表达效果。

第1组：必加

（1）【体标记】拿抹布擦拭手⇒［K］抹布擦拭［过］的手（但：?抹布擦拭的手）

（2）【被动处置标记】拿王怀中开了刀⇒［K］［被］开了刀的王怀中（但：?开了刀的王怀中）

（3）【指示标记】咱们新人没经验⇒［Z］咱们［这些］没经验的新人（但：?咱们没经验的新人）｜工钱被餐馆老板压着⇒［K］餐馆老板［那儿］压着的工钱

（4）【比况标记】杨妈指挥着表演哑剧⇒［W］杨妈表演哑剧［般的］指挥（但：*杨妈表演哑剧的指挥）

第2组：可加

（5）【所V过】我（所）受过的苦｜他（所）见过的最美校园

（6）【为+所】为少数人（所）接受的价值观｜为社会培养（所）需要的人

（7）【因+所】因驾车不慎撞人（所）得到的惩罚｜因投票（所）放弃的可能收入

第1组中，原陈述式在指称化之后语义格局发生变化，仅强制删略附着于待提取项上的格标记并不能维持结构的合法性，还需要增加其他标记来强化这种变化，实现合法提取。如例（3）主体原为复指，指称化之后整个结构维持复指结构，性质不变，为防止歧义导致非法，需增加指示标记。第2组中，指称式自身可接受度较低，为更好凸显定中关系，增加指称化标记"所"，如果说后置性的结构标记"的"是强制性指称化标记，那么"所"就是前置性的任选性指称化标记。单表述句中"所见过"已经模式化了。被动句"为……所"在古汉语中就有其用例，被修饰的名词在意念上是前面动词的受事。"因……所"前后连接的成分表示因果关系，这里的"所"还残留了因果关系中连词"所以"的功能。

指称式不仅反映了大脑对客观世界的反映，还需要在此反映的基础上进行观念的建构与整合。重组是为了使表达更加有序化而采用的一种语法手段，主要是通过标记和语序的变化来实现。如"收购废品的站点→废品收购站（但：*收购废品站）｜招待工人的场所→工人招待所（但：*招待工人所）｜疗养伤兵的医院→伤兵疗养院（但：*疗养伤兵院）"，指称化之后，定语位置上的动宾关系发生变化，结构进行重组。这类指称式主要用于分类，常用于对事物的命名。

　　第五，协同。指称化过程是以陈述式既有形义成分为基础，通过语法整合、形义调适而形成，涉及差异之间的整合、不同部分的耦合、不同阶段的衔接、不同结构或标记的替代等关系，体现为结构成分间的协同作用。指称式中的协同包括标记间的协同以及标记与语序之间的协同。标记协同产生效果，动词前的副词和体标记可以同时出现，如"已经……了"，表达已然体的意义，指称化之后因信息已知，其中的一个标记可以删略而另一个标记来承担所有功能。标记与语序的互动，增删标记是增加或减少成分，而序参量是改变系统中成分的排列次序。从信息论角度看，序参量对结构产生双重作用，一方面序参量役使着系统中的成分，另一方面系统中各成分联合行动在线性结构中产生有序。在指称化过程中，标记增删也会造成语序发生变化，两种语法手段协同运用，增强了语言系统的可靠性，使系统各成分达到新的和谐。

第三节　研究展望

　　因主客观等多方面的原因，本书还存在一些不足之处和进一步努力的方向。表现在如下几个方面。

　　第一，以吾之愚见，除了继续做好汉语指称化过程中衰减研究的完善与细化外，下一阶段的研究重点应该是结合丰富的古汉语、方言、民族语言以及外语材料进行类型学研究，通过语言普遍性分析，发现不同语言指称化过程中衰减的共性特征和个性差异，不断深化研究的领域，探析其中的规律提升证明的力度。

　　第二，指称式的不同句法角色（比较下式）和它的衰减度差异有什么关系？指称式形义衰减度和它的提取项以及该提取项在陈述式里的句法角色有什么关联？

$\underline{NP}_{主位指称式} + [介词 + NP_{状位指称式}] + \underline{VP} + \langle 介词 + NP_{补位指称式} \rangle / + \underset{\sim}{NP}_{宾位指称式}$

我们还观察到以下现象，指称化过程中，概念细化的表达需要先语义解体为词组表达，而后进行结构重组，这可视为语义衰减的一种类型，如：

（1）别人吃不了苦⇒［Z］其他吃不了苦的人（但：*吃不了苦的别人）
（2）大家情绪很高⇒［Z］所有情绪很高的人（但：*情绪很高的大家）

例（1）"别人"义为"其他的人"；例（2）"大家"为统称代词，义为"所有的人"。人称代词"别人、大家"充当主语时，其本身的指称范围看似和指称化的定语指称范围构成冲突，因而不能被提取。如果提取的是客体，则情况不同，如"把材料分给大家⇒［K］*把材料分给的大家"。这种现象背后的运行机制还有待进一步研究。

第三，指称式由于语境因素变为裸名词，甚至零形式，因涉及变量太多，过于活泛，本书也未涉猎，可以成为将来的研究方向之一。

第四，现有的语料主要来自北京大学 CCL 语料库，多数采用的是随机抽取方式，重点研究现代汉语指称化之后的形义衰减倾向。如再建立一些定量语料库，按语体划分后进行定量考察，可进一步观察到语体变量对指称化形义衰减的作用。

参考文献

一　中文文献

［日］奥田宽、周刚，1998，《汉语的任意性指示词"这"——有关语用学的探讨》，载《汉语学习》第2期。

［英］伯纳德·科姆里，2010，《语言共性和语言类型》（第二版），沈家煊、罗天华译，北京大学出版社。

北京语言学院语言教学研究所，1985，《汉语词汇的统计与分析》，外语教学与研究出版社。

曹广顺，1995，《近代汉语助词》，语文出版社。

曹逢甫，1996，《汉语的提升动词》，载《中国语文》第3期。

曹炜，2011，《〈金瓶梅词话〉虚词计量研究》，暨南大学出版社。

储泽祥、王艳，2016，《汉语OV语序手段的指称化效用》，载《世界汉语教学》第3期。

陈平，1987，《释汉语中与名词性成分相关的四组概念》，载《中国语文》第2期。

陈忠，2002，《"了"的隐现规律及其成因考察》，载《汉语学习》第1期。

——，2006，《认知语言学研究》，山东教育出版社。

陈昌来，1998，《论现代汉语工具成分在话语中的隐现》，载《山西师大学报》（社会科学版）第1期。

——，2010，《"由来"的词汇化历程及其相关问题》，载《世界汉语教学》第2期。

陈昌来、张长永，2010，《时间词"将来"的词汇化历程及其指称化机制》，载《鲁东大学学报》（哲学社会科学版）第5期。

——，2011，《"从来"的词汇化历程及其指称化机制》，载《上海师范大学学报》（哲学社会科学版）第 3 期。

陈信春，2001，《介词运用的隐现问题研究》，河南大学出版社。

陈宗利，2009，《汉语关系从句的位置与关系结构的特点》，载《语言科学》第 2 期。

陈振宇，2010，《疑问系统的认知模型与运算》，学林出版社。

陈满华，2010，《由背景化触发的非反指零形主语小句》，载《中国语文》第 5 期。

崔应贤等，2002，《现代汉语定语的语序认知研究》，中国社会科学出版社。

崔希亮，2003，《事件情态和汉语的表态系统》，载《语法研究和探索》（十二），商务印书馆。

丁声树、吕叔湘、李荣等，1961，《现代汉语语法讲话》，商务印书馆。

戴浩一，1990，《以认知为基础的汉语功能语法刍议（上）》，载《国外语言学》第 4 期。

戴耀晶，1997，《现代汉语时体系统研究》，浙江教育出版社。

邓守信，1986，《汉语动词的时间结构》，载《第一届国际汉语教学讨论会论文选》，北京语言学院出版社。

邓云华，2008，《汉语并列短语标记隐现的认知研究》，载《湖南科技学院学报》第 9 期。

邓思颖，2010，《形式汉语句法学》，上海教育出版社。

董秀芳，1998，《重新分析与"所"字功能的发展》，载《古汉语研究》第 3 期。

［美］C. J. 菲尔墨，2002，《"格"辨》，胡明扬译，商务印书馆。

方绪军、赵会，2019，《"NP 的不 X 单"的构成、使用及"不 X 单"的指称化》，载《汉语学习》第 4 期。

樊友新，2011，《事件结构与语法研究》，载《长春师范学院学报》（人文社会科学版）第 3 期。

范晓，1998，《动介式组合体的配价问题》，载袁毓林、郭锐主编《现代汉语配价语法研究》（第二辑），北京大学出版社。

范晓、张豫峰等，2003，《语法理论纲要》，上海译文出版社。

范文芳、汪明杰，2003，《论三大流派对英语名词化现象的研究》，载《外语研究》第 3 期。

方经民，1994，《有关汉语句子信息结构分析的一些问题》，载《语文研究》第 2 期。

方小仲，2004，《定中结构研究综述》，载《安庆师范学院学报》（社会科学版）第 4 期。

方梅，2008，《由背景化触发的两种句法结构——主语零形反指和描写性关系从句》，载《中国语文》第 4 期。

——，2009，《北京话人称代词的虚化》，载吴福祥、崔希亮主编《语法化与语法研究》（四），商务印书馆。

［瑞士］费尔迪南·德·索绪尔，1980，《普通语言学教程》，高名凯译，商务印书馆。

高名凯，1948，《汉语语法论》，开明书店。

高增霞，2005，《从非句化角度看汉语的小句整合》，载《中国语文》第 1 期。

龚千炎，1991，《谈现代汉语的时制表示和时态表达系统》，载《中国语文》第 4 期。

耿葳，2011，《上古汉语心理动词后接 VP 的无标记指称化研究》，硕士学位论文，北京大学。

郭锐，1997，《论表述功能的类型及相关问题》，载《语言学论丛》（第十九辑），商务印书馆。

——，2001，《词频与词的功能的相关性》，载《语文研究》第 3 期。

郭昭军，2003，《汉语情态问题研究》，博士学位论文，南开大学。

——，2006，《助动词"能"的多义性及其选择因素》，载《语言学论丛》（第三十四辑），商务印书馆。

郭昭军、尹美子，2008，《助动词"要"的模态多义性及其制约因素》，载《汉语学习》第 2 期。

［日］古川裕，2001，《外界事物的"显著性"与句中名词的"有标性"——"出现、存在、消失"与"有界、无界"》，载《当代语言学》第 4 期。

［德］H. 哈肯，2010，《信息与自组织：复杂系统的宏观方法》（第二版），本书翻译组译，四川教育出版社。

［德］哈杜默德·布斯曼，2003，《语言学词典》，陈慧瑛编译，商务印书馆。

韩蕾，2009，《"人称代词＋称谓"序列的话题焦点性质》，载《汉语学习》第 5 期。

贺阳，1992，《试论汉语书面语的语气系统》，载《中国人民大学学报》第 5 期。

——，1994，《汉语完句成分试探》，载《语言教学与研究》第 4 期。

何自然，1988，《语用学概论》，湖南教育出版社。

何元建，2011，《现代汉语生成语法》，北京大学出版社。

洪爽，2009，《"VP 的"转指的对称与不对称》，载《汉语学报》第 4 期。

胡明扬、劲松，1989，《流水句初探》，载《语言教学与研究》第 4 期。

胡裕树、范晓，1994，《动词形容词的"名物化"和"名词化"》，载《中国语文》第 2 期。

——，1995，《动词研究》，河南大学出版社。

胡壮麟，1994，《语篇的衔接与连贯》，上海外语教育出版社。

［美］霍金斯，2010，《语法的效能与复杂度》，陆丙甫、蔡振光导读，世界图书出版公司。

黄南松，1994，《试论短语自主成句所应具备的若干语法范畴》，载《中国语文》第 6 期。

黄晓雪，2006，《方言中"把"表处置和表被动的历史层次》，载《孝感学院学报》第 4 期。

黄毅燕，2014，《汉日指称化对比研究》，高等教育出版社。

贾光茂，2015，《汉语关系化的认知研究》，载《现代外语》第 5 期。

江蓝生，1992，《助词"似的"的语法意义及其来源》，载《中国语文》第 6 期。

姜红，2008，《陈述、指称与现代汉语语法现象研究》，安徽大学出版社。

姜南，2011，《基于梵汉对勘的〈法华经〉语法研究》，商务印书馆。

蒋华，2006，《指示代词研究述评》，载《徐州师范大学学报》（哲学社会科学版）第 1 期。

蒋绍愚、曹广顺，2005，《近代汉语语法史研究综述》，商务印书馆。

金廷恩，1999，《汉语完句成分说略》，载《汉语学习》第 6 期。

鞠玉梅，2003，《信息结构研究的功能语言学视角》，载《外语与外语教学》第 4 期。

（汉）孔安国传，（唐）孔颖达疏，1999，《尚书正义》，廖名春、陈明整理，北京大学出版社。

孔令达，1994，《影响汉语句子自足的语言形式》，载《中国语文》第 6 期。

寇鑫、袁毓林，2017，《汉语定语小句的类型及其句法表现》，载《语言教学与研究》第 4 期。

匡腊英，2004，《不及物动词带宾语现象初探》，载《娄底师专学报》第 3 期。

［英］劳蕾尔·J. 布林顿、［美］伊丽莎白·克洛斯·特劳戈特，2013，《词汇化与语言演变》，罗耀华等译，商务印书馆。

［美］鲁道夫·阿恩海姆，1998，《视觉思维——审美直觉心理学》，滕守尧译，四川人民出版社。

吕叔湘，1942/1990，《中国文法要略》，商务印书馆。

——，1979，《汉语语法分析问题》，商务印书馆。

——，1981，《把我国语言科学推向前进》，载中国语言学会编《把我国语言科学推向前进——中国语言学会成立大会学术报告集》，湖北人民出版社。

——，1984，《汉语语法论文集》（增订本），商务印书馆。

——，1985a，《疑问·否定·肯定》，载《中国语文》第 4 期。

——，1985b，《近代汉语指代词》，江蓝生补，学林出版社。

——，1990，《指示代词的二分法和三分法》，载《中国语文》第 6 期。

——，1999，《现代汉语八百词》（增订本），商务印书馆。

陆俭明，1982，《现代汉语副词独用刍议》，载《语言教学与研究》第 2 期。

陆丙甫，2009，《基于宾语指称性强弱的及物动词分类》，载《外国语》（上海外国语大学学报）第 6 期。

——，2010，《汉语的认知心理研究——结构、范畴、方法》，商务印书馆。

——，1983，《关于定语和状语的区分》，载《汉语学习》第 2 期。

——，1986，《周遍性主语句及其他》，载《中国语文》第 3 期。

——，1988，《现代汉语中的数量词的作用》，载《语法研究与探索》（四），北京大学出版社。

——，1991，《现代汉语句法里的事物化指代现象》，载《语言研究》第 1 期。

——，1993，《八十年代中国语法研究》，商务印书馆。

——，2003，《对"NP + 的 + VP"结构的重新认知》，载《中国语文》第 5 期。

鲁川、林杏光，1989，《现代汉语语法的格关系》，载《汉语学习》第 5 期。
——，2001，《汉语语法的意合网络》，商务印书馆。
鲁川、王玉菊，2008，《汉字信息语法学》，山东教育出版社。
［日］鲁晓琨，2004，《现代汉语基本助动词语义研究》，中国社会科学出版社。
卢烈红，1998，《〈古尊宿语要〉代词助词研究》，武汉大学出版社。
黎锦熙，1924/1957，《新著国语文法》，商务印书馆。
李兴亚，1989，《试说动态助词"了"的自由隐现》，载《中国语文》第 5 期。
李临定，1990，《现代汉语动词》，中国社会科学出版社。
李宇明，1997，《疑问标记的复用及标记功能的衰变》，载《中国语文》第 2 期。
——，1998，《论数量词语的复叠》，载《语言研究》第 1 期。
李讷、安珊笛、张伯江，1998，《从话语角度论证语气词"的"》，载《中国语文》第 2 期。
李绍群，2003，《近百年现代汉语修饰语研究综述》，载《福建师范大学学报》（哲学社会科学版）第 4 期。
李莉，2005，《长距离依赖结构句子理解的研究》，硕士学位论文，天津师范大学。
李泉，2006，《试论现代汉语完句范畴》，载《语言文字应用》第 1 期。
李晓琪、章欣，2006，《"据……看/说"及其相关格式》，载《语言文字应用》第 1 期。
李云靖，2008，《"NP + 的 + VP"结构的构式语法阐释》，载《语言教学与研究》第 2 期。
李昭东，2010，《〈史记〉指称化现象研究》，博士学位论文，北京大学。
李永，2014，《汉语动词语法化的多视角研究》，山东大学出版社。
李劲荣，2014，《信息结构与句法异位》，载《当代修辞学》第 3 期。
林华勇，2005，《可控副词和非可控副词》，载《语言研究》第 1 期。
刘丹青，1986，《苏州方言定中关系的表示方式》，载《苏州大学学报》（哲学社会科学版）第 2 期。
——，2005，《汉语关系从句标记类型初探》，载《中国语文》第 1 期。
——，2008，《汉语名词性短语的句法类型特征》，载《中国语文》第 1 期。

刘丹青、唐正大，2012，《名词性短语的类型学研究》，商务印书馆。

刘勋宁，2002，《现代汉语句尾"了"的语法意义及其解说》，载《世界汉语教学》第 3 期。

刘兵，2005，《汉语介词的隐现与论元标识功能的转换》，载《云南师范大学学报》（对外汉语教学与研究版）第 4 期。

刘玉梅，2012，《缩略词语形成的动因及认知限制条件》，载《解放军外国语学院学报》第 1 期。

刘顺，2003，《现代汉语名词的多视角研究》，学林出版社。

刘顺、潘文，2007a，《句法位置对名词空间性的影响》，载《华中科技大学学报》（社会科学版）第 1 期。

——，2007b，《现代汉语"有着"句的考察与分析》，载《语言教学与研究》第 3 期。

刘国辉，2021，《名词化动态整合研究》，上海外语教育出版社。

（清）马建忠，1898/2000，《马氏文通读本》，吕叔湘、王海棻编，上海教育出版社。

马悦然，1982，《关于古代汉语表达情态的几种方式》，载《中国语文》第 2 期。

马庆株，1981，《时量宾语和动词的类》，载《中国语文》第 2 期。

——，1988，《关于缩略语及其构成方式》，载《语言研究论丛》（第五辑），南开大学出版社。

——，1992，《汉语动词和动词性结构》，北京语言学院出版社。

——，1995，《指称义动词和陈述义名词》，载《语法研究与探索》（七），商务印书馆。

马清华，1986，《现代汉语的委婉否定格式》，载《中国语文》第 6 期。

——，1988，《现代汉语祈使句研究》，硕士学位论文，南京师范大学。

——，1993，《句子的语义结构》，载《南京师大学报》（社会科学版）第 4 期。

——，2003，《强程度标记的叠加》，载《华东师范大学学报》（哲学社会科学版）第 2 期。

——，2005，《并列结构的自组织研究》，复旦大学出版社。

——，2006，《关联标记的结构控制作用》，载《汉语学习》第 6 期。

——，2008，《补偿：语言的一种共时动态机制》，载《修辞学习》第 4 期。

——，2009，《错综关系下例外的形成——汉语离合词成因再探》，载《语言科学》第 2 期。

——，2011，《知识如何在分化中造就语言（上）》，载《当代修辞学》第 4 期。

——，2012，《系统原理下的语言问题》，上海人民出版社。

——，2013，《拟声词在语言发生学上的意义——从动态系统原理下的音义关系看》，载《外国语》（上海外国语大学学报）第 1 期。

——，2014a，《适应原理下句法系统的自繁殖——以 SVO 型孤立语的定中结构为例》，载《语文研究》第 1 期。

——，2014b，《求同原理下语法结构的整合》，载《山西大学学报》（哲学社会科学版）第 4 期。

——，2017，《汉语情态统辖结构的整合与变异》，载《山西大学学报》（哲学社会科学版）第 1 期。

马清华等，2017，《复综语：形态复杂的极端》，中国社会科学出版社。

马清华、杨飞，2018，《论语言的共变原理》，载《当代修辞学》第 4 期。

马贝加，2014，《汉语动词语法化》，中华书局。

《马克思恩格斯全集》第 6 卷，1972，人民出版社。

苗东升，2007，《系统科学大学讲稿》，中国人民大学出版社。

彭可君，1992，《关于陈述和指称》，载《汉语学习》第 2 期。

彭利贞，2007，《现代汉语情态研究》，中国社会科学出版社。

朴正实，2003，《动词做状语的构成方式及语义特征》，《淮阴师范学院学报》（哲学社会科学版）第 2 期。

齐沪扬，2002，《论现代汉语语气系统的建立》，载《汉语学习》第 2 期。

齐沪扬、姚占龙、谢白羽等，2004，《与名词动词相关的短语研究》，北京语言大学出版社。

屈承熹，2005，《汉语认知功能语法》，黑龙江人民出版社。

——，2006，《汉语篇章语法》，潘文国等译，北京语言大学出版社。

冉永平、莫爱屏、王寅，2006，《认知语用学——言语交际的认知研究》，上海外语教育出版社。

邵敬敏，2000，《汉语语法的立体研究》，商务印书馆。

——，2003，《"人家"的指代功能及语义分析》，载《语言研究与探索》（十二），商务印书馆。

［日］杉村博文，2002，《论现代汉语"把"字句"把"的宾语带量词"个"》，载《世界汉语教学》第1期。

施关淦，1988，《现代汉语里的向心结构和离心结构》，载《中国语文》第4期。

沈家煊，1993，《句法的象似性问题》，载《外语教学与研究》第1期。

——，1995，《"有界"与"无界"》，载《中国语文》第5期。

——，1999，《转指和转喻》，载《当代语言学》第1期。

——，1999，《不对称和标记论》，江西教育出版社。

——，2001，《语言的"主观性"和"主观化"》，载《外语教学与研究》第4期。

——，2006，《认知与汉语语法研究》，商务印书馆。

盛林，2003，《现代汉语的量词短语与量词式结构》，载《世界汉语教学》第2期。

宋绍年，1998，《古代汉语谓词性成分的指称化与名词化》，载郭锡良主编《古汉语语法论集》，语文出版社。

宋绍年、鲍楠，2012，《关于上古汉语语法系统构建的几个问题》，载郭锡良、鲁国尧主编《中国语言学》（第六辑），北京大学出版社。

宋作艳，2014，《也谈与"的"字结构有关的谓词隐含》，载《汉语学习》第1期。

史存直，1986，《汉语语法史纲要》，华东师范大学出版社。

石汝杰、刘丹青，1985，《苏州方言量词的定指用法及其变调》，载《语言研究》第1期。

石毓智，1992，《论现代汉语的"体"范畴》，载《中国社会科学》第6期。

——，2000，《语法的认知语义基础》，江西教育出版社。

——，2001，《语法的形式和理据》，江西教育出版社。

——，2006，《语法化的动因和机制》，北京大学出版社。

——，2010，《汉语语法》，商务印书馆。

石毓智、李讷，2001，《汉语语法化的历程——形态句法发展的动因和机制》，北京大学出版社。

石定栩，2011，《名词和名词性成分》，北京大学出版社。

司富珍，2002，《汉语的标句词"的"及相关的句法问题》，载《语言教学与研究》第2期。

——，2004，《中心语理论和汉语的 DeP》，载《当代语言学》第 1 期。

束定芳，2004，《语言的认知研究——认知语言学论文精选》，上海外语教育出版社。

孙洪伟，2011，《上古汉语指称化现象研究》，博士后出站报告，中山大学。

谭傲霜，1999，《汉语虚词隐现的制约因素》，载《世界汉语教学》第 2 期。

［日］太田辰夫，1958/2003，《中国语历史文法》（修订译本），蒋绍愚、徐昌华译，北京大学出版社。

唐钰明，1998，《"之"字复指说献疑》，载《李新魁教授纪念文集》编辑委员会编《李新魁教授纪念文集》，中华书局。

唐正大，2006，《汉语关系从句的限制性与非限制性解释的规则》，载《语法研究和探索》（十三），商务印书馆。

——，2007，《关系化对象与关系从句的位置——基于真实语料和类型分析》，载《当代语言学》第 2 期。

田宇贺，2012，《基于原型范畴的现代汉语指示代词的性质研究》，载《湖北民族学院学报》（哲学社会科学版）第 4 期。

（清）王引之，1985，《经传释词》，湖南师范学院中文系古汉语研究室校点，岳麓书社。

王力，1958/1980，《汉语史稿》，中华书局。

——，1985，《中国现代语法》，商务印书馆。

——，1989，《汉语语法史》，商务印书馆。

王艾录，1990，《汉语成句标准思考》，载《山西大学学报》（哲学社会科学版）第 4 期。

王维贤、张学成等，1994，《现代汉语复句新解》，华东师范大学出版社。

王玲玲，1995，《动词的必用论元与动词的"向"》，载沈阳、郑定欧主编《现代汉语配价语法研究》，北京大学出版社。

王海棻、赵长才、黄珊，1996，《古汉语虚词词典》，北京大学出版社。

王珏，2001，《现代汉语名词研究》，华东师范大学出版社。

——，2010，《从构式理论、三层语法看辞格构成的生成》，载《当代修辞学》第 1 期。

——，2011，《语言单位的内外模式假说》，载《华东师范大学学报》（哲学社会科学版）第 1 期。

王薇，2005，《从系统功能语法的名词化研究分析 Halliday 的语义观》，载

《北京第二外国语学院学报》第 2 期。

王巍，2012，《论语气词"了"隐现的条件》，载《山西师大学报》（社会科学版）第 5 期。

王寅，2007，《认知语言学》，上海外语教育出版社。

王磊，2014，《现代汉语框式介词的隐现规律考察》，载《宁夏社会科学》第 1 期。

王莉莉，2000，《"指称性主语、陈述性主语"分类质疑》，载《山西大学学报》（哲学社会科学版）第 1 期。

王亚琼、冯丽萍，2012，《汉语语义角色的关系化及关系化难度等级序列分析》，载《云南师范大学学报》（对外汉语教学与研究版）第 5 期。

王红旗，2001，《指称论》，博士学位论文，南开大学。

——，2004，《功能语法指称分类之我见》，载《世界汉语教学》第 2 期。

——，2011，《"指称"的含义》，载《汉语学习》第 6 期。

王淑华，2005，《现代汉语指称与陈述问题研究综述》，载《广西社会科学》第 5 期。

王远国，2011，《关系化和汉语关系从句》，载《盐城师范学院学报》（人文社会科学版）第 3 期。

王灿龙，2000，《人称代词"他"的照应功能研究》，载《中国语文》第 3 期。

汪洪澜，1996，《不带宾动词的语义、语法分析》，载《宁夏大学学报》（社会科学版）第 1 期。

王健，2001，《单独作谓语动词的语法、语义和语用特征》，载《伊犁师范学院学报》第 2 期。

吴锡根，1991，《试论自由动词》，载《杭州师范学院学报》（社会科学版）第 2 期。

吴福祥，2005，《汉语体标记"了、着"为什么不能强制性使用》，载《当代语言学》第 3 期。

吴为善，2006，《汉语韵律句法探索》，学林出版社。

吴怀成，2011a，《关于现代汉语动转名的一点理论思考——指称化与不同层面的指称义》，载《外国语》（上海外国语大学学报）第 2 期。

——，2011b，《单音节动词的类事件指称化》，载《海外华文教育》第 4 期。

——，2014，《现代汉语动词的指称化研究》，学林出版社。

伍文英、夏俐萍，2002，《现代汉语的"有+VP"格式》，载《邵阳学院学报》第5期。

项梦冰，1991，《论"这本书的出版"中"出版"的词性——对汉语动词、形容词"名物化"问题的再认识》，载《天津师范大学学报》第4期。

邢福义，2001，《汉语复句研究》，商务印书馆。

熊仲儒，2001，《零成分与汉语"名物化"问题》，载《现代外语》第3期。

——，2005，《以"的"为核心的DP结构》，载《当代语言学》第2期。

徐通锵，1997，《语言论——语义型语言的结构原理和研究方法》，东北师范大学出版社。

徐烈炯，2009，《指称、语序和语义解释——徐烈炯语言学论文选译》，商务印书馆。

徐天云，2010，《"XY域名"指称化的静态分析和动态考察》，载《语言文字应用》第1期。

徐阳春，2011，《板块、凸显与"的"字的隐现》，载《语言教学与研究》第6期。

许国志，2000，《系统科学》，上海科技教育出版社。

姚振武，1994，《关于自指和转指》，载《古汉语研究》第3期。

——，1996，《汉语谓词性成分名词化的原因及规律》，载《中国语文》第1期。

——，1998，《个别性指称与"所"字结构》，《古汉语研究》第3期。

——，2000，《指称与陈述的兼容性与引申问题》，载《中国语文》第6期。

颜泽贤、陈忠、胡皓，1993，《复杂系统演化论》，人民出版社。

杨伯峻、何乐士，1992，《古汉语语法及其发展》（修订本），语文出版社。

杨永龙，2001，《〈朱子语类〉完成体研究》，河南大学出版社。

杨荣祥，2005，《近代汉语副词研究》，商务印书馆。

杨德峰，2005，《语气副词出现在短语中初探》，载《汉语学习》第4期。

——，2008，《试论"VP的"的范畴化》，载《汉语学习》第2期。

杨彩梅，2007，《关系化：一种识别句子主观性语言实现的形式手段》，载《现代外语》第1期。

余蔼芹，1995，《广东开平方言的"的"字结构——从"者""之"分工谈到语法类型分布》，载《中国语文》第4期。

袁毓林，1994，《句法空位和成分提取》，载《汉语学习》第3期。
——，1995，《谓词隐含及其句法后果——"的"字结构的称代规则和"的"的语法、语义功能》，载《中国语文》第4期。
——，1999，《定语顺序的认知解释及其理论蕴涵》，载《中国社会科学》第2期。
叶向阳，2004，《"把"字句的致使性解释》，载《世界汉语教学》第2期。
叶南，2006，《"了"在单句、复句和语段中的时体意义及其分布》，载《西南民族大学学报》（人文社会科学版）第7期。
严辰松，2007，《限制性"X的"结构及其指代功能的实现》，载《解放军外国语学院学报》第5期。
易梦醇，2005，《先秦语法》（修订本），湖南大学出版社。
殷国光，2006，《"所"字结构的转指对象与动词配价——〈庄子〉"所"字结构的考察》，载《语言研究》第3期。
殷国光、龙国富、赵彤，2011，《汉语史纲要》，中国人民大学出版社。
于康，1996，《命题内成分与命题外成分——以汉语助动词为例》，载《世界汉语教学》第1期。
赵元任，1968/1979，《汉语口语语法》，吕叔湘译，商务印书馆。
——，1996，《中国话的文法》，丁邦新译，河北教育出版社。
赵世举，2000，《〈孟子〉定中结构三平面研究》，中国青年出版社。
翟燕，2008，《明清山东方言助词研究》，齐鲁书社。
詹卫东，1998，《关于"NP+的+VP"偏正结构》，载《汉语学习》第2期。
张伯江，1997，《汉语名词怎样表现无指成分》，载中国语文编辑部编《庆祝中国社会科学院语言研究所建所45周年学术论文集》，商务印书馆。
——，2007，《语体差异和语法规律》，载《修辞学习》第2期。
——，2010，《汉语限定成分的语用属性》，载《中国语文》第3期。
张伯江、方梅，1996，《汉语功能语法研究》，江西教育出版社。
张亚军，1996，《与"NP的V"有关的歧义问题》，载《汉语学习》第1期。
张旺熹，2010，《汉语"人称代词+NP"复指结构的话语功能——基于电视剧〈亮剑〉台词的分析》，载《当代修辞学》第5期。
张敏，1998，《认知语言学与汉语名词短语》，中国社会科学出版社。
张斌，2001，《现代汉语虚词词典》，商务印书馆。
——，2003，《汉语语法学》，上海教育出版社。

张玉金，2001，《甲骨文语法学》，学林出版社。

张谊生，2003，《从量词到助词——量词"个"语法化过程的个案分析》，载《当代语言学》第 3 期。

张蕾，2004，《定中结构中"的"字隐现规律探析》，载《湖北大学学报》（哲学社会科学版）第 4 期。

张延俊、钱道静，2007，《〈文学书官话〉语法体系比较》，崇文书局。

张霁，2010，《先秦动词作定语语义句法及语用分析》，载《黔南民族师范学院学报》第 2 期。

张立飞，2010，《论频率对语言结构的建构作用》，载《解放军外国语学院学报》第 6 期。

——，2013，《指称性"X 的"结构的形式和功能——从语用省略到构式网络》，载《解放军外国语学院学报》第 3 期。

张立飞、严辰松，2013，《汉语复杂名词短语的独"的"偏好——整合语料库和认知语言学的证据》，载《外语教学》第 1 期。

朱德熙、卢甲文、马真，1961，《关于动词形容词"名物化"的问题》，载《北京大学学报》（哲学社会科学版）第 4 期。

朱德熙，1980，《北京话、广州话、文水话和福州话里的"的"字》，载《方言》第 3 期。

——，1982，《语法讲义》，商务印书馆。

——，1983，《自指和转指——汉语名词化标记"的、者、所、之"的语法功能和语义功能》，载《方言》第 1 期。

——，1985，《现代书面汉语里的虚化动词和名动词》，载《北京大学学报》（哲学社会科学版）第 5 期。

——，2000，《朱德熙选集》，东北师范大学出版社。

朱景松，1997a，《陈述、指称与汉语词类理论》，载《语法研究与探索》（八），商务印书馆。

——，1997b，《现代汉语里的三价动词》，载朱景松《汉语研究论稿》，安徽大学出版社。

朱长波、曾成栋，2014，《图形—背景视角下的关系化语用功能考察》，载《湖南学院学报》2014 年第 3 期。

朱永生、严世清，2001，《系统功能语言学多维思考》，上海外语教育出版社。

朱军，2017，《汉语语体语法研究》，南京大学出版社。

左思民，1999，《现代汉语中"体"的研究——兼及体研究的类型学意义》，载《语文研究》第 1 期。

邹海清，2006，《频率副词的范围和类别》，载《世界汉语教学》第 3 期。

周建设，2002，《先秦指称理论研究》，载《中国语文》第 6 期。

周荐，2004，《汉语词汇结构论》，上海辞书出版社。

周国光，1997，《汉语句法结构习得研究》，安徽大学出版社。

——，2005，《对"中心语理论和汉语的 DeP"一文的质疑》，载《当代语言学》第 2 期。

——，2006，《括号悖论和"的 X"的语感——"以'的'为核心的 DP 结构"疑难求解》，载《当代语言学》第 1 期。

——，2007，《"NP + 的 + VP"结构和相关难题的破解》，载《汉语学报》第 3 期。

周国光、张林林，2011，《现代汉语语法理论与方法》（修订版），广东高等教育出版社。

周长银，2010，《事件结构的语义和句法研究》，载《当代语言学》第 1 期。

周有斌，2010，《现代汉语助动词研究》，安徽大学出版社。

曾美燕，2004，《结构助词"的"与指示代词"这/那"的语法共性》，载《语言教学与研究》第 1 期。

二　外文文献

Bussmann，H.，1996，*Routledge Dictionary of Language and Linguistics*，London：Routledge.

Bhat，D. N. S.，2004，*Pronouns*，Oxford：Oxford University Press.

Bybee，C. and S. Fleischman（eds.），1995，*Modalitu in Grammar and Discourse*，Amsterdam/Philadelphaia：John Benjamins Publishing Company.

Benveniste，E.，1971，*Problems in General Linguistics*，Trans. M. E. Meek. Coral Gablres，FL：University of Miami Press.

Chomsky，N.，1995，*The Minimalist Program*，Cambridge，MA：MIT Press.

Chen，Ping，2004，*Identifiability and definiteness in Chinese*，Linguistics，Vol. 42，No. 6.

Comrie，B.，2009，*Language Universals and Linguistic Typology*，Beijing：Peking University Press.

Dahl, W., 1985, *Typology and Unisersals*, England: The Bath Press.

Davidson, D., 1967, *The Logical Form of Action Sentences*, The Logic of Decision and Action (edited by Rescher, N.), Pittsburgh: University of Pittsburgh Press.

Dowty, D., 1979, *Word Meaning and Montague Grammar: the Semanticsof Verbs and Times in Generative Semantics andMontague PTQ*, Dordrecht: Reidel.

Dowty, D., 1991, *Thematic proto-roles and argument selection*, In: language, (3).

Haspelmath, Martin, 1997, *Indefinite Pronouns*, Oxford: Clarendon.

Halliday, M. A. K. & R. Hasan, 1976, *Cohesion in English*, London: Longman.

Hopper, Paul J., 1979, *Aspects and foregrounding in discourse*, in Talmy Givón (ed.) Syntax and Semantics, Vol. 12: Discourse and Syntax. Academic Press.

Hopper, Paul J. and Thompson, Sandra A., 1980, *Transitivity in grammar and discourse*, Language, No. 56.

Jespersen, O. A., 1942, *Modern English Grammar on Historical Principles*, Part VI: Morphology. With assistance of P. Christopherson, N. Haislund & K. Schibsbye, *London: George Allen & Unwin*, Copenhagen Copenhagen: Ejnar Munksgaard.

Lambrecht, K., 1994, *Information Structure and Sentence Form*, Cambridge: CambridgeUniversity Press.

MacWhinney, B., 1977, *Starting Points*, Language, No. 53.

MacWhinney, B., 1982, *Basic Syntactic Processes*, In S. Kuczaj (ed.) Language Acauisition; Syntax and Semantics. Hillsdale, NJ, Eribaum, (1).

Malte Zimmermann and Caroline Féry (eds.), 2010, *Information Struc ture: Theoretical, Typological, and Experimental Perspectivers*, Oxford: Oxford University Press.

McCawley, J., 1968, *Lexical Insertion in a Transformational Grammar without Deep Structure*, Proceedings of the ChicagoLinguistics Society, (4).

Keenan, E. L. and Comrie, B., 1977, *Noun phrase Accessibility and Universal Grammar*, Linguistic Inquiry, (1).

Li & Thompson, 1981, *Mandarin Chinese-a Functional Reference Grammar*, Berkeley: University of California Press.

Huang, C. -T. James, 1997, *On lexical structure and syntactic projection*, Chinese

Languages and Linguistics 3. Taipei: Academia Silica.

Lin, T. -H. Jonah, 2001, *Light Verb Syntax and the Theory of Phrase Structure*, PhD. Dissertation, University of California, Irvine.

Langacker, R., 1990, *Subjectification*, Cognitive Linguistics, (1).

Palmer, F. R., 1986, *Mood and Modality*, Cambridge: CambridgeUniversity Press.

Quirk, et al., 1985, *A Comprehensive Grammar of the English Language*, London: Pearson Longman.

后　　记

本书是在我的博士学位论文《论汉语指称化过程中的形义衰减》的基础上修改而成的。2015年11月通过答辩后逐步进行修改，形成本书。

我是在南京大学攻读的博士学位，南京大学严谨的校风、优美的环境、浓厚的学术氛围、和谐的师生关系让我一直记忆犹新，在这里我度过了忙碌而充实的四年求学生涯。但更令我难忘的，是我的博士生导师马清华先生，是先生给了我再次深造的机会，让我在渐行渐远的学术道路上又看到了希望。先生于学术严谨勤勉，博学专一，融诸学以创新知，萃百家而衍精华，所述必有所据，所据必求所理。先生对我青眼相加，令我感激涕零，先生殷心切志，亦令我没齿难忘。先生领我入句法语义之门，本书即为"命题作文"，自始至终都凝聚着先生的智慧和指导。

感谢我的硕士生导师钱宗武先生，将我领进语言学研究的大门，他的谆谆教诲为我的学习之路打下了良好的基础。在我于工作繁忙懈怠之际，给我警醒，促我奋进，他的关怀与帮助，他的鞭策与鼓励，是我一生用之不尽的宝贵财富，师恩如海，衔草难报！

博士学习期间，有幸得到高小方教授、徐大明教授、顾黔教授、魏宜辉教授的教诲，受益匪浅，终生难忘。此外，在本书写作过程中，还得到南京审计大学文学院刘顺教授、朱军教授、张成进教授及扬州大学文学院朱岩教授的指点，获益良多，各位老师的肯定以及指正让我更加坚定了研究的自信，也明确了今后努力的方向，在此谨致谢意。

在博士学位论文和本书写作的漫漫征途中，一路蹒跚而行，感谢家人的全力支持和无私奉献，再苦再累都毫无怨言，春华秋实，弹指数载，他们的付出永远是我脑海中抹不去的记忆，他们的恩情我此生都难以偿还。

汉语语言学研究博大精深，前哲时贤众多的研究成果为本书的写作提供了巨大的启发和帮助。这部书倘有可取之处，也是在他们的引导之下，向着"语言本质"不断探索和前行的结果。书中引用各家的观点，绝大多数均已注明，如有疏漏或未能注出，特此说明，并表谢意。由于能力和时间的限制以及本人对汉语语言学理论理解的偏差，有不少问题未能深入探讨，所述也一定存在缺点与不足，恳请各位专家、读者批评指正。

  中国社会科学出版社为本书提供了宝贵的出版机会，责任编辑王小溪博士热情的工作态度和严谨的编辑作风给我留下深刻印象，特表谢意，这不是程式化的客套，而是我发自内心的真诚情感。本书的出版得到了教育部人文社会科学研究青年基金项目和南京审计大学文学院学科建设经费的资助，谨致谢忱！

杨 飞

2022 年 1 月 15 日